CUISINE À L'ITALIENNE

ANNE WILLAN

CUISINE À L'ITALIENNE

•MARABOUT•

SOM

INTRODUCTION 6	BŒUF BRAISÉ AU VIN ROUGE 68
TOUT SUR LA CUISINE ITALIENNE 6	AGNEAU BRAISÉ AUX POMMES DE TERRE 71
UN MENU À L'ITALIENNE 10	ESCALOPES MILANAISES 72
LES PÂTES 12	ESCALOPES DE VEAU AU JAMBON DE PARME ...75
RÉUSSIR LES PÂTES 14	VEAU À LA VÉNITIENNE 76
	FOIE DE VEAU AU VINAIGRE DE VIN 79
ENTRÉES À L'ITALIENNE 17	POULET À LA DIABLE 80
ARTICHAUTS À LA ROMAINE 18	PILONS DE POULET GRILLÉS AU ROMARIN 85
CŒURS D'ARTICHAUT BRAISÉS 23	ROULADES AUX ÉPINARDS 86
MOULES FARCIES AU POIVRON ROUGE 24	FILET DE PORC RÔTI AU ROMARIN 90
AMANDES DE MER FARCIES 29	PORC BRAISÉ SAUCE MADÈRE 93
MOULES FARCIES AU PERSIL ET AUX CÂPRES ...29	POULET ALLA CACCIATORA 94
CARPACCIO PICCANTE 30	POULET CHASSEUR AUX OLIVES NOIRES 97
CARPACCIO ET PESTO 33	CIOPPINO 98
FEUILLES DE VIGNE FARCIES 34	CIOPPINO AU POISSON 103
FEUILLES DE VIGNE À L'AGNEAU 39	SALTIMBOCCA DE SAUMON 104
SALADE DE POIRES AU GORGONZOLA 40	PAUPIETTES DE SOLE 107
SALADE DE POMMES ET DE FENOUIL 43	OMELETTE ITALIENNE 108
SALADE FANTASIA 44	OMELETTE AU MAÏS ET AU POIVRON ROUGE ...111
SALADE DE POIVRONS ROUGES ET D'ARTICHAUTS ...49	
SALADE PARMESANE 50	**LES PÂTES** 113
SALADE DE PAMPLEMOUSSES AU SAUMON FUMÉ ...53	FETTUCINES À LA CRÈME ET AUX CHAMPIGNONS ...114
	NOUILLES À LA SAUGE ET AU BEURRE 119
PLATS À L'ITALIENNE 55	PENNES À LA SAUCE ÉPICÉE 120
POLENTA AUX CHAMPIGNONS SAUVAGES 56	SPAGHETTIS À LA TOMATE ET AU PIMENT ...123
POLENTA AU JAMBON DE PARME ET AUX ŒUFS ...59	TIMBALE DE RIGATONIS AU BŒUF 124
POLENTA AUX LÉGUMES MÉLANGÉS 60	ZITIS À LA MOZZARELLA ET AUX OLIVES 129
POLENTA GRILLÉE ET RAGOÛT DE LÉGUMES ...63	GNOCCHIS AUX ÉPINARDS ET
FILETS DE SOLE MARINÉS 64	SAUCE TOMATE À LA CRÈME 130
FILETS DE SOLE AU VINAIGRE DE VIN 67	GNOCCHIS VERTS AU FROMAGE 135
	GNOCCHIS SAUCE GORGONZOLA 135

MAIRE

FETTUCCINES À LA TOMATE ET AU BASILIC 136

FETTUCCINES AU BEURRE ET AU POIVRE NOIR 140

FETTICCINES À LA CARBONARA 146
FETTUCINES ALFREDO 149
FETTUCINES AUX OLIVES ET AUX CÂPRES 149

FETTUCINES AUX TROIS FROMAGES 150
FETTUCINES ET SAUCE FROMAGE CIBOULETTE 153

LINGUINIS AUX ÉPINARDS 154
LINGUINIS AUX ÉPINARDS
ET SAUCE ROUGE AUX COQUES 157

TAGLIATELLES À LA TOMATE 158
TAGLIATELLES À LA TOMATE
ET SAUCE AUX TOPINAMBOURS ET AUX NOIX 161

LASAGNES VERTES AUBERGINES ET FROMAGE 162
LASAGNES AUX AUBERGINES ET À LA TOMATE 167
LASAGNES AUX AUBERGINES ET AUX SAUCISSES 167

CANNELLONIS DE VEAU AUX ÉPINARDS 168
CANNELLONIS DE POULET À LA MOZZARELLA 173

ROULADES AUX ÉPINARDS 174
ROULADE AUX ÉPINARDS ET AU FROMAGE 177

RAVIOLIS AUX NOISETTES SAUCE GORGONZOLA 178
RAVIOLIS AUX NOISETTES SOFFRITO 181

TORTELLINIS DE MARIA 182
TORTELLINIS AUX OIGNONS GLACÉS 185

GNOCCHIS À LA ROMAINE 186
GNOCCHIS AU JAMBON DE PARME ET AUX PIGNONS 189

CONCHIGLIES PESCATORE 190
CONCHIGLIES AUX CREVETTES 193

CAPELLINIS AUX CREVETTES 194
CAPELLINIS AUX HUÎTRES ET AUX ASPERGES 197

MACARONIS À LA SICILIENNE 198
GRATIN DE MACARONIS À LA RICOTTA 201

TIMBALE DE PÂTES AU FROMAGE 202
TIMBALE DE PÂTES AUX TROIS FROMAGES 205

DESSERTS À L'ITALIENNE 207

TARTE À LA NOISETTE ET AUX FRUITS ROUGES 208
TARTE AUX FRAISES ET À LA CRÈME AU CHOCOLAT 214

TARTE À LA RICOTTA 214
TARTE À LA RICOTTA ET AU CHOCOLAT 219

GÂTEAU AUX NOIX CARAMÉLISÉ 220
GÂTEAU AUX NOIX ET AUX RAISINS SECS 225

GRANITÉ DE PAMPLEMOUSSE 226
GRANITÉ AU CAFÉ 229

TORTA DI MELE 230
GÂTEAU AUX POIRES 233

GÂTEAU CRÉMEUX À LA FLORENTINE 234
GÂTEAU CRÉMEUX AU MOKA 239

PASTA FROLLA 240
TARTE AU CHOCOLAT ET AUX NOIX 245

INDEX 246

Tout sur la cuisine italienne

Équipement

Il ne faut qu'un minimum d'équipement pour préparer les plats proposés ici. Des couteaux bien aiguisés sont les ustensiles les plus utiles. Cependant, un robot ménager vous permettra de gagner du temps pour hacher et réduire en purée. Pour cuire les pâtes, une cocotte contenant au moins 4 litres d'eau est absolument nécessaire. Des casseroles lourdes avec couvercle sont indispensables pour braiser sur le feu ou au four les viandes telles que le porc, l'agneau et le bœuf — choisissez-les à fond épais pour que les préparations n'attachent pas quand elles cuisent longtemps.

Si vous avez une machine à pâtes, c'est l'occasion ou jamais de vous en servir, bien qu'avec beaucoup de patience vous puissiez préparer les pâtes à la main. Des plats à rôtir de différentes formes et tailles seront aussi très pratiques pour préparer la plupart de ces recettes. Préférez ceux que vous pouvez présenter directement sur la table afin de servir les plats le plus chauds possible. Le reste de l'équipement est classique : il comporte un couteau éplucheur, une râpe et un presse-agrumes, ainsi que des cuillers en bois pour remuer et des cuillers percées ou des écumoires pour égoutter les ingrédients. Vous aurez besoin d'une poêle et d'une passoire. Une plaque à pâtisserie vous servira à griller les fruits secs ou à faire refroidir les biscuits. Certains desserts réclament un moule à bord amovible — idéal pour démouler les gâteaux délicats.

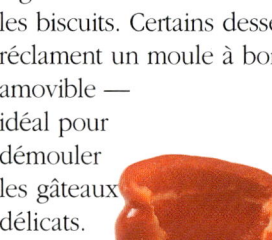

Fond de bœuf ou de veau

Il se prépare à partir d'os de viande longuement mijotés dans de l'eau avec des légumes aromatiques. Demandez à votre boucher de détailler les os en morceaux. Évitez de laisser bouillir le liquide : il deviendrait trouble.

🍽️ POUR 2 À 3 LITRES

🥣 PRÉPARATION : DE 20 À 30 MIN

🍲 CUISSON : DE 4 À 5 H

LE MARCHÉ

2 kg d'os de bœuf ou de veau, coupés en morceaux
2 oignons
2 carottes
2 branches de céleri
4 litres d'eau, ou plus
1 gros bouquet garni
10 grains de poivre noir
1 gousse d'ail
1 cuil. à soupe de purée de tomate

1 Préchauffez le four à 230 °C. Mettez les os dans un grand plat à rôtir et enfournez-les pour 30 à 40 min, en remuant de temps en temps, jusqu'à ce qu'ils soient bien dorés. Épluchez les oignons et les carottes et coupez-les en morceaux. Détaillez le céleri. Ajoutez les légumes dans le plat et mettez de nouveau au four pour 15 à 20 min, jusqu'à ce qu'ils soient dorés.

2 À l'aide d'une cuiller percée ou d'une écumoire, mettez les os et les légumes dans un grand faitout. Enlevez la graisse du plat à rôtir et ajoutez 50 cl d'eau. Portez à ébullition, en remuant pour dissoudre les sucs de cuisson.

3 Versez le jus déglacé dans le faitout sur les autres ingrédients, puis ajoutez suffisamment d'eau pour couvrir les os. Portez doucement à ébullition, en écumant souvent avec une grande cuiller métallique. Dès que le liquide frémit, baissez le feu, et laissez mijoter à découvert de 4 à 5 h, en écumant de temps en temps. Ajoutez éventuellement un peu d'eau pour que les os restent couverts.

4 Filtrez le bouillon, puis goûtez-le. S'il n'est pas assez concentré, faites-le un peu réduire. Laissez-le refroidir, puis mettez-le au réfrigérateur. La graisse va remonter à la surface et figer ; vous l'enlèverez facilement.

BOUILLON DE VOLAILLE

Le bouillon de volaille est indispensable dans de nombreuses recettes. Ne l'assaisonnez pas, car il sera plus tard réduit et donc concentré. Vous pouvez le conserver jusqu'à 3 jours, couvert, au réfrigérateur, ou même le congeler.

- POUR 2 LITRES ENVIRON
- PRÉPARATION : 15 MIN
- CUISSON : JUSQU'À 3 H

LE MARCHÉ

1 kg de dos et de cous de poulet crus
1 oignon
1 carotte
1 branche de céleri
1 bouquet garni
5 grains de poivre noir
2 litres d'eau, ou plus

1 Mettez les os et les cous de poulet dans un grand faitout. Épluchez l'oignon, la carotte et le céleri, coupez-les en morceaux et ajoutez-les avec le bouquet garni et le poivre.

2 Versez suffisamment d'eau pour juste couvrir les ingrédients. Portez à ébullition et laissez mijoter jusqu'à 3 h, en écumant de temps en temps avec une grande cuiller métallique. Ajoutez éventuellement un peu d'eau si le liquide réduit trop vite.

CONSEIL MALIN
« Plus le bouillon mijotera, plus il sera parfumé. »

3 Filtrez le bouillon au-dessus d'un grand bol. Laissez refroidir, couvrez et mettez au réfrigérateur.

CONSEIL MALIN
« Si vous ne préparez pas vous-même le bouillon, utilisez un bon consommé ou du concentré. »

COURT-BOUILLON DE POISSON

Il se prépare avec les arêtes, les têtes et les queues des poissons blancs maigres, notamment les poissons plats tels que la sole (évitez les poissons gras comme le maquereau). Vous pouvez le conserver 48 h, couvert, au réfrigérateur, ou même le congeler.

- POUR 1 LITRE ENVIRON
- PRÉPARATION : DE 10 À 15 MIN
- CUISSON : JUSQU'À 20 MIN

LE MARCHÉ

500 g d'arêtes et de têtes de poisson
1 oignon
25 cl de vin blanc ou le jus de 1/2 citron
1 litre d'eau, ou plus
3 à 5 brins de persil
1 cuil. à café de grains de poivre noir

1 Lavez soigneusement les arêtes et les têtes de poisson. Avec un couteau chef, détaillez-les en 4 ou 5 morceaux. Pelez l'oignon, sans ôter sa base, puis coupez-le en deux dans le sens de la longueur. Posez les moitiés à plat sur une planche à découper et tranchez-les finement.

2 Mettez les arêtes et les têtes de poisson dans un faitout moyen avec les tranches d'oignon, le vin blanc ou le jus de citron, l'eau, les brins de persil et les grains de poivre. Portez à ébullition et laissez frémir 20 min. Écumez régulièrement avec une grande cuiller métallique.

ATTENTION !
Ne laissez pas le court-bouillon frémir trop longtemps, car il deviendrait amer.

3 Filtrez le bouillon au-dessus d'un bol. Laissez refroidir, couvrez et mettez au réfrigérateur.

CONSEIL MALIN
« Il ne faut ni saler ni poivrer le court-bouillon au cours de la préparation, car il sera plus tard réduit et donc concentré. »

Ingrédients

Les ingrédients frais, et notamment les légumes, sont la base même de la cuisine régionale italienne : les aubergines, les poivrons, les courgettes, les artichauts, la scarole et, naturellement, les tomates, mais aussi les épinards, les carottes, les petits pois, le céleri et les pommes de terre. Ils se marient avec les pâtes, mijotent avec les viandes, se servent en plat principal ou en accompagnement. Choisissez-les toujours le plus frais possible, et n'en achetez pas plus qu'il ne vous en faut pour qu'ils n'aient pas le temps de s'abîmer.

L'huile d'olive est indispensable — la meilleure, non raffinée et pressée à froid, se sert en mince filet, sans cuisson, sur la salade ou les pâtes par exemple. Sur les tables familiales, elle est toujours présente et joue le rôle d'un condiment de base, au même titre que le sel et le poivre dans de nombreuses autres régions. Les huiles d'olive raffinées sont moins fruitées et plus légères en couleur et en saveur. Elles conviennent mieux pour faire sauter et frire des ingrédients, ou dans des recettes où leur goût est moins déterminant. Il n'est pas étonnant que, sous le climat méditerranéen de la péninsule, les herbes aromatiques comme le basilic, l'origan, le persil plat, la menthe, le thym, le romarin et la sauge tiennent une place de choix. Elles peuvent être ajoutées au dernier moment pour donner aux plats leur fraîcheur, ou mélangées dès le début de la cuisson aux autres ingrédients pour les parfumer. La famille de l'ail — oignon, ail, poireau, échalote... — est aussi importante, tout comme les aromates relevés : piments séchés, olives, câpres, anchois, vinaigre et jus de citron.

De nombreuses recettes italiennes sont fondées sur les céréales. Le riz arborio, plus épais et plus court que le riz à grains longs, mieux connu, est idéal pour le risotto. La semoule de maïs (pour la polenta) et la farine de blé sont présentes dans toutes les cuisines. Le poisson, la volaille et la viande sont généralement servis en *secondo piatto*. Les saveurs sont souvent renforcées par du bouillon de volaille, de bœuf ou de poisson, ou du vin. Mais si le plat doit cuire longtemps avec des ingrédients très odorants, vous pouvez les remplacer par de l'eau. Le marsala, l'amaretto et la grappa parfument aussi certaines recettes de cet ouvrage.

Les fromages comptent beaucoup dans la gastronomie italienne, qu'ils soient la base de gâteaux, les ingrédients de farces ou de garnitures gratinées, ou de simples aromates. Le parmesan râpé, la tendre fontina, le gorgonzola bleu, la fraîche ricotta et la mozzarella sont souvent employés ici.

Quant aux desserts, ils mettent en valeur les fruits à la douceur naturelle comme les pommes, les poires, les fraises et les framboises, tandis que le chocolat, le café et les fruits secs donnent leurs goûts caractéristiques aux gâteaux et aux biscuits.

La cuisine italienne et votre santé

Si vous faites attention aux graisses et aux calories, suivez ces quelques conseils quand vous préparez des plats italiens. L'huile d'olive, traditionnelle, est riche en graisses mono-insaturées et ne contient pas de cholestérol. En choisissant ces recettes, vous faites donc un pas sur la voie de la diététique. En outre, elles comportent souvent des céréales et des légumes. Qu'ils soient présents dans un morceau de pain croustillant, dans une simple salade verte, ou mélangés à d'autres ingrédients, comme dans la Polenta au ragoût de légumes, ils équilibreront vos menus.

Pour réduire votre consommation de graisses, choisissez des plats qui en comptent peu, comme les Moules farcies au poivron rouge ou le Poulet à la diable. Si vous vous inquiétez plutôt de votre cholestérol, préférez des préparations dans lesquelles les graisses saturées peuvent facilement être éliminées ou remplacées.

Vous diminuerez la richesse des autres plats si vous éliminez certains ingrédients. Ne mettez pas de boulettes de viande dans la Timbale de rigatonis, ni de poitrine fumée dans les Pennes et sauce épicée à la tomate et à la poitrine fumée. Les Gnocchis verts au fromage se passent volontiers de leur sauce ; nappez-les d'une garniture de légumes.

Bien qu'il soit difficile de résister aux desserts, les quantités toujours importantes de crème et de beurre sont très caloriques. Choisissez le Granité au pamplemousse ou au café et réduisez la quantité de sucre, ou éliminez-le complètement. Utilisez du fromage maigre pour le Gâteau à la ricotta, n'y mettez pas d'amandes, et servez des tranches plus petites !

Cuisson au micro-ondes

La plupart des recettes italiennes supportent, au moins en partie, le micro-ondes, qui vous fera gagner du temps. Vous pouvez par exemple y cuire les Artichauts à la romaine ou y faire rôtir la viande du Porc braisé sauce madère avant de la rendre plus croustillante sur le feu. Vous réduirez aussi le temps de cuisson du Bœuf braisé au vin rouge : faites dorer la viande sur le feu, puis laissez-la mijoter au four. Cependant, veillez à ne pas prolonger la cuisson, car elle durcirait. Éventuellement, le micro-ondes vous servira à faire ouvrir les coquilles des Amandes de mer farcies, et à blanchir les légumes des Gnocchis aux épinards et sauce tomate à la crème ainsi que ceux des Roulades de veau aux épinards (ils garderont d'ailleurs mieux leur belle couleur verte).

Le micro-ondes facilite enfin certaines opérations de base, comme l'épluchage des oignons, de l'ail et des tomates : mettez les premiers dans le four à puissance maximale respectivement pour 45 à 50 s et 15 à 30 s ; plongez les tomates dans de l'eau bouillante et enfournez-les pour 10 à 15 s, jusqu'à ce que la peau se décolle. Vous pouvez enfin y cuire de la poitrine fumée, y faire fondre du chocolat et même y préparer du caramel.

TECHNIQUES

Seules quelques-unes des techniques présentées ici sont typiquement italiennes. Vous allez ainsi découvrir comment faire vous-même des pâtes et des gnocchis à la pomme de terre ou préparer une polenta. Vous apprendrez comment réaliser une sauce tomate toute simple, mais aussi des sauces crémeuses, et comment nettoyer et ouvrir des moules ou des amandes de mer. Pour gagner le maximum de saveur, on fait mariner certains ingrédients, avant ou après la cuisson, dans de l'huile d'olive, du jus de citron, du vinaigre de vin ou des mélanges de diverses herbes et épices. Quand vous aurez compris tous ces tours de main, vous pourrez les appliquer à d'autres recettes de cet ouvrage.

Les méthodes de cuisson sont très variées, depuis le poulet sauté du Poulet chasseur jusqu'au poisson frit des Filets de sole marinés au vinaigre de vin. Griller, braiser, rôtir, mijoter : tous ces modes de préparation n'auront bientôt plus de secrets pour vous.

Comme dans les autres volumes de la série Cuisine en images, les techniques de base sont décrites en détail : hacher des herbes ; peler, épépiner et concasser des tomates ; hacher et trancher des oignons ; rôtir, peler et égrener des poivrons ; ôter le pédoncule et les graines des piments frais et les couper en dés ; préparer un bouillon de volaille, de poisson, de bœuf ou de veau.

Avec les desserts, vous découvrirez comme cuire un fond de pâte, préparer une génoise, griller des fruits secs, fouetter de la crème et faire du caramel.

LES ENCADRÉS TECHNIQUES

Toutes les recettes de **La Cuisine à l'italienne** *sont expliquées étape par étape, image par image. Certaines techniques de base se retrouvent dans plusieurs d'entre elles : elles sont minutieusement décrites dans des encadrés.*

◊ Ail (le peler et le hacher) 126

◊ Blancs d'œufs (les monter en neige) 224

◊ Bouillon de volaille (le préparer) 7

◊ Court-bouillon de poisson (le préparer) 7

◊ Crème Chantilly (la préparer) 236

◊ Épinards (les cuire) 87

◊ Fond de bœuf ou de veau (le préparer) 6

◊ Herbes (les hacher) 125

◊ Noisettes (les griller et les peler) 209

◊ Œufs (séparer les blancs des jaunes) 223

◊ Oignon (le hacher) 69

◊ Oignon (l'émincer) 77

◊ Piments frais (ôter leur pédoncule, les égrener
   et les couper en dés) 82

◊ Poivron (le griller, le peler et l'égrener) 26

◊ Tomates (les peler, les épépiner
   et les concasser) 62

Un menu à l'italienne

Tout cuisinier italien s'efforce d'organiser un repas à partir des produits disponibles sur le marché local, et cet ouvrage s'y est attaché. Les plats les plus consistants réchaufferont les jours d'hiver, les plus légers rafraîchiront les chaudes heures du printemps. L'été est le moment idéal pour les recettes riches en légumes frais et en herbes aromatiques.

Entrées

Artichauts à la romaine aux herbes et à l'ail (Carciofi alla romana) : de jeunes artichauts sont cuits à l'étouffée avec du persil, de la menthe et de l'ail, puis braisés et servis retournés. *Cœurs d'artichaut braisés (Carciofi in umido)* : ici, les cœurs d'artichaut sont coupés en quartiers, puis cuits avec les mêmes herbes, mais le résultat est très différent. *Moules farcies au poivron rouge (Cozze gratinate)* : des moules sont ouvertes à la vapeur, garnies de poivron rouge grillé et haché, de persil, d'ail et de chapelure, puis grillées. *Amandes de mer farcies (Vongole gratinate)* : ces délicieux coquillages sont garnis de la même farce que les moules. *Moules farcies au persil et aux câpres (Cozze al prezzemolo e capperi)* : du persil, des câpres, de l'ail et de la chapelure mettent en valeur la délicate saveur des moules. *Polenta aux champignons sauvages et à la fontina (Polenta pasticciata)* : des girolles mijotent dans du vin blanc et du bouillon, puis cuisent au four entre des couches de polenta et de fontina. *Polenta au jambon de Parme et aux œufs (Polenta pasticciata con prosciutto e uova)* : du jambon et des œufs garnissent des couches de polenta. *Fettucines à la crème, au jambon et aux champignons (Paglia e fieno alla ghiottona)* : des fettucines blanches et vertes sont enrichies de jambon, de champignons et de petits pois, et nappées d'une sauce crémeuse. *Nouilles à la sauge et au beurre (Tonnarelli al salvia e burro)* : des produits tout simples parfument des nouilles blanches et vertes. *Risotto aux crevettes (Risotto ai gamberi)* : cette entrée célèbre est très délicate. *Risotto aux asperges (Risotto con gli asparagi)* : le printemps est la saison idéale pour préparer ce grand classique. *Pennes et sauce épicée à la tomate et à la poitrine fumée (Penne all'arrabiatta)* : des pâtes creuses sont enrobées d'une sauce relevée au piment. *Spaghettis et sauce à la tomate et au piment (Spaghetti alla satana)* : une sauce tomate très relevée accompagne ces spaghettis. *Timbale de rigatonis aux boulettes de viande (Timballo di rigatoni)* : ce plat est assez consistant pour faire tout un repas ! *Zitis à la mozzarella et aux olives (Timballo di zitti)* : ces pâtes cuites au four embaument les saveurs méditerranéennes. *Polenta au ragoût de légumes (Polenta con fricandò)* : divers légumes longuement mijotés sont servis sur un lit de polenta. *Polenta grillée au ragoût de légumes (Quadrati di polenta)* : les mêmes légumes accompagneront des carrés de polenta grillés. *Gnocchis aux épinards et sauce tomate à la crème (Gnocchi verdi al sugo di pomodoro et panna)* : une sauce tomate crémeuse nappe de petits gnocchis verts. *Gnocchis verts au fromage (Gnocchi verdi alla bava)* : la légèreté des gnocchis à la pomme de terre est ici mise en valeur. *Gnocchis et sauce au gorgonzola (Gnocchis al gorgonzola)* : du gorgonzola, du thym frais et de la crème composent la sauce de ces gnocchis.

Plats principaux

Filets de sole marinés au vinaigre de vin (Sfogi in saor) : dans ce plat vénitien traditionnel, des filets de sole sont d'abord frits, puis marinés dans un mélange aigre-doux d'oignon, de vinaigre de vin rouge, de raisins secs et de pignons. *Filets de sole marinés au vinaigre de vin et au safran (Pesce a scapece)* : le safran colore de jaune la marinade des filets de poisson. *Bœuf braisé au vin rouge (Stufato di manzo al barbera)* : dans cette recette du nord de l'Italie, le bœuf est doré à l'huile d'olive, puis cuit au four dans du vin rouge allongé de fond de bœuf. *Agneau braisé aux pommes de terre et aux tomates (Agnello al forno con patate et pomodori)* : dans ce plat originaire du Sud, l'agneau est braisé au four.

Escalopes de veau à la milanaise (Scaloppine alla milanese) : des escalopes de veau toutes simples, enrobées de parmesan et de chapelure, sont sautées au beurre et à l'huile d'olive et garnies de tranches de citron. *Escalopes de veau au jambon de Parme (Scaloppine alla modenese)* : une préparation similaire s'enrichit de jambon de Parme et de fromage. *Foie de veau aux oignons (Fegato alla veneziana)* : dans ce plat classique vénitien, les oignons sont d'abord fondus avant de napper de fines tranches de foie. *Foie de veau au vinaigre de vin (Fegato all'aceto)* :

du vinaigre de vin rouge et du persil agrémentent du foie de veau sauté. *Poulet à la diable (Pollo alla diavola)* : une marinade relevée de jus de citron, d'huile d'olive et de piment parfume et attendrit le poulet, qui est ensuite grillé. *Pilons de poulet grillés au romarin (Gambe di pollo ai ferri)* : des pilons de poulet, faciles à manger, sont marinés à l'ail et au romarin. *Roulades de veau aux épinards (Messicani di vitello)* : des escalopes de veau, enroulées autour d'une farce verte, sont servies en tranches avec leur liquide de cuisson. *Filet de porc rôti à l'ail et au romarin (Arista)* : tout simple, mais superbe. *Porc braisé et sauce madère (Arrosto di maiale in casseruola)* : le porc est braisé avec des oignons et servi avec une julienne de carottes. *Poulet chasseur (Pollo alla cacciatora)* : dans ce plat connu dans le monde entier, le poulet est aromatisé avec du vin blanc, de l'ail et du romarin, et accompagné de scarole sautée. *Poulet chasseur aux olives noires (Pollo alla cacciatora con le olive)* : des olives noires, des anchois et du vinaigre de vin rouge relèvent le poulet sauté, garni ici d'endives.

Desserts

Tarte à la noisette aux fraises et aux framboises (Crostata di fragole e lamponi) : une délicate pâte à la noisette, de la crème Chantilly parfumée au marsala et des fruits rouges termineront parfaitement un repas de fête. *Tarte aux fraises et crème au chocolat (Crostata di fragole al cioccolato)* : un rêve pour les passionnés de chocolat ! *Tarte à la ricotta (Crostata di ricotta)* : un fond de ricotta crémeuse accueille des amandes croquantes, des raisins secs et des zestes d'orange nature et confit. *Tarte à la ricotta et au chocolat (Crostata di ricotta al cioccolato)* : très parfumée, cette tarte rectangulaire est très facile à découper. *Gâteau à la noix caramélisé (Torta di noci)* : pas un gramme de farine n'entre dans la composition de ce riche gâteau au beurre. *Gâteau à la noix et aux raisins secs (Torta di noci e uve passe)* : il est garni de raisins gonflés de grappa — la tentation suprême. *Granité au pamplemousse (Granita di pompelmo)* : ce jus de pamplemousse gelé, toujours rafraîchissant, se sert avec des biscuits aux amandes de la Toussaint. *Granité au café (Granita di caffè)* : des rosettes de chantilly parfumée à l'amaretto décorent ce dessert glacé. *Gâteau aux pommes (Torta di mele)* : ce délicieux gâteau moelleux est couronné de tranches de pomme, puis glacé au sucre. *Gâteau aux poires (Torta di pere)* : des poires caramélisées remplacent les pommes. *Gâteau crémeux au chocolat et aux amandes (Zuccotto toscano)* : une génoise aromatisée au Grand Marnier cache de la crème, du chocolat et des amandes grillées. *Gâteau crémeux au moka (Torta moka)* : des couches de gâteau sont garnies de chantilly au moka et aux miettes de biscuits amarettis.

Menus italiens

Un repas traditionnel italien ne se compose jamais d'un seul plat, mais au moins de deux principaux, et d'un ou deux moins importants. Des légumes ou une salade accompagnent toujours le *secondo piatto*, et le pain n'est jamais absent. Ces quelques idées de menus à trois plats ont été imaginées à partir des recettes de cet ouvrage.

Pour un dîner simple mais élégant, essayez les Moules farcies au poivron rouge, puis les Roulades de veau aux épinards. Vous pouvez préparer celles-ci 48 h à l'avance et les réchauffer sur le feu ; elles sont très colorées une fois tranchées et présentées sur des assiettes. Pour le dessert, impressionnez vos invités avec la Tarte à la ricotta — fromage frais et amandes, parfumés avec des zestes d'orange nature et confits et des raisins secs ; elle a l'avantage de pouvoir être entièrement composée la veille.

Célébrez l'arrivée de l'été avec un superbe Risotto aux asperges. Il sera suivi d'Escalopes de veau à la milanaise, servies avec des poivrons sautés, tandis que les fruits rouges frais se marieront dans la Tarte à la noisette aux fraises et aux framboises pour terminer ce délicieux repas.

En automne, tirez partie des produits de saison et commencez par la Polenta aux champignons sauvages et à la fontina, puis célébrez les vendanges avec le Bœuf braisé au vin rouge, et appréciez les noix fraîches dans le Gâteau à la noix caramélisé.

Pour un dîner simple entre amis, proposez les Nouilles à la sauge et au beurre, le Poulet à la diable et le Granité au pamplemousse ou au café, que vous servirez avec des biscuits aux amandes de la Toussaint.

LES PÂTES

Les pâtes n'ont jamais connu un aussi grand succès. Servies en entrée ou en plat principal, elles marient leurs innombrables formes avec des ingrédients savoureux et des sauces parfumées. Les cuisiniers aiment souvent les préparer eux-mêmes. Mais vous pouvez aussi acheter toutes sortes de pâtes fraîches ou en paquet. Elles vous permettront de réaliser rapidement, et pour toutes les occasions, un plat choisi parmi les délicieuses recettes qui vous sont proposées.

CHOISIR UNE RECETTE

Quand nous disons pâtes, nous pensons... Italie. Sans doute les Italiens ont-ils fait preuve dans ce domaine d'une imagination inépuisable, mais les pâtes se retrouvent dans la gastronomie de nombreux autres pays d'Europe et d'Asie. Quant à l'Amérique du Nord, elle les a déclinées en salades et en autres plats très actuels.

La plupart des pâtes fraîches se présentent sous deux formes : coupées en lanières, cuites à l'eau et servies avec une sauce, ou façonnées et farcies; ces dernières sont alors généralement servies avec du beurre fondu ou un filet d'huile, ou agrémentées d'une sauce simple.

Les pâtes roulées en boulettes sont meilleures quand elles sont préparées à la maison, bien que certaines se trouvent dans le commerce, les gnocchis notamment. Les pâtes filées — spaghettis, macaronis, farfalles, etc. — sont souvent fabriquées industriellement et vendues en paquet.

Ce livre propose les pâtes les plus courantes, les sauces et les farces les plus classiques, dont le succès ne se dément pas. Mais les pâtes évoluent avec le temps, et vous les trouverez mariées à des champignons sauvages ou à des topinambours...

Car ici, les légumes sont souvent présents, répondant ainsi à notre souci constant d'une cuisine équilibrée.

UN FESTIVAL DE SAVEURS

Les très populaires fettuccines s'accordent bien avec une grande diversité de sauces. *Fettuccines à la tomate et au basilic :* des pâtes aux œufs maison, étendues et découpées à la machine, avec une sauce aux tomates fraîches et au basilic. *Fettuccines au beurre et au poivre noir :* des pâtes maison, abaissées et découpées à la main, servies dans toute leur simplicité avec du beurre et du poivre noir fraîchement moulu. *Fettuccines à la carbonara :* un classique parmi les classiques. *Fettuccines Alfredo :* des pâtes riches en crème et en fromage. *Fettuccines aux olives et aux câpres :* des pâtes fraîches dans une sauce piquante. *Fettuccines au poivre noir et sauce aux trois fromages :* des pâtes fraîches relevées de poivre, dont l'arôme est équilibré par une sauce au gorgonzola, à la ricotta et au parmesan. *Fettuccines au poivre noir et sauce au fromage et à la ciboulette :* des pâtes fraîches poivrées dont la ciboulette et le fromage compensent la force.

Les tagliatelles, plus fines mais plus larges, sont une spécialité de Bologne. *Tagliatelles à la tomate et sauce aux artichauts :* des pâtes rouges garnies d'artichauts et de noix concassées. *Tagliatelles à la tomate et sauce aux topinambours et aux noix :* les topinambours ont une riche saveur proche de celle des artichauts.

Vous découvrirez aussi deux recettes de pâtes plus fines accompagnées d'une sauce aux fruits de mer. *Linguinis aux épinards et sauce blanche aux coques :* des coques ouvertes à la vapeur servies avec des linguinis verts. *Linguinis aux épinards et sauce rouge aux coques :* les tomates ajoutent leur arôme et leur couleur à la sauce.

Les pâtes les plus fines de toutes sont les capellinis. *Capellinis aux crevettes et aux asperges :* des crevettes, des asperges, du gingembre, des oignons nouveaux légèrement sautés... et des pâtes parsemées de graines de sésame. *Capellinis aux huîtres fumées et aux asperges :* une préparation originale.

Enfin, les spaghettis et leurs accompagnements les plus fameux n'ont pas été oubliés : deux versions végétariennes, et deux autres avec des sauces à la viande. *Spaghettis aux légumes nouveaux :* des légumes primeurs très tendres et une sauce crémée légère. *Spaghetti verde :* un camaïeu de vert. *Spaghettis à la bolognaise :* les saveurs de l'Italie du Nord pour un festin entre amis. *Spaghettis à la sauce bolognaise pimentée :* un plat corsé, relevé par la chaleur des piments.

Quels ustensiles ?

Il est assez facile de mélanger la pâte, de la pétrir et de l'abaisser à la main, à l'aide d'un rouleau; cependant, une machine à pâtes vous fera gagner du temps. Vous mélangerez la pâte plus rapidement dans un robot ménager, mais il vous faudra toujours la pétrir, que ce soit à la machine ou à la main. Une roulette coupe-pâte vous aidera à dessiner les rectangles des lasagnes ou les carrés des raviolis, tandis qu'un emporte-pièce vous donnera des ronds qui deviendront des pâtes farcies.

Un grand faitout (ou une très grande casserole) est indispensable, car les pâtes doivent cuire dans beaucoup d'eau. Pour les égoutter, il vous faut une passoire. Grâce à une cuiller percée ou une écumoire, vous manipulerez plus facilement les pâtes farcies ou les pâtes très larges qui, comme les lasagnes, risquent de se déchirer. Vous aurez aussi besoin d'ustensiles à long manche pour mélanger efficacement, et d'une râpe à fromage pour le parmesan.

Pâtes et fromage

Quatre fromages sont fréquemment associés aux pâtes, et chacun a son rôle à jouer. Ils sont, bien sûr, tous italiens !

Le parmesan est un fromage de vache très ferme; le meilleur a plus de trois ans d'âge et développe un inimitable goût de noisette un peu piquant. Souvent utilisé râpé, le parmesan est certes cher, mais il en faut peu pour parfumer sauces et farces ou pour saupoudrer un plat. Frais, il est très supérieur à celui qui se vend tout prêt, en sachet.

La ricotta fraîche est incomparable dans une farce, car elle lie les autres ingrédients et donne du corps à la préparation. Elle a une très légère texture granuleuse et un goût peu prononcé. Vous pouvez éventuellement la remplacer par un fromage blanc battu avec un peu de crème.

La véritable mozzarella, faite exclusivement avec du lait de bufflonne, est rare, même en Italie. Elle est aujourd'hui souvent fabriquée avec du lait de vache, et a une saveur douce. C'est le roi des fromages de couverture pour les pâtes cuites au four. D'autres fromages italiens (fontina, bel paese) ou des fromages français doux s'y substituent agréablement.

Le gorgonzola, veiné de bleu, entre souvent dans la composition des farces ou des sauces, qu'il enrichit et relève. Le roquefort, le bleu danois (moins gras), le crémeux bleu de Bresse conviennent tout aussi bien.

Ingrédients

Les pâtes semblent n'exister que pour mettre en valeur mille autres ingrédients.

Le beurre fondu et l'huile d'olive, relevés de poivre fraîchement moulu et éventuellement de quelques herbes hachées, sont les accompagnements les plus simples.

Le jambon, la pancetta, les poissons fumés, les anchois et les olives sont plus parfumés; quant aux légumes riches en couleurs — carottes, petits pois, haricots verts, courgettes —, ils s'imposent de plus en plus dans les recettes contemporaines.

Les tomates rutilantes et savoureuses sont les meilleures compagnes des pâtes. Mais elles doivent être d'excellente qualité. Quand la saison de leur maturité est passée, utilisez de très bonnes conserves plutôt que des tomates importées qui, cueillies trop tôt, n'ont guère de goût.

Les plats de pâtes s'enrichissent souvent de volailles, d'autres viandes ou de poissons; ainsi les Italiens les apprécient-ils avec des saucisses épicées, du thon, des sardines...

Et les fruits de mer — coques, crevettes, homard... — en font des festins inégalables.

Les pâtes sont riches en protéines, en fibres, en hydrates de carbone énergétiques. Cependant, certains régimes réclament quelques ajustements, notamment dans le choix des ingrédients. Vous utiliserez alors par exemple des fromages peu gras, comme la ricotta ou la mozzarella, ou des tomates — en boîte, en sauce ou en purée — très peu salées. Que vos préférences aillent au beurre ou à l'huile d'olive, sachez que celle-ci renferme des graisses plus assimilables.

Un savoir-faire

La fabrication ménagère des pâtes demande du temps, mais le résultat en vaut la peine. Les techniques en sont d'ailleurs assez simples et vous allez apprendre ici à préparer la pâte, à la pétrir, à l'abaisser et à la découper sous des formes très diverses.

Vous commencerez par des pâtes toutes simples aux œufs, préparées à la main ou à l'aide d'un robot ménager. Puis vous découvrirez des pâtes aromatisées à la tomate, aux épinards, au poivre noir, qui marient bien couleurs et saveurs. Vous comprendrez comment étendre la pâte avec une machine ou l'abaisser à la main. Vous saurez ensuite la découper de multiples façons.

Vous apprendrez à cuisiner une large variété de sauces et d'accompagnements, de la sauce tomate de base à des préparations plus élaborées.

Comme dans les autres volumes de cette série, vous trouverez ici des techniques indispensables pour préparer les ingrédients qui viennent habiller les pâtes pour les rendre plus savoureuses : hacher des herbes; peler, épépiner et concasser des tomates; peler et hacher de l'ail; hacher ou émincer un oignon; nettoyer et trancher des champignons; ouvrir, épépiner et couper en lanières un poivron; épépiner et couper en dés un piment frais...

Réussir les pâtes

Toutes les pâtes sont préparées à partir d'une... pâte à base de farine. Celle-ci est simplement mélangée à de l'eau ou enrichie d'œufs; dans ce cas, elle est évidemment meilleure, surtout lorsqu'elle est consommée fraîche. La pâte... à pâtes s'utilise nature ou colorée et parfumée avec un autre ingrédient, purée de tomates ou épinards hachés par exemple.

Choix

Les meilleures pâtes fraîches se préparent avec une farine de blé supérieure, riche en gluten, et elles en ont d'ailleurs nettement le goût. Les pâtes aux œufs sont légèrement dorées, avec une texture un peu plus granuleuse. Pour les pâtes en paquet, des débris au fond de l'emballage signifient souvent qu'elles ont été fabriquées il y a trop longtemps.

Variétés

Les pâtes sont longues, courtes, fines, épaisses, plates, spiralées, striées, creuses... entre autres. Si, dans une recette, vous voulez en changer, choisissez une forme semblable.

Ainsi, les spaghettis se substituent très bien aux tagliatelles, mais pas aux pennes. En effet, certaines sauces sont conçues pour accompagner telle ou telle variété. Les pâtes filées, fines ou plus épaisses, comme les spaghettis ou les linguinis, s'accommodent bien avec les sauces fortement parfumées à la tomate. Les spaghettis, assez épais, se marient avec le beurre et les sauces crémeuses; les linguinis, plus fins, s'accordent mieux avec de l'huile ou des sauces plus légères, à base de fruits de mer par exemple. Quant aux capellinis, les plus fines, il leur suffit d'un peu d'huile et d'un ou deux ingrédients relevés.

Les pâtes courtes, épaisses, sont idéales pour les sauces à la viande, tandis que les conchiglies et les fusillis, qui s'enrobent de sauce sans coller, sont parfaits pour les salades.

Les pâtes garnies se nappent de sauces subtiles, car leur richesse est dans leur farce.

Farine

La meilleure farine pour les pâtes doit être très riche en gluten, matière qui contient deux protéines et assure la tenue de la pâte, en la rendant ferme et élastique. La farine de blé supérieure convient donc parfaitement, et elle se travaille bien. Vous pouvez cependant utiliser une farine plus ordinaire. La semoule de blé dur, spécialement destinée en France à la fabrication des pâtes, contient également beaucoup de gluten. Elle donne une pâte très élastique, généralement plus difficile à abaisser. En revanche, les pâtes restent exactement al dente après la cuisson.

Quantités

500 g de pâtes fraîches ou en paquet permettent de servir de 6 à 8 personnes en entrée, ou 4 en plat principal quand elles ne s'accompagnent que d'une simple sauce. Si elles sont farcies ou nappées d'une garniture plus riche ou plus élaborée, réduisez cette quantité. Quand les recettes de cet ouvrage mentionnent une échelle des proportions (par exemple, pour 4 ou 6 personnes), le premier nombre correspond à des portions de plat principal, et le second à des portions d'entrée.

Conservation

Les pâtes préparées à la maison doivent être légèrement saupoudrées de farine de blé ou de maïs, mises à sécher de 1 à 2 h, puis enveloppées dans un emballage léger. Vous pouvez les garder 48 h au réfrigérateur, ou même les congeler 2 mois. Assurez-vous simplement qu'elles ont bien séché avant de les emballer, sinon elles colleront pendant leur stockage.

Les pâtes à cuire au four ou farcies se conservent plus ou moins longtemps au réfrigérateur, selon la composition de leur garniture, mais elles se congèlent bien.

Les pâtes en paquet restent comestibles 6 mois ou plus, à température ambiante.

CUISSON

Les pâtes sont presque toujours cuites dans de l'eau bouillante salée, bien que celle-ci cède parfois la place à du bouillon. Pour qu'elles ne collent pas, plongez-les toujours dans un grand volume d'eau. Les pâtes très larges, comme les cannellonis ou les lasagnes, cuiront mieux en deux fournées.

Comptez 5 litres d'eau pour les premiers 500 g de pâtes, et ajoutez 1 litre d'eau par tranche supplémentaire de 250 g. Ajoutez 1 cuil. à soupe de sel pour 500 g de pâtes lorsque l'eau arrive à ébullition. Si vous y versez 1 cuil. à soupe d'huile, les pâtes auront moins tendance à coller.

Pour les pâtes petites ou fines, comme les fettuccines, utilisez une casserole profonde ou un faitout. Si vous avez un égouttoir qui s'y adapte, vous sortirez et égoutterez plus facilement les pâtes cuites. Pour les pâtes larges qui collent facilement, comme les lasagnes, un récipient peu profond — une sauteuse, par exemple — convient mieux.

Quand l'eau bout, mettez-y les pâtes et remuez-les de temps en temps pour qu'elles ne collent pas. Les longues pâtes en paquet, comme les spaghettis, doivent être progressivement plongées dans l'eau, au fur et à mesure qu'elles ramollissent, jusqu'à ce qu'elles soient totalement immergées.

Les pâtes fraîches cuisent très vite : goûtez-les dès que l'eau bout de nouveau. Testez les pâtes fines en paquet 3 min après les avoir plongées dans l'eau bouillante; les variétés plus larges réclament parfois jusqu'à 12 min de cuisson.

Pour les pâtes qui cuisent au four, la température est indiquée en °C. À la fin de l'index, vous trouverez un tableau de correspondance avec les graduations du thermostat.

GOÛTER ET ÉGOUTTER

Les pâtes cuites à point sont tendres mais encore fermes. Goûtez-en un petit bout : elles sont parfaites quand elles sont al dente, c'est-à-dire un peu résistantes sous la dent sans être dures au centre. Si vous devez les mettre au four après les avoir cuites à l'eau, retirez-les un peu plus tôt que prévu. Dès la fin de la cuisson, égouttez-les et rincez-les pour les débarrasser de leur amidon, à l'eau très chaude si vous souhaitez leur garder leur température ou à l'eau froide si vous préparez une salade ou que vous voulez les passer au four.

ATTENTION !
Préparez les pâtes dès qu'elles sont cuites; si vous attendez, elles colleront.

D'AUTRES TECHNIQUES DE BASE

Vous trouverez ci-dessous d'autres techniques faciles à maîtriser qui vous permettront d'accommoder les pâtes à toutes les sauces.

◊ Artichaut (préparer et cuire des fonds d')............160

◊ Crevette (la décortiquer et la vider)......................196

◊ Gingembre frais (l'éplucher et le hacher).............195

◊ Moules (les nettoyer et les ouvrir à la vapeur).....191

◊ Pâte (la préparer dans un robot ménager)...........142

◊ Pignons (les griller)..199

◊ Piment frais (l'épépiner et le couper en dés).......192

◊ Poivron (le griller, le peler et le hacher)..............176

◊ Tomate (préparer une sauce)................................170

◊ Mélanger, pétrir, étendre et découper la pâte à l'aide d'une machine ....voir *Fettuccines à la tomate et au basilic (p. 136)*

◊ Mélanger, pétrir, abaisser et découper la pâte à la main................voir *Fettuccines au beurre et au poivre noir (p. 140)*

ENTRÉES À L'ITALIENNE

ARTICHAUTS À LA ROMAINE	18
CŒURS D'ARTICHAUT BRAISÉS	23
MOULES FARCIES AU POIVRON ROUGE	24
AMANDES DE MER FARCIES	29
MOULES FARCIES AU PERSIL ET AUX CÂPRES	29
CARPACCIO PICCANTE	30
CARPACCIO ET PESTO	33
FEUILLES DE VIGNE FARCIES	34
FEUILLES DE VIGNE À L'AGNEAU	39
SALADE DE POIRES AU GORGONZOLA	40
SALADE DE POMMES ET DE FENOUIL	43
SALADE FANTASIA	44
SALADE DE POIVRONS ROUGES ET D'ARTICHAUTS	49
SALADE PARMESANE	50
SALADE DE PAMPLEMOUSSES AU SAUMON FUMÉ	53

Artichauts à la romaine

Carciofi alla romana

Pour 6 personnes · **Préparation : de 25 à 30 min** · **Cuisson : de 25 à 45 min**

Équipement

grande cocotte à fond épais, avec couvercle

presse-agrumes

cuiller percée*

cuiller parisienne**

couteau chef

petit bol

couteau d'office

planche à découper

* ou écumoire
** ou cuiller à café

Des artichauts nouveaux à queue tendre sont parfaits pour cette délicieuse entrée qui se sert chaude ou à température ambiante. Les légumes sont évidés et garnis de persil haché, de menthe et d'ail, puis braisés avant d'être présentés renversés. Si les artichauts sont plus mûrs, vous devrez éliminer les parties vertes fibreuses.

Savoir s'organiser
Vous pouvez préparer les artichauts 24 h à l'avance et les conserver au réfrigérateur. Laissez-les revenir à température ambiante avant de les servir.

Le marché
6 gousses d'ail
1 petit bouquet de persil plat
8 à 10 brins de menthe fraîche, et un peu pour la décoration
sel et poivre
3 citrons
6 artichauts nouveaux
15 cl d'huile d'olive

Ingrédients

 artichauts

 gousses d'ail

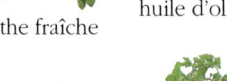 menthe fraîche · huile d'olive

 citrons

 persil plat***

*** ou persil frisé

CONSEIL MALIN
«Choisissez des artichauts moyens, avec des feuilles bien tendres. Les queues ne doivent pas être sèches, mais légèrement humides.»

Déroulement

1 Préparer la farce et les artichauts

2 Farcir et cuire les artichauts

Artichauts à la romaine

1 Préparer la farce et les artichauts

1 Posez le plat de la lame du couteau chef au sommet des gousses d'ail et appuyez avec le poing. Pelez-les et hachez-les finement.

2 Détachez de leur tige les feuilles de persil et de menthe. Hachez-les finement à l'aide du couteau chef.

3 Dans le petit bol, mélangez l'ail, le persil haché et la menthe avec un peu de sel. Coupez 2 citrons en deux et réservez-en 1/2 pour en mettre le jus dans le liquide de cuisson.

La pulpe de citron, frottée sur les artichauts, leur évitera de noircir

4 À l'aide du couteau chef, enlevez la partie dure de la queue d'un artichaut, pour n'en garder que 4 cm.

Le haut des feuilles est souvent coupant

5 Arrachez avec les doigts les grandes feuilles du bas. Déchirez-les petit à petit pour n'en garder qu'un quart attaché au fond, c'est-à-dire la partie blanche et tendre qui se mange.

Les fibres dures sont éliminées avec les feuilles

6 Continuez jusqu'à ce que vous arriviez au cœur de petites feuilles tendres. Ôtez-en la pointe à l'aide du couteau chef.

ARTICHAUTS À LA ROMAINE

7 Avant de poursuivre la préparation de l'artichaut, frottez-en la tranche avec 1/2 citron pour lui éviter de noircir.

CONSEIL MALIN
«Enduisez très vite l'artichaut de citron, sinon il noircira.»

Pressez le citron pour que le jus enrobe bien tout l'artichaut

Les plus petites feuilles du cœur de l'artichaut sont souvent pourpres

8 Avec le couteau d'office, épluchez la queue de l'artichaut pour en enlever les fibres extérieures.

9 Ôtez les parties vertes de la base de l'artichaut pour enlever les dernières feuilles dures.

La cuiller parisienne est idéale pour enlever le foin de l'artichaut

10 Ôtez le foin à l'aide de la cuiller parisienne et pressez le jus de 1/2 citron dans le cœur évidé de l'artichaut. Répartissez-le bien avec le doigt. Préparez les autres artichauts de la même façon.

Assurez-vous que vous avez bien enlevé tout le foin

2 Farcir et cuire les artichauts

1 Mettez de 2 à 3 cuil. de farce à l'ail et aux herbes dans le cœur évidé d'un des artichauts et pressez bien sur le fond et les côtés. Farcissez les autres artichauts : il ne doit vous rester que 2 à 3 cuil. à soupe de farce.

2 Posez les artichauts dans la grande cocotte, queue vers le haut. Répartissez le reste de farce tout autour et versez l'huile par-dessus.

CONSEIL MALIN
« Les artichauts doivent être disposés en une seule couche. »

Choisissez une huile d'olive de bonne qualité pour parfumer les artichauts braisés

3 Saupoudrez les artichauts avec du sel et du poivre, et ajoutez suffisamment d'eau pour les baigner à moitié, sans compter la queue.

4 Portez à ébullition, couvrez et laissez frémir de 25 à 45 min, selon la maturité des artichauts. Ajoutez éventuellement un peu d'eau dans la cocotte pour qu'elle reste au même niveau.

5 Assurez-vous que les artichauts sont cuits en les piquant avec la pointe du couteau d'office : ils doivent être tendres.

Le liquide de cuisson a pris tous les parfums de l'ail, des herbes et de l'huile d'olive

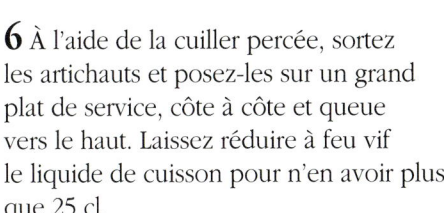

6 À l'aide de la cuiller percée, sortez les artichauts et posez-les sur un grand plat de service, côte à côte et queue vers le haut. Laissez réduire à feu vif le liquide de cuisson pour n'en avoir plus que 25 cl.

ARTICHAUTS À LA ROMAINE

7 Pressez le 1/2 citron réservé. Enlevez tous les pépins qui resteraient dans le jus et jetez-les.

8 Ajoutez le jus de citron au liquide de cuisson, goûtez et rectifiez l'assaisonnement. Versez sur les artichauts et laissez refroidir.

9 Pendant ce temps, coupez le dernier citron en tranches et réservez-les jusqu'au moment de servir.

POUR SERVIR
Servez à température ambiante, décoré avec les tranches de citron et des brins de menthe.

Le jus de citron ajouté au liquide de cuisson donne une sauce relevée

Les artichauts sont présentés de façon originale, queue vers le haut

Les brins de menthe et les tranches de citron rappellent les parfums des artichauts à la romaine

VARIANTE
CŒURS D'ARTICHAUT BRAISÉS

Dans cette recette, que les Italiens appellent Carciofi in umido, *les cœurs d'artichaut sont coupés en quartiers, puis braisés avec les mêmes aromates que les Artichauts à la romaine, mais le plat terminé est totalement différent.*

Les quartiers d'artichaut sont parfumés avec de l'oignon, de l'ail et des herbes

Les feuilles de persil et de menthe forment une association délicate

1 Préparez les herbes et l'ail en suivant la recette principale, mais sans les mélanger et en n'utilisant que 10 à 12 brins de persil et 3 à 5 brins de menthe.
2 Pelez 1 petit oignon, sans ôter sa base, et coupez-le en deux dans le sens de la longueur. Posez les moitiés à plat sur une planche à découper et coupez-les en tranches horizontalement, sans entailler leur base pour qu'elles ne se défassent pas, puis verticalement, toujours sans entailler la base. Détaillez-les en dés.
3 Préparez les cœurs d'artichaut : cassez les queues d'un coup sec pour enlever en même temps les fibres.
4 Déchirez les feuilles en suivant la recette principale, puis coupez tout le cône des feuilles tendres du cœur et enlevez le foin.
5 Coupez chaque cœur d'artichaut en 8 quartiers.

6 Pressez un citron et mettez-le avec son jus dans un bol d'eau froide. Plongez-y les quartiers d'artichaut.
7 Chauffez 4 cuil. à soupe d'huile d'olive dans une cocotte à fond épais, mettez-y l'oignon et l'ail et laissez-les fondre de 3 à 5 min, en remuant.
8 Égouttez les quartiers d'artichaut et mettez-les dans la cocotte avec le persil, la menthe, du sel et du poivre. Couvrez-les à moitié d'eau et portez à ébullition.
9 Posez un disque de papier sulfurisé sur les artichauts. Couvrez et laissez-les cuire doucement de 25 à 45 min, selon leur degré de maturité, jusqu'à ce qu'ils soient tendres.
10 Enlevez le couvercle et le papier et portez le liquide de cuisson à ébullition ; faites-le réduire pour n'en avoir plus que 15 cl et laissez refroidir.
11 Servez les artichauts chauds ou tièdes. Arrosez-les avec un peu de liquide de cuisson et décorez avec du persil et de la menthe.

Moules farcies au poivron rouge

Cozze gratine

 Pour 4 personnes   Préparation : de 10 à 15 min   Cuisson : de 1 à 2 min

Équipement

 sachet en plastique
 petite brosse dure
robot ménager*

bols
grande casserole avec couvercle   couteau d'office

spatule en caoutchouc

grand plat à rotir   pinces

cuiller percée**

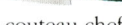
couteau chef

papier absorbant

planche à découper

* ou mixeur
** ou écumoire

Un véritable antipasto ! Ce plat léger est une entrée parfaite pour les repas raffinés. La saveur marine des moules est rehaussée par une farce piquante de persil plat, d'ail, de miettes de pain et de poivron rouge grillé. Cette recette est un tel délice que vous la réaliserez souvent !

Savoir s'organiser
Vous pouvez cuire les moules et les farcir 4 h à l'avance, et les conserver, bien couvertes, au réfrigérateur. Passez-les sous le gril juste avant de servir.

Le marché
1 petit bouquet de persil plat
1 gros poivron rouge
2 gousses d'ail
2 tranches de pain de mie
2 cuil. à soupe d'huile d'olive
sel et poivre
24 grosses moules, soit 750 g environ
25 cl de vin blanc sec
1 citron, pour servir

Ingrédients

moules
persil plat***
vin blanc sec
pain de mie
huile d'olive
poivron rouge   citron
gousses d'ail

*** ou persil frisé

CONSEIL MALIN
«Achetez un peu plus de moules, car il y en a toujours quelques-unes qui ont une coquille cassée.»

Déroulement

1 **Faire la farce**

2 **Préparer et cuire les moules**

3 **Farcir et griller les moules**

Moules farcies au poivron rouge

1 Faire la farce

1 Réservez quelques brins de persil pour la décoration et détachez de leur tige, sans jeter celle-ci, les feuilles des autres.

Une fois tranché, le poivron se hache plus facilement dans le robot ménager

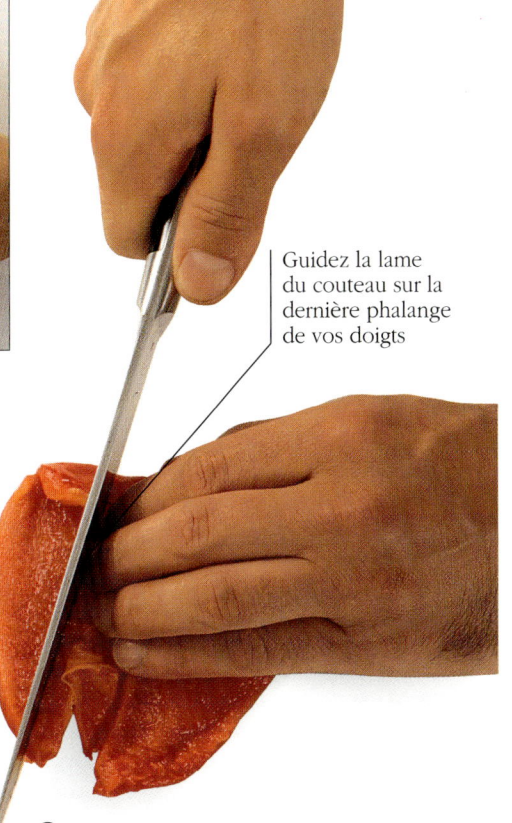

Guidez la lame du couteau sur la dernière phalange de vos doigts

2 Grillez le poivron rouge (voir encadré p. 26). Coupez-en les moitiés en lanières dans le sens de la longueur.

CONSEIL MALIN
« Le poivron rouge sera réduit en purée ; les lanières n'ont donc pas besoin d'être régulières. »

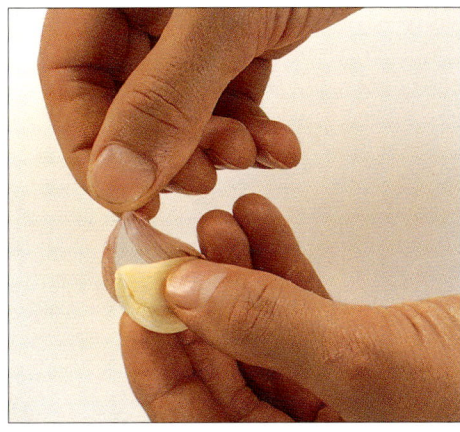

3 Posez le plat de la lame du couteau chef au sommet de chaque gousse d'ail et appuyez avec le poing. Pelez-les.

4 À l'aide du couteau chef, ôtez la croûte des tranches de pain de mie et détaillez-les en cubes.

LES HERBES ITALIENNES

Les marchés italiens regorgent de toutes sortes d'herbes fraîches. L'origan, le basilic et le persil plat, notamment, parfument très souvent les plats nationaux.

L'origan, qui est une variété sauvage de la marjolaine, est originaire du bassin méditerranéen. Il a un goût plus prononcé que sa cousine, et aromatise de nombreux plats italiens, notamment les sauces à la tomate, les ragoûts et les pizzas. Il s'utilise frais ou sec.

Le basilic *est sans doute l'herbe la plus utilisée dans la cuisine italienne. Il s'accorde bien avec de nombreux ingrédients, mais plus particulièrement avec les tomates — une entrée traditionnelle se compose de tranches de tomate parsemées de feuilles fraîches de basilic ciselées et arrosées d'huile d'olive. Il vaut mieux utiliser du basilic frais quand la recette le mentionne, car, sec, il n'a pas la même saveur, et se rapproche davantage de la menthe. Les cuisiniers italiens conservent leurs récoltes estivales en mettant les feuilles dans des pots, en les salant légèrement, puis en le recouvrant d'huile d'olive.*

Le persil plat, *venu d'Europe du Sud, est aussi très apprécié en Italie, beaucoup plus que le persil frisé, car il a une saveur plus relevée et plus piquante, et supporte mieux la cuisson. Cependant, ce dernier est plus facile à trouver et vous pouvez utiliser indifféremment l'un ou l'autre dans la plupart des recettes.*

Moules farcies au poivron rouge

5 Dans le robot ménager, réduisez les cubes de pain de mie en miettes. Ajoutez les feuilles de persil, les gousses d'ail pelées, l'huile d'olive et les lanières de poivron rouge grillé.

Le robot ménager hache rapidement les ingrédients de la farce

Le persil plat a une saveur relevée

6 Réduisez tous les ingrédients en purée. Salez et poivrez. Vous pouvez aussi hacher les feuilles de persil, l'ail et le poivron rouge grillé à la main, à l'aide du couteau chef, puis les incorporer aux miettes de pain et à l'huile ; le mélange sera un peu moins fin.

Griller, peler et égrener un poivron

Les poivrons passés sous le gril sont plus faciles à peler et prennent un goût fumé. Vous pourrez ensuite enlever aisément leur pédoncule et leurs graines pour les farcir, les mélanger à des salades, ou les cuire seuls ou avec d'autres légumes.

1 Préchauffez le gril. Enfournez le poivron entier sur une grille à pâtisserie pour 10 à 12 min, à 10 cm environ sous la source de chaleur, jusqu'à ce que la peau soit noire et boursouflée.

2 Enfermez le poivron dans un sachet en plastique : la vapeur emprisonnée va décoller la peau.

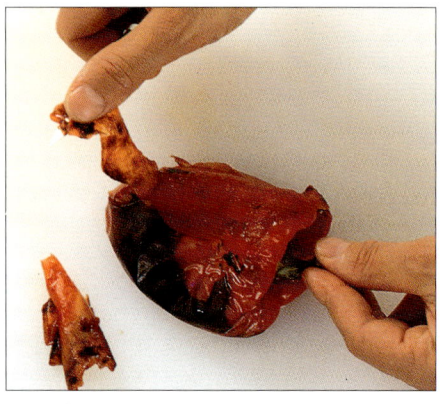

3 À l'aide d'un couteau d'office, pelez le poivron. Rincez-le sous l'eau froide et laissez-le sécher sur du papier absorbant.

Le poivron grillé est tendre et très savoureux

Aplatissez bien la moitié de poivron pour mieux gratter les graines

4 Ôtez le pédoncule du poivron, puis coupez-le en deux. Grattez les membranes blanches et les graines.

2 Préparer et cuire les moules

1 Nettoyez les moules : grattez-les avec le couteau d'office pour en enlever tous les parasites.

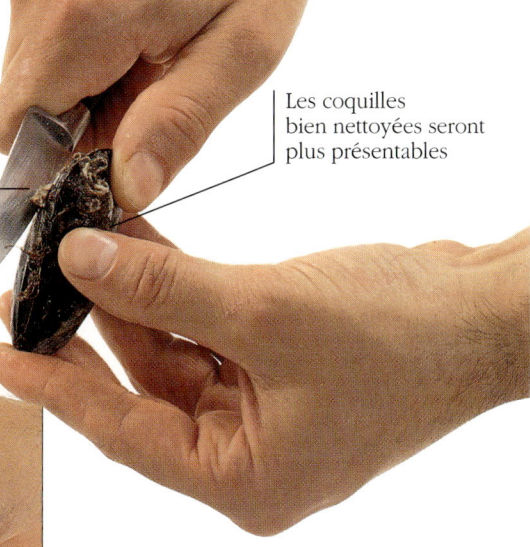

Utilisez le dos du couteau pour gratter les moules

Les coquilles bien nettoyées seront plus présentables

2 À l'aide du couteau d'office, arrachez tous les filaments qui dépassent des coquilles.

3 Avec la petite brosse dure, brossez les moules sous un filet d'eau froide.

4 Jetez toutes les moules dont la coquille est cassée et celles qui ne se referment pas quand vous les tapotez.

ATTENTION !
Ne faites pas cuire les moules abîmées.

5 Mettez le vin blanc et les tiges de persil dans la casserole. Portez à ébullition et laissez frémir 2 min. Ajoutez les moules.

6 Couvrez et cuisez sur feu vif de 2 à 3 min, en remuant une fois, jusqu'à ce que les moules soient ouvertes. Sortez-les à l'aide de la cuiller percée. Jetez toutes celles qui sont restées fermées.

Remuez les moules une fois pour qu'elles cuisent uniformément

Les tiges de persil parfument le liquide de cuisson

CONSEIL MALIN
«Éventuellement, filtrez le délicieux liquide de cuisson des moules pour en faire un court-bouillon de poisson.»

Moules farcies au poivron rouge

3 Farcir et griller les moules

1 Préchauffez le gril. Ôtez la coquille supérieure des moules et l'anneau caoutchouteux qui les entoure.

2 À l'aide d'une cuiller à café, mettez un peu de farce au poivron rouge dans chaque moule.

La farce au poivron rouge cache les moules

Les moules doivent tenir à plat dans le plat à rôtir

3 Posez les moules, coquille vers le bas, dans le plat à rôtir et enfournez pour 1 à 2 min, jusqu'à ce qu'elles soient très chaudes. Découpez le citron en quartiers et réservez-les pour la décoration.

🍴 POUR SERVIR
Disposez les moules en éventail sur des assiettes chaudes, et décorez avec un quartier de citron et un brin de persil.

Quelques gouttes de citron rehaussent le parfum des moules chaudes

La farce au poivron rouge est mise en valeur par les coquilles noires

Variante
Amandes de mer farcies

Les amandes sont à la base de ces Vongole gratinate, *mais des vénus conviendront.*

1 Préparez la farce au poivron rouge en suivant la recette principale.
2 Remplacez les moules par 36 petites amandes, ou 24 moyennes, et brossez-les ; elles présentent l'avantage de n'avoir ni parasites, ni filaments.

3 Cuisez les amandes de 3 à 5 min, ou plus si leur coquille est très épaisse, jusqu'à ce qu'elles soient ouvertes.
4 Pendant ce temps, tranchez finement un citron pour la décoration. Entaillez chaque tranche du centre vers le bord, et tortillez les deux extrémités en sens inverse.
5 Retirez avec les doigts la petite peau noire des amandes. Remplissez-les à la cuiller de farce et grillez-les en suivant la recette principale.
6 Servez sur des assiettes chaudes, décoré avec un tortillon de citron et des brins de persil.

Variante
Moules farcies au persil et aux câpres

Les câpres remplacent le poivron rouge dans ces Cozze al prezzemolo e capperi.

Les tranches de citron apportent leur fraîcheur au plat

La farce piquante aux câpres se marie bien avec les moules

1 N'utilisez pas de poivron rouge. Pelez 4 gousses d'ail; égouttez 1 cuil. à soupe de câpres dans une petite passoire en toile métallique.
2 Préparez la farce, en ajoutant 2 cuil. à soupe de parmesan râpé aux miettes de pain de mie, en même temps que l'ail, le persil et l'huile; remplacez le poivre par les câpres. Rectifiez l'assaisonnement.

3 Faites ouvrir les moules à la vapeur et jetez leur coquille supérieure. Remplissez-les de farce.

4 Disposez les moules dans des petits plats à rôtir et saupoudrez-les avec 2 cuil. à soupe de parmesan râpé. Enfournez sous le gril. Décorez avec des demi-tranches de citron.

Carpaccio piccante

 Pour 4 personnes Préparation : de 20 à 25 min*

Équipement

couteau à jambon

aluminium ménager**

bols

passoire   couteau chef

papier absorbant

couteau éplucheur

moulin à poivre

passoire en toile métallique

presse-agrumes

planche à découper

** ou papier sulfurisé ou film alimentaire

CONSEIL MALIN

« Un couteau électrique remplace très bien le couteau à jambon pour couper le bœuf en tranches aussi fines que du parchemin. »

Dans le carpaccio italien, du filet de bœuf maigre est légèrement congelé afin d'être découpé plus facilement en tranches très fines, si fines, dit-on, qu'elles doivent laisser passer la lumière. La garniture proposée ici comprend des câpres, des anchois, un oignon haché et de l'huile d'olive vierge extra bien fruitée, ainsi que des copeaux de parmesan.

Savoir s'organiser

Vous pouvez découper et disposer le bœuf sur les assiettes 1 h à l'avance et le conserver, bien couvert, au réfrigérateur.

* plus 2 h 30 à 3 h de congélation

Le Marché

500 g de filet de bœuf
8 filets d'anchois en boîte
50 g de câpres égouttées
1 petit oignon
125 g de parmesan
125 g de roquette
2 citrons
15 cl d'huile d'olive vierge extra, ou plus selon votre goût
poivre noir en grains fraîchement moulu, pour servir

Ingrédients

filet de bœuf

 câpres

roquette***

huile d'olive

gros morceau de parmesan

filets d'anchois

poivre noir en grains

citrons

oignon

*** ou frisée ou salade un peu amère

CONSEIL MALIN

« Vous prélèverez plus facilement les copeaux si vous prenez un gros morceau de parmesan. Vous râperez le reste. »

Déroulement

1 Congeler le bœuf et préparer la garniture

2 Préparer le carpaccio

Carpaccio Piccante

1 Congeler le bœuf et préparer les ingrédients de la garniture

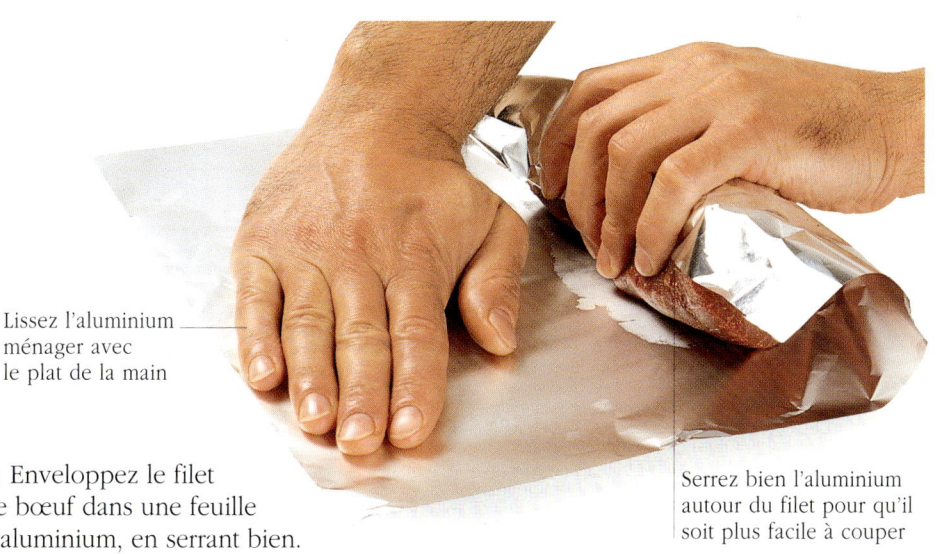

Lissez l'aluminium ménager avec le plat de la main

Serrez bien l'aluminium autour du filet pour qu'il soit plus facile à couper

1 Enveloppez le filet de bœuf dans une feuille d'aluminium, en serrant bien.

2 Tortillez les extrémités du rouleau, puis mettez-le au congélateur pour 2 h 30 à 3 h, le temps qu'il durcisse, mais pas trop.

3 Égouttez les anchois et posez-les sur du papier absorbant. Si les câpres sont grosses, hachez-les. À l'aide du couteau chef, épluchez l'oignon et coupez-le en deux. Émincez les deux moitiés horizontalement puis verticalement; coupez-les en dés très fins.

4 À l'aide du couteau-éplucheur, prélevez 12 gros copeaux dans le morceau de parmesan.

5 Lavez abondamment la roquette à l'eau froide. Ôtez les tiges dures; égouttez les feuilles dans la passoire. Enveloppez-les dans du papier absorbant ou un torchon et gardez-les au réfrigérateur.

Bien enveloppées dans du papier absorbant et conservées au réfrigérateur, les feuilles de roquette ne se flétriront pas

2 PRÉPARER LE CARPACCIO

1 Disposez la roquette en couronne sur le bord de 4 assiettes.

Les feuilles de roquette sont très décoratives

2 Sortez le bœuf du congélateur et ôtez l'aluminium. Si la viande est trop dure pour être tranchée, laissez-la décongeler un peu à température ambiante.

3 À l'aide du couteau à jambon, coupez tout le rouleau de viande en tranches aussi fines que du parchemin. Il en restera toujours un petit morceau au bout.

CONSEIL MALIN
«Vous utiliserez le reste de viande pour une autre recette; vous pouvez aussi le hacher finement et le servir avec le carpaccio.»

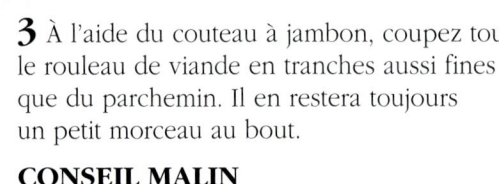

Les tranches de bœuf sont si fines qu'elles laissent passer la lumière

4 Au fur et à mesure que vous coupez les tranches, disposez-les au centre des assiettes en les faisant se chevaucher légèrement. Enroulez les anchois en anneaux et déposez-en deux sur le bœuf.

ATTENTION !
Les fines tranches de bœuf sont très fragiles; disposez-les dès qu'elles sont découpées.

5 Garnissez l'un des anneaux d'anchois d'oignon haché, l'autre de câpres.

Ne tassez pas trop les câpres pour ne pas déformer l'anneau d'anchois

CARPACCIO PICCANTE

6 Pressez les citrons; vous devez obtenir 6 cuil. à soupe de jus. Arrosez-en les tranches de bœuf.

7 Arrosez le carpaccio avec un filet d'huile d'olive. Décorez avec les copeaux de parmesan.

L'huile d'olive fait briller la viande crue

🍽 POUR SERVIR
Servez à température ambiante. Présentez le moulin à poivre à part.

Les câpres et l'oignon apportent du piquant au carpaccio

La roquette craquante se marie parfaitement avec la viande crue

VARIANTE
CARPACCIO ET PESTO

Le pesto est une délicieuse purée au basilic, au parfum intense, qui peut accompagner de nombreux plats.

1 Enveloppez et congelez le filet de bœuf en suivant la recette principale.
2 Détachez de leur tige les feuilles d'un gros bouquet de basilic et réservez-en quelques-unes pour la décoration. Mettez les autres dans un robot ménager avec 4 gousses d'ail pelées, 50 g de parmesan râpé, 50 g de pignons, 1 cuil. à café de sel et du poivre. Réduisez le tout en une purée lisse. Goûtez et rectifiez l'assaisonnement.
3 Prélevez des copeaux de parmesan en suivant la recette principale.
4 Coupez le bœuf en tranches très fines et disposez-les sur des assiettes individuelles en les faisant se chevaucher légèrement.
5 Versez le jus d'un citron sur la viande et déposez un peu de pesto au centre des assiettes.
6 Décorez avec les copeaux de parmesan et les feuilles de basilic réservées. Servez le reste de pesto à part.

Feuilles de vigne farcies

Dolmas

Pour 8 personnes · **Préparation : de 40 à 45 min*** · **Cuisson : de 45 min à 1 h**

Équipement

- passoire
- grande sauteuse avec couvercle**
- grande cuiller en métal
- passoire en toile métallique
- couteau chef
- presse-agrumes
- cuiller en bois
- couteau d'office
- assiette résistant à la chaleur
- papier absorbant
- plat en verre ou en porcelaine
- bols
- plaque à pâtisserie
- casseroles
- brochette en inox

** ou grande friteuse ou poêle

Les feuilles de vigne, farcies de riz assaisonné, sont une des entrées les plus appréciées dans tout le bassin méditerranéen, notamment en Grèce. En été, on peut trouver des feuilles fraîches; il faut alors les blanchir ou les cuire à la vapeur avant de les cuisiner; sinon, achetez-les en boîte, sous vide ou en bouteille dans de la saumure. Cette farce classique réunit des pignons, des raisins secs, de l'aneth frais et de la menthe.

Savoir s'organiser

Vous pouvez préparer les feuilles de vigne 72 h à l'avance et les conserver au réfrigérateur.

* plus 12 h de marinage

Le marché

40 feuilles de vigne en saumure, ou plus	
75 cl de bouillon de volaille, ou plus	
Pour la farce	
60 g de pignons	
sel et poivre	
200 g de riz à grains longs	
2 oignons moyens	
1 bouquet moyen d'aneth frais	
1 petit bouquet de menthe fraîche	
2 citrons	
20 cl d'huile d'olive	
50 g de raisins secs	

Ingrédients

- feuilles de vigne
- bouillon de volaille
- oignons
- citrons
- menthe fraîche
- riz à grains longs
- pignons
- huile d'olive
- aneth frais
- raisins secs

Déroulement

1 Préparer la farce

2 Farcir les feuilles de vigne

3 Pour terminer

34

Feuilles de vigne farcies

1 Préparer la farce

Grillés, les pignons ont une saveur plus prononcée

1 Préchauffez le four à 190 °C. Étalez les pignons sur la plaque à pâtisserie et grillez-les de 5 à 8 min, en remuant de temps en temps.

ATTENTION !
Ne grillez pas trop les pignons, car ils deviendraient amers.

2 Remplissez une casserole moyenne d'eau froide, salez et portez à ébullition. Mettez-y le riz. Quand l'eau bout de nouveau, laissez frémir de 10 à 12 min, jusqu'à ce que le riz soit tout juste tendre. Remuez de temps en temps pour qu'il n'attache pas au fond de la casserole.

3 Pendant ce temps, épluchez les oignons, sans ôter leur base, et coupez-les en deux dans le sens de la longueur. Posez la tranche des moitiés sur la planche à découper et tranchez-les horizontalement, sans entailler la base.

4 Émincez-les ensuite verticalement, toujours sans entailler la base. Puis hachez-les en dés en guidant la lame du couteau sur la dernière phalange de vos doigts.

L'aneth et la menthe parfument traditionnellement les feuilles de vigne farcies

5 Détachez de leur tige les herbes ; réservez quelques brins d'aneth et quelques feuilles de menthe pour la décoration. Rassemblez les autres sur la planche à découper et hachez-les grossièrement à l'aide du couteau chef. Pressez les citrons : vous devez obtenir 6 cuil. à soupe de jus.

Feuilles de vigne farcies

6 Égouttez le riz dans la passoire, rincez-le sous l'eau froide pour en enlever l'amidon, égouttez-le de nouveau.

7 Chauffez 1/3 de l'huile dans une grande casserole. Mettez-y les oignons et faites-les fondre de 3 à 5 min.

Mélangez bien le riz aux autres ingrédients avant de goûter pour rectifier l'assaisonnement

Les raisins blonds apportent leur saveur sucrée

8 Ajoutez en remuant le riz, les pignons grillés, les raisins secs, les herbes hachées, 1/4 du jus de citron, du sel et du poivre. Goûtez et rectifiez l'assaisonnement.

CONSEIL MALIN
«Assaisonnez bien, car à la cuisson, les parfums vont se mêler et s'atténuer.»

2 Farcir les feuilles de vigne

1 Remplissez une casserole d'eau et portez à ébulittion. Mettez les feuilles de vigne dans un bol et recouvrez-les d'eau bouillante.

2 Séparez les feuilles avec la cuiller en bois. Laissez-les dans l'eau 15 min, ou suivez les indications portées sur l'emballage.

3 Égouttez-les dans la passoire, rincez-les à l'eau froide, égouttez-les de nouveau soigneusement.

Feuilles de vigne farcies

4 Mettez les feuilles de vigne sur plusieurs couches de papier absorbant et tapotez pour les sécher.

Le papier absorbant boit l'excès d'eau

Les feuilles de vigne blanchies sont souples et plus faciles à rouler

5 Posez 8 feuilles de vigne au fond de la sauteuse pour que celles que vous allez farcir n'attachent pas.

ATTENTION !
Les feuilles de vigne sont très fragiles : manipulez-les délicatement.

La farce au riz est enrichie de raisins blonds et de pignons

6 Étalez une feuille de vigne bien à plat sur le plan de travail, côté veiné sur le dessus et tige vers vous. Déposez au centre de 1 à 2 cuil. de farce.

7 Repliez sur la farce les bords et l'extrémité avec la tige. En partant de ce côté, roulez la feuille sur elle-même de façon à former un petit cylindre bien fermé. Procédez de la même façon pour toutes les autres feuilles.

CONSEIL MALIN
« Si les feuilles sont petites, doublez-les en les faisant se chevaucher légèrement. »

Les feuilles de vigne sont roulées en cylindres bien réguliers

3 Pour terminer

Adaptez la taille de la sauteuse au nombre de feuilles de vigne pour qu'elles soient tassées en une seule couche

1 Disposez les feuilles de vigne farcies dans la sauteuse, en les serrant les unes contre les autres et sur une seule épaisseur, pour qu'elles ne se défassent pas à la cuisson.

Le bouillon de volaille parfume les feuilles de vigne

2 Versez le bouillon de volaille ou l'eau. Ajoutez la moitié du reste de l'huile et la moitié du reste du jus de citron.

CONSEIL MALIN
« Le bouillon assure une cuisson régulière des feuilles. »

3 Posez sur les feuilles de vigne une assiette résistant à la chaleur pour les maintenir bien immergées. Portez à ébullition puis couvrez, et laissez mijoter de 45 min à 1 h.

ATTENTION !
Les feuilles de vigne doivent baigner dans le bouillon ; ajoutez-en éventuellement en cours de cuisson.

Versez juste assez de bouillon pour couvrir les feuilles

Les feuilles doivent baigner dans le bouillon durant toute la cuisson

4 Assurez-vous que les feuilles de vigne sont cuites en piquant une brochette au centre : elles doivent être très tendres. Laissez-les refroidir dans la sauteuse.

FEUILLES DE VIGNE FARCIES

5 Disposez les feuilles de vigne dans un plat non métallique. À l'aide de la cuiller en métal, arrosez-les avec le bouillon de cuisson et mettez-les au réfrigérateur pour 12 h au moins, le temps que les parfums se mêlent.

Le bouillon de cuisson évite aux feuilles de se dessécher au réfrigérateur

🍴 POUR SERVIR
Disposez les feuilles de vigne farcies sur un plat de service et arrosez-les avec le reste d'huile d'olive et de jus de citron. Décorez avec les feuilles de menthe et les brins d'aneth réservés. Ajoutez éventuellement des anneaux de poivrons rouge, jaune et vert.

Le jus de citron et l'huile d'olive fruitée dorent les feuilles de vigne

Les feuilles de vigne cachent une farce savoureuse de riz, de pignons, de raisins blonds et d'herbes

VARIANTE
FEUILLES DE VIGNE FARCIES À L'AGNEAU

De l'agneau et des épices enrichissent ces feuilles de vigne servies avec une sauce au yaourt et à la menthe fraîche hachée.

1 N'utilisez ni les pignons, ni l'aneth frais, ni les raisins secs.
2 Faites cuire 150 g de riz.
3 Dans une sauteuse, faites fondre les oignons hachés dans 4 cuil. à soupe d'huile d'olive. Ajoutez 400 g d'agneau haché et cuisez de 5 à 7 min, jusqu'à ce que la viande ne soit plus rose.
4 Hachez les feuilles d'un gros bouquet de menthe fraîche.

5 Ajoutez dans la sauteuse le riz, la menthe, le jus de 1/2 citron, 1/2 cuil. à café de cannelle en poudre, 1 pincée de muscade râpée, du sel et du poivre.
6 Farcissez les feuilles de vigne en suivant la recette principale, mais en les choisissant plus petites ou en les coupant en deux. Cuisez en remplaçant le bouillon de volaille par de l'eau.
7 Servez chaud avec une sauce au yaourt nature et à la menthe hachée.

Salade de poires au gorgonzola

Pour 6 personnes • **Préparation : de 30 à 35 min**

Équipement

- fouet
- cuiller parisienne*
- couteau éplucheur
- plaque à pâtisserie
- bol
- couteau chef
- couteau à lame fine
- couteau d'office
- cuiller métallique
- planche à découper

* ou cuiller à café ou couteau d'office

La sauce au gorgonzola apporte une touche italienne à cette salade de tranches de poires et de fenouil et de noix croquantes grillées. Son goût piquant contraste avec la douceur des fruits et la saveur anisée du légume.

Savoir s'organiser

Vous pouvez préparer la sauce au gorgonzola et griller les noix 24 h à l'avance. Conservez-les au réfrigérateur dans des récipients hermétiques. Coupez les poires et le fenouil et composez la salade moins de 30 min avant de servir.

Le marché

50 g de cerneaux de noix	
1 gros bulbe de fenouil, soit 400 g environ	
3 poires comices bien mûres, soit 600 g environ	
1 citron	
Pour la sauce	
125 g de gorgonzola	
4 cuil. à soupe de vinaigre de vin rouge	
sel et poivre	
10 cl d'huile d'olive	

Ingrédients

- poires
- bulbe de fenouil
- citron
- noix
- huile d'olive
- vinaigre de vin rouge
- gorgonzola

CONSEIL MALIN

« Quand vous choisissez un fromage persillé, assurez-vous que la croûte est ferme mais pas craquelée, humide mais pas détrempée. La pâte doit être piquante, crémeuse et bien marbrée de bleu. »

Déroulement

1 Griller les noix et préparer la sauce

2 Préparer et composer la salade

Salade de poires au gorgonzola

1 Griller les noix et préparer la sauce

1 Préchauffez le four à 180 °C. Étalez les noix sur la plaque à pâtisserie et grillez-les de 5 à 8 min, en remuant de temps en temps, jusqu'à ce qu'elles soient croustillantes.

2 Pendant ce temps, ôtez la croûte du gorgonzola et émiettez le fromage entre vos doigts. S'il est très frais, écrasez-le avec les dents d'une fourchette.

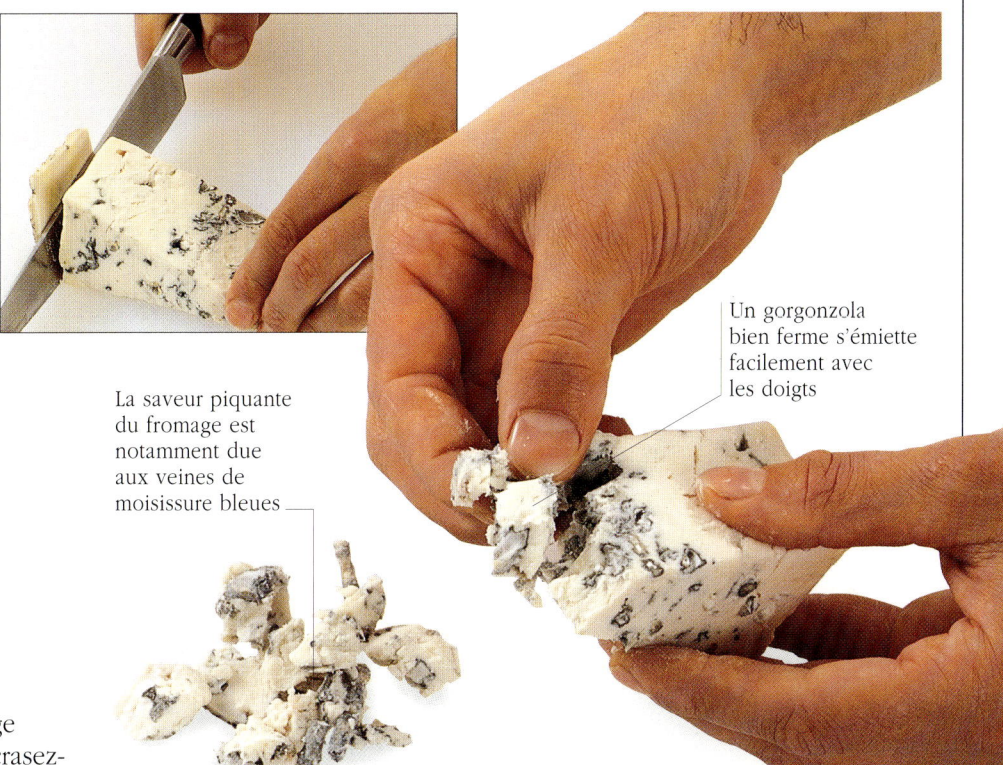

La saveur piquante du fromage est notamment due aux veines de moisissure bleues

Un gorgonzola bien ferme s'émiette facilement avec les doigts

3 Mettez 2/3 du gorgonzola dans le bol avec le vinaigre de vin rouge, le sel et le poivre, et fouettez pour bien les mélanger.

4 Incorporez petit à petit l'huile en fouettant : la sauce s'émulsionne et épaissit légèrement. Mettez le reste du gorgonzola dans la sauce, sans fouetter pour qu'il reste de petits morceaux. Goûtez et rectifiez l'assaisonnement. Couvrez et mettez au réfrigérateur pendant que vous préparez la salade.

La sauce épaissie par le fromage s'émulsionne parfaitement quand on incorpore l'huile

Salade de poires au gorgonzola

2 Préparer et composer la salade

1 Ôtez les tiges, la base et les feuilles flétries du fenouil. Réservez tous les brins pour la décoration. Coupez le bulbe en deux dans le sens de la longueur.

2 Posez les moitiés de fenouil à plat sur la planche à découper et tranchez-les dans le sens de la longueur.

Pelez les poires de la queue vers la base

3 Pelez les poires à l'aide du couteau éplucheur. Ôtez la queue et la base à l'aide du couteau d'office.

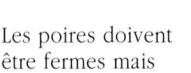
Les poires doivent être fermes mais mûres

4 Coupez les poires en deux dans le sens de la longueur et enlevez-en le cœur à l'aide de la cuiller parisienne.

CONSEIL MALIN
« Vous pouvez aussi utiliser une cuiller à café ou un petit couteau pour enlever le cœur des poires. »

Le jus de citron évite que les poires ne noircissent

6 Tranchez ainsi toutes les poires, en les arrosant de jus de citron, qui leur évite de noircir.

ATTENTION !
Assurez-vous que les tranches de poire sont bien enrobées de jus de citron.

5 Posez une moitié de poire à plat sur le plan de travail et coupez-la en minces tranches à l'aide du couteau à lame fine. Coupez le citron en deux et arrosez de son jus les tranches de poire.

Les longues tranches de poire feront un joli éventail sur les assiettes

SALADE DE POIRES AU GORGONZOLA

Déposez à la cuiller un peu de sauce sur les poires et le fenouil

7 Disposez en les alternant les tranches de poire et de fenouil sur des assiettes individuelles. Nappez-les de sauce au gorgonzola.

🍽 POUR SERVIR
Parsemez chaque assiette de quelques noix grillées, et décorez avec les brins de fenouil.

Les noix contrastent avec les poires et le fenouil, plus tendres

Le gorgonzola relève fortement la sauce

VARIANTE
SALADE DE POMMES ET DE FENOUIL

Des pommes rouges croquantes, des starkings par exemple, remplacent ici les poires. Les tranches de fenouil sont enrobées d'une sauce au roquefort et posées sur un lit de laitue.

1 N'utilisez ni cerneaux de noix, ni gorgonzola, ni poires. Préparez la sauce. Coupez 125 g de roquefort en morceaux. Mettez-les dans un robot ménager ou un mixeur avec 2 cuil. à soupe de vinaigre de vin rouge, et faites tourner jusqu'à ce que le mélange soit homogène. Ajoutez 20 cl de crème épaisse et mettez de nouveau l'appareil en marche, pas trop longtemps car la sauce se déferait.

2 Ôtez la base d'une laitue. Séparez et lavez les feuilles dans un évier rempli d'eau froide, en enlevant leurs côtes dures. Égouttez la salade dans une essoreuse ou dans un torchon.

3 Parez et tranchez le bulbe de fenouil en suivant la recette principale, en réservant tous les brins. Enrobez les tranches de sauce. Goûtez et rectifiez l'assaisonnement.

4 Ôtez le cœur de 3 pommes à l'aide d'un vide-pomme. Enlevez une fine tranche sur un de leurs côtés pour pouvoir les poser sur une planche à découper et détaillez-les en anneaux de 5 mm. Arrosez-les bien de jus de citron.

5 Disposez les feuilles de laitue sur 6 assiettes individuelles, en cassant les côtes centrales pour qu'elles restent bien à plat. Placez au-dessus les anneaux de pomme, en les faisant se chevaucher, et terminez par les tranches de fenouil au roquefort.

Les brins de fenouil apportent une touche colorée à cette entrée

Salade Fantasia

Pour 8 personnes — **Préparation : de 40 à 45 min*** — **Cuisson : de 25 à 35 min**

Équipement

- essoreuse à salade**
- couteau chef
- couteau à lame fine
- palette
- fouet
- bols
- couteau d'office
- cuiller en bois***
- passoire en toile métallique
- papier sulfurisé
- papier absorbant
- torchon
- spatule en caoutchouc
- grille à pâtisserie
- cuiller métallique
- plaque à pâtisserie
- planche à découper

** ou torchon
*** ou mixeur

Les trois salades vertes utilisées ici ne sont que des suggestions. Vous pouvez préférer du mesclun, qui présente une grande variété de formes et de couleurs. Traditionnellement, il se compose de frisée, de lollo rouge, de mâche, de trévise, mais aussi, à volonté, de pissenlit et de roquette, ou encore de cerfeuil.

* plus 1 à 2 h de réfrigération pour la pâte fromagée

Ingrédients

- lollo rouge
- laitue
- fromages bleus
- mayonnaise
- épinards
- vinaigre de framboise
- beurre
- figues fraîches
- crème épaisse
- huile de noisette
- farine de blé supérieure
- noisettes
- persil plat
- framboises

Le marché

1 lollo rouge, soit 250 g environ
1 laitue, soit 250 g environ
250 g d'épinards nouveaux
1 petit bouquet de persil plat ou frisé
6 grosses figues fraîches
50 g de noisettes
Pour les palets fromagés
125 g de roquefort, de bleu danois ou de stilton, bien froid
125 g de bleu d'Auvergne, bien froid
125 g de beurre, à température ambiante
175 g de farine de blé supérieure
Pour la sauce
150 g de framboises fraîches
10 cl de vinaigre de framboise
10 cl de mayonnaise
2 cuil. à soupe de crème épaisse
sel et poivre
1 cuil. à soupe d'huile de noisette

Déroulement

1 Préparer la pâte au fromage

2 Préparer la sauce ; laver les feuilles de salade

3 Griller les noisettes ; faire cuire les palets

1 Préparer la pâte au fromage

1 À l'aide du couteau chef, enlevez la croûte des fromages et détaillez-les en cubes. Attendez pour préparer la pâte qu'ils soient à température ambiante.

CONSEIL MALIN
« Choisissez les fromages persillés que vous préférez, mais l'un doit être sec et l'autre crémeux. »

Le fromage bien froid se hache facilement

L'un des fromages doit être sec

2 Dans un bol moyen, travaillez le beurre en pommade. Mettez-y les cubes de fromage.

3 Incorporez les cubes de fromage à l'aide de la cuiller en bois, jusqu'à ce que le mélange soit homogène, crémeux et lisse.

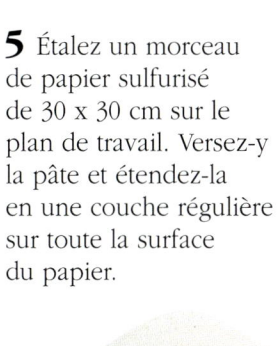

5 Étalez un morceau de papier sulfurisé de 30 x 30 cm sur le plan de travail. Versez-y la pâte et étendez-la en une couche régulière sur toute la surface du papier.

La pâte fromagée est riche et crémeuse

4 Versez la farine dans le bol et remuez avec la cuiller en bois jusqu'à ce qu'elle soit complètement incorporée.

Salade Fantasia

6 Roulez le papier autour de la pâte, en serrant bien, jusqu'à obtenir un cylindre de 4 cm de diamètre. Tortillez les extrémités du rouleau. Mettez-le dans le bac à glaçons pour 1 à 2 h. Pendant ce temps, préparez la sauce à la framboise et composez la salade.

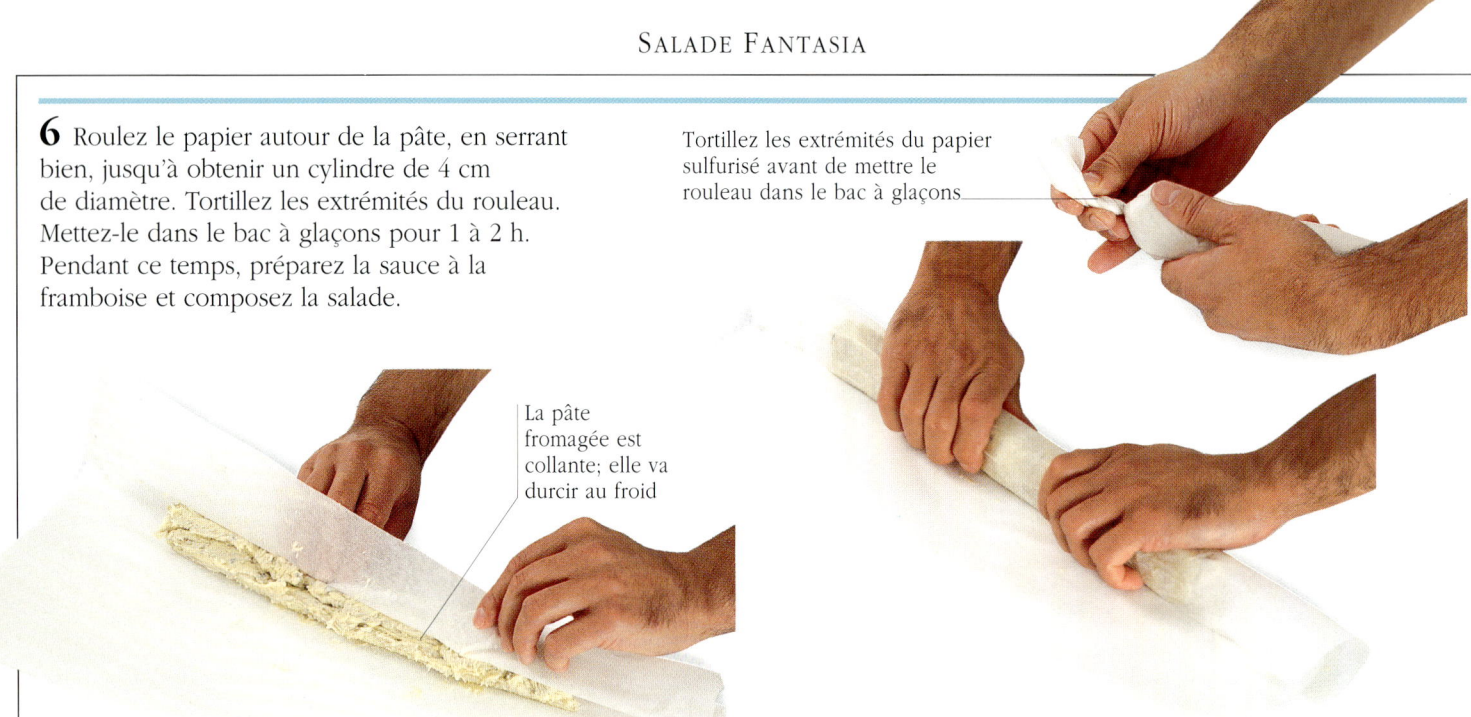

Tortillez les extrémités du papier sulfurisé avant de mettre le rouleau dans le bac à glaçons

La pâte fromagée est collante; elle va durcir au froid

2 PRÉPARER LA SAUCE; LAVER LES FEUILLES DE SALADE

1 Triez les framboises; ne les lavez que si elles sont sales. Écrasez-en la moitié dans la passoire en toile métallique posée sur un bol, en pressant avec le dos d'une cuiller pour en extraire toute la pulpe. Raclez bien le fond du tamis.

Ne perdez pas la purée de framboises qui reste au fond du tamis

La purée de framboises deviendra la base d'une sauce originale

2 Ajoutez à la purée de framboises le vinaigre, la mayonnaise, la crème, le sel, le poivre et l'huile. Remuez bien au fouet.

3 Ôtez la base de la lollo rouge en la tournant, et séparez les feuilles. Plongez-les dans une grande quantité d'eau froide, puis lavez-les une à une. Enlevez les côtes dures et déchirez les feuilles en gros morceaux. Séchez-les dans une essoreuse à salade et mettez-les dans un grand bol.

Lavez les feuilles de laitue une à une

4 Coupez la base de la laitue et séparez les feuilles. Plongez-les dans une grande quantité d'eau froide, puis lavez-les une à une. Enlevez les côtes dures et déchirez les plus grandes feuilles en morceaux.

5 Séchez les feuilles de laitue dans l'essoreuse à salade ou dans un torchon et mettez-les dans le grand bol.

6 Ôtez les queues et les côtes dures des épinards. Plongez-les dans une grande quantité d'eau froide et soulevez-les plusieurs fois pour en enlever toute la terre, puis lavez-les une à une.

7 Séchez les épinards dans l'essoreuse à salade ou dans un torchon et mettez-les dans le grand bol.

CONSEIL MALIN
«Séchez les épinards par petites quantités pour en extraire un maximum d'eau.»

9 Débarrassez les figues de leur queue et coupez-les en 4 tranches à l'aide du couteau chef.

La douceur des figues fraîches s'accorde parfaitement avec la saveur salée des palets fromagés

8 Détachez de leur tige les feuilles de persil et mettez-les dans le bol.

Salade Fantasia

3 GRILLER LES NOISETTES; FAIRE CUIRE LES PALETS; COMPOSER LA SALADE

1 Préchauffez le four à 180 °C. Étalez les noisettes sur la plaque à pâtisserie et enfournez-les pour 12 à 15 min, jusqu'à ce qu'elles soient brun doré, en les remuant de temps en temps. Frottez-les dans le torchon tant qu'elles sont encore chaudes pour en enlever la peau. Laissez-les refroidir.

La peau des noisettes se décolle à la chaleur du four

2 À l'aide du couteau chef, hachez grossièrement les noisettes. Portez la température du four à 200 °C.

3 Avec le couteau à lame fine plongé dans l'eau bouillante, coupez 6 tranches de pâte (il en faudra 24).

Les palets fromagés sont très fragiles; manipulez-les délicatement

4 Répartissez les tranches sur la plaque à pâtisserie. Remettez le reste du rouleau de pâte dans le bac à glaçons.

CONSEIL MALIN
« Les palets fromagés vont s'étaler durant la cuisson; ils n'auront donc pas une forme très régulière. »

5 Enfournez les palets pour 6 à 8 min, jusqu'à ce qu'ils soient brun doré et fins comme de la dentelle. Sortez-les et laissez-les refroidir légèrement. À l'aide de la palette, posez-les sur la grille recouverte de papier absorbant. Quand la plaque à pâtisserie est froide, faites cuire de la même façon les 18 autres palets.

Arrosez de sauce les feuilles de salade, mais ne les tournez pas

6 Répartissez la salade sur 8 assiettes individuelles. Fouettez vivement la sauce et versez-la à la cuiller.

🍴 POUR SERVIR
Parsemez chaque assiette de noisettes grillées hachées. Disposez 3 palets fromagés et 3 tranches de figue en les alternant et couronnez le tout avec le reste des framboises.

VARIANTE

SALADE DE POIVRONS ROUGES ET D'ARTICHAUTS

Les cœurs d'artichaut et les poivrons grillés se marient bien avec les feuilles de salades mélangées. Les pignons leur apportent du croquant.

1 Préparez la pâte en suivant la recette principale et mettez-la dans le bac à glaçons. Préparez les salades, les épinards et le persil, et mettez-les dans un bol.
2 N'utilisez ni framboises, ni figues. Pour la sauce, mélangez au fouet 4 cuil. à soupe de vinaigre balsamique, 2 cuil. à café de moutarde de Dijon, du sel et du poivre. Incorporez petit à petit 20 cl d'huile d'olive : la sauce s'émulsionne et épaissit légèrement.

3 Préchauffez le gril. Mettez 3 poivrons rouges sur la plaque à pâtisserie et enfournez-les, à 10 cm environ sous la source de chaleur, pour 10 à 12 min, en les retournant de temps en temps, jusqu'à ce que leur peau soit noire et boursouflée. Mettez-les aussitôt dans un sachet en plastique, fermez-le et attendez de pouvoir les prendre en main ; pelez-les. Enlevez leur pédoncule. Ouvrez-les en deux et ôtez les graines et les membranes blanches. Rincez-les sous un filet d'eau et séchez-les. Coupez-les en fines lanières.
4 Égouttez 200 g de cœurs d'artichaut à l'huile ; coupez-les en deux ou en plusieurs morceaux s'ils sont gros.
5 Remplacez les noisettes par 50 g de pignons et grillez-les. Cuisez les palets fromagés en suivant la recette principale. Ajoutez les lanières de poivron grillé aux feuilles de salade, assaisonnez avec la sauce, et répartissez entre 8 assiettes individuelles. Parsemez de quelques pignons grillés. Couronnez avec les cœurs d'artichaut et disposez les palets fromagés sur un côté.

Les framboises surmontent les tranches de figue

La sauce à base de mayonnaise est délicatement parfumée à la framboise

SAVOIR S'ORGANISER
Vous pouvez préparer la pâte fromagée 48 h à l'avance et la conserver, bien roulée, dans le bac à glaçons. La sauce, les pignons grillés et les salades lavées se gardent 24 h. Mettez ces dernières au réfrigérateur, enveloppées dans un torchon humide.

SALADE PARMESANE
de pamplemousses et d'avocats

POUR 4 PERSONNES PRÉPARATION : DE 25 À 30 MIN

ÉQUIPEMENT

- râpe
- bols
- couteau éplucheur
- essoreuse à salade*
- pinceau à pâtisserie
- couteau chef
- petite casserole
- passoire en toile métallique
- fouet
- planche à découper

* ou torchon

Ces roues de quartiers de pamplemousse et de tranches d'avocat sont arrosées d'une vinaigrette au miel et aux graines de pavot. Du jambon de Parme et de la salade verte amère, comme la roquette, apportent des saveurs contrastées.

SAVOIR S'ORGANISER
Vous pouvez préparer les quartiers et la julienne de pamplemousse 24 h à l'avance et les conserver, couverts, au réfrigérateur. La sauce se garde 24 h. Ne composez pas la salade plus de 30 min avant de servir.

LE MARCHÉ

4 pamplemousses à chair rose
125 g de jambon de Parme en tranches fines
175 g de roquette
2 avocats
Pour la vinaigrette
1/2 petit oignon
3 cuil. à soupe de vinaigre de vin rouge
1 cuil. à soupe de miel liquide
1/2 cuil. à café de moutarde en poudre
1/4 de cuil. à café de gingembre en poudre
sel et poivre
15 cl d'huile d'olive
1 cuil. à soupe de graines de pavot

INGRÉDIENTS

- avocats
- pamplemousses
- roquette
- jambon de Parme
- graines de pavot
- miel liquide
- moutarde en poudre
- gingembre en poudre
- petit oignon
- vinaigre de vin rouge
- huile végétale

CONSEIL MALIN
« Les pamplemousses roses se détachent bien sur la roquette et les avocats. »

DÉROULEMENT

1 PRÉPARER LA SAUCE

2 PRÉPARER LES INGRÉDIENTS DE LA SALADE

3 COMPOSER LA SALADE

Salade parmesane de pamplemousses et d'avocats

1 Préparer la sauce aux graines de pavot

L'oignon haché apporte du piquant à la sauce

1 En utilisant les gros ou les petits trous de la râpe, râpez le demi-oignon dans un bol.

2 Ajoutez le vinaigre, le miel, la moutarde en poudre, le gingembre en poudre, du sel et du poivre, et mélangez bien au fouet. Incorporez petit à petit l'huile : la sauce s'émulsionne et épaissit légèrement.

3 Ajoutez les graines de pavot et incorporez-les à la vinaigrette en fouettant. Goûtez et rectifiez éventuellement l'assaisonnement.

2 Préparer les ingrédients de la salade

Enlevez les membranes au fur et à mesure que vous détachez les quartiers

1 Avec le couteau éplucheur, prélevez la moitié du zeste d'un des pamplemousses, en éliminant la membrane blanche. Détaillez-le en très fine julienne à l'aide du couteau chef.

2 Laissez frémir la julienne de pamplemousse 2 min dans l'eau bouillante, égouttez et réservez.

3 Tranchez le sommet et la base du pamplemousse. Ôtez le zeste, la membrane blanche et la peau. Procédez de la même façon pour les 3 autres.

4 En tenant un pamplemousse au-dessus d'un bol pour en récupérer le jus, glissez le couteau de chaque côté d'un quartier pour le débarrasser de ses membranes. Mettez-le dans le bol.

5 Procédez de la même façon pour les autres quartiers, en les recueillant dans le bol; enlevez les pépins au fur et à mesure. Réservez le jus. Couvrez le bol et mettez au réfrigérateur.

Salade parmesane de pamplemousses et d'avocats

6 Découpez les tranches de jambon de Parme en lanières larges de 2,5 cm, en éliminant toute trace de graisse ou de cartilage.

Soulevez bien les feuilles pour en enlever toute la terre

8 Coupez un avocat en deux dans le sens de la longueur, autour du noyau. Faites pivoter les 2 moitiés en sens inverse pour les séparer.

7 Séparez les feuilles de roquette et mettez-les dans l'eau froide de 15 à 20 min. Rincez-les ensuite à grande eau et égouttez-les bien. Séchez-les dans une essoreuse ou dans un torchon.

Après avoir lavé les feuilles, séchez-les bien, car l'humidité diluerait la sauce

9 Enfoncez la lame du couteau chef dans le noyau et ôtez-le en le faisant doucement tourner. Vous pouvez aussi l'enlever avec une cuiller.

10 Coupez l'avocat en quartiers et pelez-les à l'aide du couteau chef. Émincez-les finement dans le sens de la longueur. Procédez de la même façon pour le second avocat.

Assurez-vous que toutes les parties des avocats au contact de l'air sont bien enrobées du jus acide des pamplemousses

11 Enduisez les tranches d'avocat avec le jus de pamplemousse recueilli dans le bol : il leur évitera de noircir.

SALADE PARMESANE DE PAMPLEMOUSSES ET D'AVOCATS

3 COMPOSER LA SALADE

Les feuilles de roquette sont assaisonnées de sauce avant d'être disposées sur le plat

Les feuilles de roquette forment un lit décoratif

1 Fouettez vivement la vinaigrette. Versez-en 1/3 sur la roquette, remuez, goûtez et rectifiez l'assaisonnement. Étalez un lit de salade sur 4 assiettes. Disposez au-dessus les tranches d'avocat et les quartiers de pamplemousse, comme les rayons d'une roue. Placez au centre des cônes de jambon de Parme.

2 Versez à la cuiller le reste de sauce sur la salade.

 **POUR SERVIR**
Parsemez chaque assiette d'un peu de julienne de pamplemousse.

La julienne de pamplemousse compose une décoration délicate

Le pamplemousse rose ressort bien sur la roquette et l'avocat verts

V A R I A N T E

SALADE DE PAMPLEMOUSSES ET D'AVOCATS AU SAUMON FUMÉ

La délicatesse du saumon fumé fait de cette salade un plat idéal pour un brunch dominical.

1 N'utilisez pas de jambon de Parme. Détachez les feuilles de 5 brins d'aneth frais et rassemblez-les sur une planche à découper. À l'aide d'un couteau chef, hachez-les finement. Préparez la sauce en suivant la recette principale et incorporez-y l'aneth. Détachez les quartiers de 4 pamplemousses, en éliminant le zeste.

2 Détaillez 175 g de saumon fumé en lanières larges de 5 cm. Préparez 100 g de roquette. Ôtez la base d'un petit pied de trévise (soit 100 g environ) et enlevez toutes les parties flétries. Séparez les feuilles et lavez-les dans une grande quantité d'eau froide. Séchez-les dans une essoreuse ou un torchon.

3 Arrosez la roquette et la trévise de sauce, tournez et répartissez sur 4 assiettes individuelles. Disposez au-dessus les quartiers de pamplemousse et les tranches d'avocat, sans trop les serrer. Formez une rose avec les lanières de saumon et décorez-en le centre des assiettes, avec éventuellement quelques brins d'aneth.

PLATS À L'ITALIENNE

POLENTA AUX CHAMPIGNONS SAUVAGES	56
POLENTA AU JAMBON DE PARME ET AUX ŒUFS	59
POLENTA AUX LÉGUMES MÉLANGÉS	60
POLENTA GRILLÉE ET RAGOÛT DE LÉGUMES	63
FILETS DE SOLE MARINÉS	64
FILETS DE SOLE AU VINAIGRE DE VIN	67
BŒUF BRAISÉ AU VIN ROUGE	68
AGNEAU BRAISÉ AUX POMMES DE TERRE	71
ESCALOPES MILANAISES	72
ESCALOPES DE VEAU AU JAMBON DE PARME	75
VEAU À LA VÉNITIENNE	76
FOIE DE VEAU AU VINAIGRE DE VIN	79
POULET À LA DIABLE	80
PILONS DE POULET GRILLÉS AU ROMARIN	85
ROULADES AUX ÉPINARDS	86
FILET DE PORC RÔTI AU ROMARIN	90
PORC BRAISÉ SAUCE MADÈRE	93
POULET ALLA CACCIATORA	94
POULET CHASSEUR AUX OLIVES NOIRES	97
CIOPPINO	98
CIOPPINO AU POISSON	103
SALTIMBOCCA DE SAUMON	104
PAUPIETTES DE SOLE	107
OMELETTE ITALIENNE	108
OMELETTE AU MAÏS ET AU POIVRON ROUGE	111

Polenta
aux champignons sauvages
Polenta pasticciata

 Pour 6 personnes   Préparation : de 40 à 45 min*   Cuisson : de 20 à 25 min

Équipement

- grande casserole
- poêle moyenne
- papier absorbant
- palette
- 2 plaques à pâtisserie
- bols
- cuiller en bois
- couteau d'office
- fouet
- couteau chef
- pinceau à pâtisserie
- plat à rôtir
- planche à découper

La polenta était autrefois présente à tous les repas dans certaines régions de l'Italie, et elle est encore utilisée dans de nombreuses recettes.

Savoir s'organiser
Vous pouvez préparer le plat 24 h à l'avance et le conserver au réfrigérateur. Cuisez-le au four au dernier moment.
* plus 1 h de réfrigération

Le marché

1,5 litre d'eau
1 cuil. à soupe de sel
350 à 400 g de semoule de maïs fine
Pour le ragoût de champignons
250 g de champignons sauvages frais, girolles ou cèpes par exemple, ou 60 g de champignons sauvages séchés
350 g de champignons de Paris
3 gousses d'ail
5 à 7 brins de thym frais ou de romarin
3 cuil. à soupe d'huile d'olive
15 cl de vin blanc sec
25 cl de fond de bœuf (voir encadré p. 122) ou d'eau
4 cuil. à soupe de crème
sel et poivre
250 g de fontina

Ingrédients

 girolles fraîches   champignons de Paris

 fontina**

 thym frais

 semoule de maïs fine

 huile d'olive   vin blanc sec

 crème épaisse

  gousses d'ail    fond de bœuf

** ou mozzarella, ou gouda, ou édam

CONSEIL MALIN
«Si vous utilisez des champignons séchés, laissez-les gonfler dans 25 cl d'eau chaude. Égouttez-les et réservez le liquide.»

Déroulement

1 Préparer la polenta

2 Faire le ragoût de champignons

3 Cuire la pasticciata

Polenta aux champignons sauvages

1 Préparer la polenta

1 Humectez 2 plaques à pâtisserie. Dans une grande casserole, portez toute l'eau à ébullition et ajoutez le sel. Sur feu moyen, incorporez doucement au fouet la semoule de maïs, en la versant en pluie régulière.

ATTENTION !
Assurez-vous que l'eau n'est pas trop chaude, et fouettez sans arrêt pour éviter les grumeaux.

Versez la semoule lentement pour qu'elle ne fasse pas de grumeaux

2 Cuisez la semoule de 10 à 15 min, en remuant pour qu'elle n'attache pas, jusqu'à ce qu'elle soit assez épaisse pour se détacher des bords de la casserole. Elle doit être onctueuse et lisse.

3 Étalez la polenta sur les plaques à pâtisserie, en couches d'environ 30 cm de long et de 1 cm d'épaisseur. Laissez-la refroidir, puis mettez-la au réfrigérateur 1 h au moins.

2 Faire le ragoût de champignons

Les girolles sont délicieusement parfumées

1 Nettoyez les girolles et les champignons de Paris avec du papier absorbant humide, et parez les queues.

2 Coupez les champignons de Paris en quartiers et les girolles en lanières ou, si elles sont petites, en deux.

Polenta aux champignons sauvages

3 Posez le plat de la lame du couteau chef au sommet de chaque gousse d'ail et appuyez avec le poing. Pelez-les et hachez-les finement. Détachez de leur tige les feuilles de thym.

4 Chauffez l'huile dans la poêle. Mettez-y tous les champignons, l'ail et le thym, et cuisez de 5 à 7 min, en remuant, jusqu'à ce que les champignons soient tendres et que le liquide soit évaporé.

La crème lie le ragoût de champignons

Le mélange de champignons est riche et juteux

5 Versez le vin et laissez frémir de 2 à 3 min, jusqu'à ce qu'il soit presque complètement évaporé. Ajoutez le fond de bœuf ou l'eau si vous utilisez des girolles fraîches (ou le liquide de trempage des champignons séchés) et poursuivez la cuisson de 5 à 7 min, jusqu'à ce que le liquide ait réduit de moitié. Incorporez la crème et cuisez de 1 à 2 min, jusqu'à ce qu'il ait légèrement épaissi.

3 Cuire la pasticciata

1 Préchauffez le four à 220 °C. Enduisez d'huile d'olive un plat à rôtir de 24 x 32 cm. Coupez la fontina en tranches fines et régulières, en éliminant la croûte.

Un couteau humide coupe mieux la polenta

2 Sortez les plaques à pâtisserie du réfrigérateur et découpez chaque couche de polenta en 6 morceaux. Égalisez-les en carrés de 10 cm de côté, qui tiendront dans le plat à rôtir; réservez les chutes.

3 Disposez la moitié des carrés de polenta au fond du plat à rôtir huilé, en les plaçant côte à côte, sur une seule couche.

4 Versez à la cuiller la moitié du ragoût de champignons sur les carrés de polenta, en le répartissant régulièrement.

Les carrés de polenta vont absorber le liquide des champignons

5 Posez par-dessus la moitié des tranches de fontina, puis les 6 autres carrés de polenta et le reste de champignons. Découpez les chutes de polenta en petits carrés et recouvrez-en les champignons. Terminez par des tranches de fontina. Enfournez pour 20 à 25 min, jusqu'à ce que le fromage soit fondu et que la polenta et les champignons soient très chauds.

🍽 POUR SERVIR
Disposez les carrés de pasticciata sur des assiettes chaudes.

La fontina fondue se mêle au ragoût de champignons

Les girolles et la fontina marient leurs délicieuses saveurs

VARIANTE
POLENTA AU JAMBON DE PARME ET AUX ŒUFS

Dans cette Polenta pasticciata con prosciutto e uova, *la polenta cuit au four avec des dés de jambon de Parme, des œufs battus et du parmesan râpé.*

1 Faites la polenta en suivant la recette principale, en utilisant 300 g de semoule de maïs et 1,2 litre d'eau. Étalez-la sur 2 plaques à pâtisserie humides et laissez-la refroidir. Mettez-la au réfrigérateur jusqu'à ce qu'elle soit ferme. Coupez-la en 12 carrés de 10 cm de côté.

2 Ne préparez pas de ragoût de champignons; n'utilisez pas de fontina. Hachez 125 g de très fines tranches de jambon de Parme. Battez 2 œufs en omelette et assaisonnez avec du poivre.

3 Enduisez d'huile d'olive un plat à rôtir carré de 20 cm de côté. Disposez au fond 1/3 des carrés de polenta et versez par-dessus à la cuiller la moitié de l'omelette. Parsemez avec la moitié du jambon de Parme haché et 30 g de parmesan fraîchement râpé.

4 Recouvrez avec la moitié du reste des carrés de polenta, le reste de l'omelette et du jambon de Parme, et 30 g de parmesan râpé. Terminez par le reste des carrés de polenta et saupoudrez avec 30 g de parmesan râpé.

5 Enfournez jusqu'à ce que le dessus soit bien doré. Ce plat convient pour 4 personnes.

Polenta aux légumes mélangés

Polenta con fricandò

 Pour 6 à 8 personnes   Préparation : de 35 à 40 min   Cuisson : de 35 à 50 min

Équipement

- grande sauteuse
- passoire
- papier absorbant
- bol
- casseroles
- cuiller en bois
- fouet
- cuiller percée
- couteau chef
- planche à découper
- couteau d'office

En Italie, cette polenta crémeuse accompagnée d'un ragoût d'aubergines, de courgettes, de poivrons et d'oignons se sert en entrée, mais elle est suffisamment consistante pour devenir un plat principal végétarien, qu'accompagnera une salade verte.

Savoir s'organiser

Vous pouvez préparer le ragoût de légumes 24 h à l'avance et le conserver, couvert, au réfrigérateur. Réchauffez-le dans le haut du four et cuisez la polenta juste avant de servir.

Le marché

2 litres d'eau
1 cuil. à soupe de sel
450 g de semoule de maïs fine
50 g de beurre
Pour le ragoût de légumes
2 aubergines moyennes, soit 500 g environ
2 courgettes moyennes, soit 500 g environ
sel et poivre
3 oignons
4 gousses d'ail
2 poivrons rouges
500 g d'olivettes fraîches
1 bouquet moyen de basilic frais
4 cuil. à soupe d'huile d'olive, ou plus

Ingrédients

- courgettes
- semoule de maïs fine
- poivrons rouges
- aubergines
- beurre
- oignons
- gousses d'ail
- olivettes*
- huile d'olive
- basilic frais

* ou tomates moyennes ou tomates en conserve

Déroulement

1. **Préparer les légumes**

2. **Cuire le ragoût de légumes**

3. **Faire cuire la polenta**

Polenta aux légumes mélangés

1 Préparer les légumes

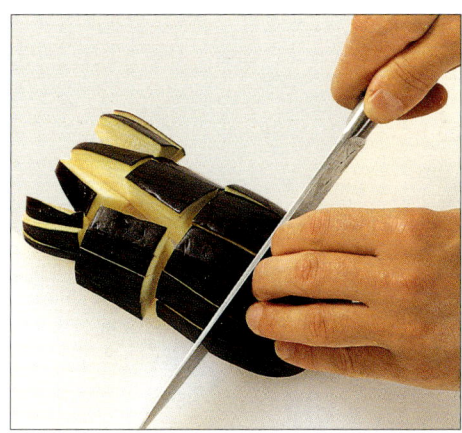

Les tranches coupées en biais sont plus jolies

1 Ôtez les extrémités des aubergines, coupez-les en deux dans le sens de la longueur, puis en 6 ou 7 lanières. Rassemblez-les et détaillez-les dans l'autre sens en morceaux de 2,5 cm.

2 Parez les courgettes et coupez-les en deux. Détaillez-les en diagonale en tranches de 1,5 cm.

3 Mettez les aubergines et les courgettes sur un grand plat ou un plateau et saupoudrez-les généreusement de sel. Laissez-les dégorger 30 min leur jus amer.

Pour trancher les poivrons, guidez la lame du couteau sur la dernière phalange de vos doigts

4 Pendant ce temps, pelez les oignons, sans ôter leur base, et coupez-les en deux dans le sens de la longueur. Posez les moitiés à plat et coupez-les en tranches moyennes. Posez le plat de la lame du couteau chef au sommet de chaque gousse d'ail et appuyez avec le poing. Pelez-les et hachez-les finement.

5 Glissez le couteau d'office tout autour du pédoncule de chaque poivron, tournez et retirez-le. Coupez les poivrons en deux et grattez-en les graines. Enlevez les membranes blanches. Posez les moitiés sur le plan de travail, aplatissez-les sous le talon de votre main, et coupez-les en lanières dans le sens de la longueur.

6 Pelez, épépinez et concassez les tomates fraîches (voir encadré p. 62). Si vous utilisez des tomates en boîte, égouttez-les, en réservant le jus, et concassez-les. Réservez de 6 à 8 brins de basilic pour la décoration. Détachez de leur tige les feuilles des autres et rassemblez-les sur la planche à découper. Ciselez-les grosssièrement.

7 Rincez les aubergines et les courgettes et séchez-les avec du papier absorbant.

Polenta aux légumes mélangés

2 Cuire le ragoût de légumes

1 Chauffez 4 cuil. à soupe d'huile d'olive dans la sauteuse. Mettez-y les oignons et l'ail et laissez-les fondre, sans se colorer, de 3 à 5 min, en remuant. Ajoutez les poivrons et les aubergines, et poursuivez la cuisson de 3 à 5 min.

Répartissez bien les tranches de courgette dans la sauteuse

2 Ajoutez les courgettes et cuisez de 7 à 10 min encore, en remuant souvent et en ajoutant éventuellement un peu d'huile. Incorporez les tomates avec leur jus, le sel et le poivre. Laissez mijoter de 12 à 15 min, en remuant de temps en temps, jusqu'à ce que le mélange ait épaissi.

Peler, épépiner et concasser une tomate

Les tomates pelées, épépinées et concassées donnent une purée homogène. La technique est la même pour les olivettes que pour les autres tomates.

1 Ôtez le pédoncule des tomates, retournez-les et entaillez-les en croix avec la pointe d'un couteau d'office.

2 Mettez les tomates dans une casserole d'eau bouillante de 8 à 15 s, selon leur degré de maturité : la peau se décolle. Sortez-les à l'aide d'une cuiller percée et plongez-les aussitôt dans l'eau froide.

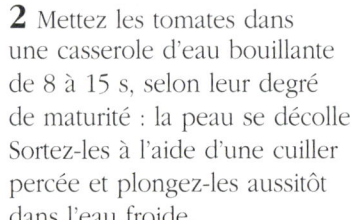

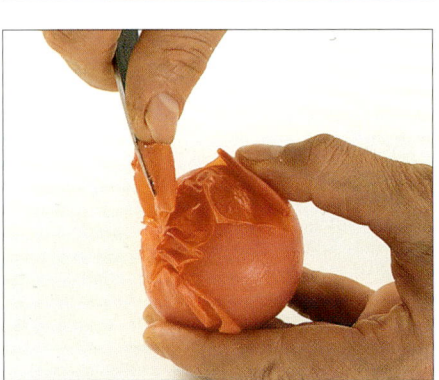

3 Quand les tomates ont suffisamment refroidi pour ne pas vous brûler, pelez-les avec le couteau d'office.

4 Avec un couteau chef, coupez les tomates en deux. Pressez-les dans votre main pour en chasser les graines, puis concassez-les grossièrement.

Maintenez la pointe du couteau et basculez la lame d'avant en arrière

3 Cuire la polenta

1 Remplissez d'eau une grande casserole, portez à ébullition et ajoutez le sel. Sur feu moyen, versez la polenta en pluie en fouettant doucement, sans vous arrêter pour éviter les grumeaux.

2 Cuisez la semoule de 15 à 20 min, en remuant de temps en temps, jusqu'à ce qu'elle soit suffisamment épaisse et qu'elle se détache des parois de la casserole. Incorporez le beurre.

CONSEIL MALIN
«Goûtez la semoule quand elle vous semble assez ferme : elle ne doit plus avoir de goût farineux.»

🍴 POUR SERVIR
Réchauffez éventuellement le ragoût de légumes. Incorporez presque tout le basilic haché, goûtez et rectifiez l'assaisonnement. Versez à la cuiller la polenta sur des assiettes chaudes, couronnez-la d'un peu de légumes, et parsemez avec le reste de basilic. Décorez avec les brins de basilic réservés.

Un brin de basilic apporte une note fraîche et savoureuse

Les poivrons rouges relèvent le ragoût de légumes

VARIANTE

POLENTA GRILLÉE ET RAGOÛT DE LÉGUMES

Dans ce Quadrati di polenta, *des carrés de polenta sont grillés au barbecue.*

1 Préparez la polenta, mais sans beurre.
2 Humectez une plaque à pâtisserie. À l'aide d'une palette, étalez-y la polenta en une couche régulière épaisse de 1,5 cm et laissez complètement refroidir.
3 Préparez le ragoût de légumes, en remplaçant les 2 poivrons rouges par 1 poivron rouge, 1 vert et 1 jaune.
4 Allumez le barbecue. Salez et poivrez 4 cuil. à soupe d'huile d'olive.
5 Découpez la polenta en carrés de 7 cm de côté environ. Enduisez-les d'huile assaisonnée. Posez les carrés, côté huilé en dessous, sur la grille du barbecue et cuisez-les de 2 à 3 min, à 10 cm environ de la source de chaleur, jusqu'à ce que les marques de la grille soient bien visibles. Faites-les tourner de 45° et poursuivez la cuisson pour obtenir des marques en losange. Retournez-les et cuisez-les de l'autre côté. Enduisez-les d'huile pendant et après la cuisson.
6 Servez les carrés de polenta avec le ragoût de légumes.

CONSEIL MALIN
«Si vous n'avez pas de barbecue, vous pouvez faire frire la polenta dans de l'huile d'olive assaisonnée. Chauffez-la dans une grande poêle. Mettez-y les carrés de polenta en plusieurs fois pour qu'ils ne se touchent pas, et cuisez-les de 2 à 3 min de chaque côté.»

Filets de sole marinés
au vinaigre de vin
Sfogi in saor

Pour 4 à 6 personnes — Préparation : de 30 à 35 min* — Cuisson : de 6 à 8 min

ÉQUIPEMENT

- grande poêle
- essoreuse à salade
- couteau chef
- cuiller en bois
- palette
- papier absorbant
- fouet
- bols
- couteau d'office
- pelle charcutier
- plat à rôtir non métallique
- film alimentaire
- aluminium ménager
- planche à découper

Avant l'invention des réfrigérateurs, on conservait de nombreux aliments dans le vinaigre. Cette recette s'est perpétuée jusqu'à l'époque moderne. Les quantités conviennent pour 4 personnes en entrée, pour 6 personnes en amuse-gueule.

SAVOIR S'ORGANISER
Vous pouvez cuire le poisson et le faire mariner 24 h à l'avance. Conservez-le, bien couvert, au réfrigérateur.
plus 12 à 24 h de marinage

LE MARCHÉ
1 gros oignon
10 cl d'huile d'olive
sel et poivre
25 cl de vinaigre de vin rouge
50 g de raisins secs
500 g de filets de sole
30 g de farine de blé supérieure
30 g de pignons
Pour la salade
250 g de roquette
le jus de 1/2 orange
3 cuil. à soupe d'huile d'olive

INGRÉDIENTS

- filets de sole
- vinaigre de vin rouge
- roquette
- raisins secs
- farine de blé supérieure
- jus d'orange
- oignon
- huile d'olive
- pignons

CONSEIL MALIN
«Si vous souhaitez une marinade plus légère, mélangez moitié vinaigre et moitié vin blanc.»

DÉROULEMENT

1 PRÉPARER LA MARINADE

2 CUIRE ET FAIRE MARINER LE POISSON

3 PRÉPARER LA SALADE ET TERMINER LE PLAT

Filets de sole marinés au vinaigre de vin

1 Préparer la marinade

1 Pelez l'oignon, sans ôter sa base, et coupez-le en deux dans le sens de la longueur.

Le couteau d'office est idéal pour peler l'oignon

CONSEIL MALIN
« L'oignon doit être ferme, sans point de pourriture ou trace de moisissure. »

2 Posez les moitiés d'oignon à plat sur la planche à découper et détaillez-les en fines tranches.

3 Chauffez 1/3 de l'huile dans la grande poêle. Mettez-y les tranches d'oignon avec un peu de sel et de poivre, couvrez avec de l'aluminium ménager, et laissez-les fondre sur feu doux de 15 à 20 min.

La douceur des raisins équilibre l'acidité du vinaigre

4 Retirez l'aluminium ménager, poussez le feu, et poursuivez la cuisson de 3 à 5 min, jusqu'à ce que les tranches d'oignon soient légèrement dorées et caramélisées.

5 Ajoutez le vinaigre de vin rouge et les raisins. Portez à ébullition et maintenez-la 2 min.

6 Versez le mélange vinaigré de la poêle dans un bol ; réservez-le pendant que vous préparez le poisson.

Filets de sole marinés au vinaigre de vin

2 Cuire et faire mariner le poisson

La sole a une chair délicate, à la texture fine

Séchez bien le poisson avec du papier absorbant pour que la farine n'y colle pas trop

1 Rincez les filets de sole, puis séchez-les avec du papier absorbant. À l'aide du couteau chef, coupez les filets en morceaux de 5 cm de large environ.

2 Étalez la farine sur une grande assiette et assaisonnez-la avec du sel et du poivre. Déposez-y quelques morceaux de poisson et, avec une fourchette, retournez-les dans la farine jusqu'à ce qu'ils soient bien enrobés. Mettez-les dans un autre plat et farinez les autres.

3 Chauffez le reste d'huile dans la poêle et mettez-y les morceaux de sole. Cuisez sur feu moyen de 1 à 2 min.

CONSEIL MALIN
« Éventuellement, cuisez les morceaux de poisson en plusieurs fois pour qu'ils ne collent pas, en rajoutant un peu d'huile.

4 Retournez les morceaux de sole et laissez-les frire 1 à 2 min de plus, jusqu'à ce que la chair commence à se détacher quand vous les piquez avec une fourchette.

Vérifiez la cuisson du poisson dès qu'il est devenu opaque, car il ne doit pas être trop cuit

5 Disposez les morceaux de sole dans le plat à rôtir et recouvrez-les du mélange vinaigré.

6 Parsemez-les avec des pignons. Couvrez bien et laissez mariner au réfrigérateur 12 h au moins, et jusqu'à 24 h.

FILETS DE SOLE MARINÉS AU VINAIGRE DE VIN

3   PRÉPARER LA SALADE ET TERMINER LE PLAT

1 Sortez le poisson du réfrigérateur et attendez 1 h qu'il revienne à température ambiante. Enlevez les tiges dures de la roquette et lavez-la dans beaucoup d'eau froide. Séchez-la bien.

2 Versez le jus d'orange dans un grand bol et fouettez-le avec du sel et du poivre. Incorporez petit à petit l'huile jusqu'à ce que le mélange s'émulsionne et épaississe légèrement. Goûtez et rectifiez l'assaisonnement.

🍽 POUR SERVIR
Mettez la roquette dans la sauce et remuez bien. Disposez-la sur un plat de service, posez dessus les morceaux de sole, et arrosez avec la marinade.

Les feuilles de roquette croquantes et amères et les pignons croustillants se marient bien avec le poisson aigre-doux

Les petits morceaux de poisson se sont imprégnés de la saveur de la marinade

VARIANTE
FILETS DE SOLE MARINÉS AU VINAIGRE DE VIN ET AU SAFRAN

Le safran apporte de la couleur à la sauce piquante de ce Pesce e scapece.

1 N'utilisez ni oignon, ni raisins secs, ni pignons. Posez le plat de la lame d'un couteau chef au sommet de 2 gousses d'ail et appuyez avec le poing. Pelez-les et hachez-les finement.

2 Préparez les filets de sole et faites-les frire en suivant la recette principale. Disposez-les dans le plat à rôtir.

3 Mettez 20 cl de vinaigre de vin blanc et une bonne pincée de safran dans une petite casserole. Portez à ébullition, puis laissez refroidir.

4 Incorporez au fouet l'ail haché à 10 cl d'huile d'olive. Arrosez avec cette marinade les morceaux de sole et assaisonnez-les avec beaucoup de poivre noir. Couvrez-les bien et laissez mariner au réfrigérateur de 12 à 24 h.

5 Sortez le poisson du réfrigérateur et laissez-le revenir à température ambiante.

6 Pendant ce temps, préparez la roquette et l'assaisonnement à l'orange.

7 Juste avant de servir, assaisonnez la salade. Répartissez-la sur des assiettes et disposez dessus les morceaux de poisson. Décorez éventuellement avec un tortillon de citron.

CONSEIL MALIN
«*Si votre vinaigre est très acide, n'en utilisez que 15 cl et coupez-le avec 5 cl d'eau.*»

Bœuf braisé au vin rouge

Stufato di manzo al barbera

 Pour 6 personnes   Préparation : de 15 à 20 min   Cuisson : de 4 h à 4 h 30

Équipement

grande cocotte avec couvercle

aluminium ménager

planche à découper

cuiller en bois

fourchette à rôti

couteau éplucheur

couteau chef

couteau d'office

CONSEIL MALIN
«*Une cocotte épaisse en terre vernissée à l'intérieur est l'ustensile traditionnel pour cette recette, car elle permet au bœuf de cuire lentement et régulièrement. Pendant cette cuisson, la vapeur parfumée se condense sous le couvercle et retombe sur la viande, lui gardant sa tendreté.*»

Le bœuf braisé au vin rouge est un plat courant dans le nord de l'Italie. Avant la fin de la dernière guerre mondiale, de nombreuses familles ne possédaient pas de four, et le stufato était traditionnellement préparé sur le haut de la cuisinière. Le barbera convient ici parfaitement, mais vous pouvez le remplacer par un autre vin rouge. Les gnocchis (voir p. 130) servis avec la sauce accompagnent délicieusement ce plat, mais des carottes ou des poireaux braisés sont tout aussi délicieux.

Savoir s'organiser
Vous pouvez préparer le bœuf 3 jours à l'avance et le conserver, couvert, au réfrigérateur. Réchauffez-le sur le feu, en remuant de temps en temps, avant de servir.

Le Marché

1 petite carotte
1 branche de céleri
1 petit oignon
1 rôti de tranche grasse de bœuf, soit 1,8 kg environ
2 cuil. à soupe d'huile d'olive
50 cl de vin rouge sec
1 cuil. à soupe de purée de tomates
50 cl de fond de bœuf (voir encadré p. 122), ou plus
2 ou 3 brins de thym frais
sel et poivre

Ingrédients

tranche grasse de bœuf   vin rouge sec

céleri-branche

thym frais   oignon

purée de tomates   carotte

huile d'olive   fond de bœuf*

* ou eau

CONSEIL MALIN
«*Le barbera est le vin le plus largement produit en Piémont. Les meilleurs crus portent la mention* Denominazione di origine controllata *(D.O.C.).*»

Déroulement

1 Préparer les légumes

2 Cuire le bœuf

Bœuf braisé au vin rouge

1 Préparer les légumes

Les carottes coupées au carré sont faciles à détailler en dés

1 Pelez et parez la carotte. Coupez-la en 2 morceaux et taillez les côtés au carré à l'aide du couteau chef. Détaillez les moitiés en tranches de 5 mm, puis en lanières de 5 mm. Rassemblez-les et détaillez-les en dés.

2 Ôtez les filaments de la branche de céleri à l'aide du couteau éplucheur. Coupez-la en 2 morceaux, puis en longues lanières de 5 mm. Rassemblez-les et détaillez-les en dés. Hachez l'oignon (voir encadré à droite).

Hacher un oignon

Un oignon se détaille en tranches puis en dés de taille variable. Généralement, vous couperez des tranches de 5 mm d'épaisseur. Mais plus elles seront minces, plus l'oignon sera haché finement.

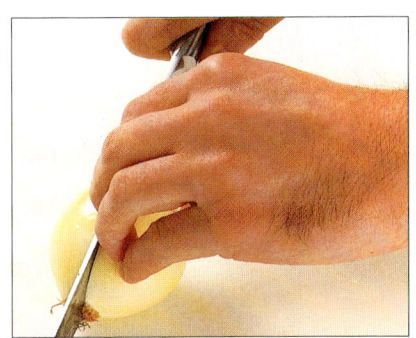

1 Pelez l'oignon et enlevez-en le sommet, sans ôter sa base. Coupez-le en deux à l'aide d'un couteau chef.

2 Posez les moitiés d'oignon à plat sur une planche à découper. À l'aide du couteau chef, coupez-les horizontalement en tranches, sans entailler leur base pour qu'elles ne se défassent pas.

3 Tranchez-les ensuite verticalement, toujours sans entailler la base. Détaillez-le en dés.

2 Cuire le bœuf

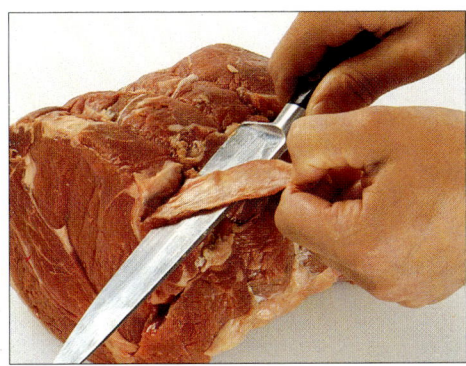

1 Préchauffez le four à 150 °C. À l'aide du couteau chef, enlevez l'excès de graisse et les tendons du bœuf. Chauffez l'huile dans la cocotte.

2 Mettez-y le bœuf et faites-le dorer de tous les côtés, en le retournant avec les cuillers en bois. Sortez-le, mettez-le sur une assiette et réservez.

Les cuillers en bois évitent de percer le rôti, qui perdrait son jus

L'huile chaude saisit le bœuf, qui garde tout son jus

Bœuf braisé au vin rouge

3 Ajoutez l'oignon, la carotte et le céleri dans la cocotte et cuisez sur feu moyen de 3 à 5 min, en remuant de temps en temps, jusqu'à ce que les légumes soient tendres.

Le vin dissout les sucs de cuisson caramélisés

4 Versez le vin rouge dans la cocotte, remuez pour dissoudre les sucs de cuisson, et portez le liquide à ébullition.

5 Incorporez la purée de tomates et mélangez bien. Remettez la viande dans la cocotte. Ajoutez suffisamment de fond de bœuf pour qu'elle soit baignée à mi-hauteur.

Le liquide de cuisson doit frémir

6 Ajoutez les brins de thym, salez et poivrez. Portez le liquide à ébullition sur le feu, puis couvrez bien la cocotte.

7 Enfournez pour 4 h à 4 h 30, jusqu'à ce que le bœuf soit très tendre sous les dents d'une fourchette à rôti. Retournez la viande 3 ou 4 fois durant la cuisson et ajoutez un peu de fond de bœuf si le liquide réduit trop vite.

ATTENTION !
Le liquide de cuisson doit frémir, sans bouillir, pour que le bœuf ne cuise pas trop vite.

BŒUF BRAISÉ AU VIN ROUGE

L'aluminium ménager est un excellent isolant

Pour garder la viande au chaud, emballez-la dans de l'aluminium ménager, côté brillant vers l'extérieur

8 Mettez la viande sur la planche à découper et gardez-la au chaud dans de l'aluminium ménager. Laissez réduire le liquide de cuisson pour qu'il épaississe. Enlevez les brins de thym, goûtez et rectifiez l'assaisonnement.

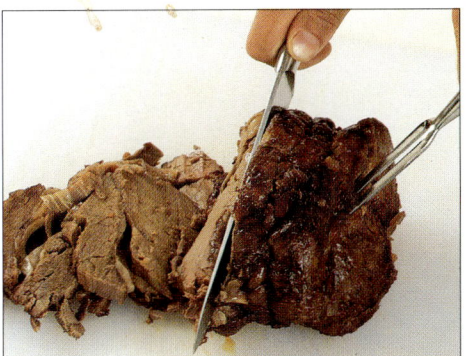

9 À l'aide du couteau chef, découpez la viande en tranches nettes.

🍽 POUR SERVIR

Disposez les tranches de bœuf sur des assiettes chaudes. Servez avec des gnocchis, si vous les aimez. Arrosez à la cuiller la viande et les gnocchis avec un peu de liquide de cuisson, et servez le reste à part.

Les gnocchis accompagnent parfaitement le bœuf braisé au vin rouge

Le jus de cuisson est riche et sombre

VARIANTE

AGNEAU BRAISÉ AUX POMMES DE TERRE ET AUX TOMATES

Ce plat, Agnello al forno con patate e pomodori, *est très populaire dans le sud de l'Italie.*

1 N'utilisez pas de bœuf. Parez 1 kg de jarret d'agneau désossé ; coupez-le en cubes de 4 cm de côté.
2 Pelez, épépinez et concassez grossièrement 400 g d'olivettes.
3 Hachez l'oignon et la carotte. N'utilisez pas de céleri. Épluchez 500 g de pommes de terre nouvelles.
4 Remplacez le vin rouge par 15 cl de vin blanc sec, et les brins de thym par des brins de romarin. N'utilisez ni purée de tomates, ni fond de bœuf.
5 Dorez les cubes d'agneau dans une cocotte, puis faites sauter l'oignon et la carotte. Ajoutez le vin blanc et le romarin et laissez bouillir jusqu'à ce que le liquide ait réduit de moitié.
6 Remettez la viande dans la cocotte, ajoutez les tomates concassées, salez et poivrez. Portez à ébullition, couvrez, et laissez frémir 30 min sur le feu. Préchauffez le four à 150 °C.
7 Enfournez la cocotte pour 30 min. Ajoutez les pommes de terre et poursuivez la cuisson de 1 h 15 à 1 h 45, en remuant de temps en temps. Ajoutez éventuellement un peu d'eau si le liquide réduit trop vite.
8 Goûtez le liquide de cuisson et rectifiez l'assaisonnement. Servez dans la cocotte.

ESCALOPES MILANAISES

Scaloppine alla milanese

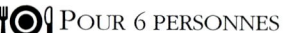 Pour 6 personnes   Préparation : de 20 à 25 min   Cuisson : de 4 à 12 min*

Équipement

- poêles
- plat peu profond
- cuiller en bois
- passoire en toile métallique
- fourchette à rôti
- couteau d'office
- papier absorbant
- bol
- couteau chef
- rouleau à pâtisserie
- papier sulfurisé**
- planche à découper

** ou film alimentaire

Dans le nord de l'Italie, les escalopes de veau sont enrobées de chapelure et de fromage, puis légèrement frites. Ici, des poivrons sautés à l'ail et à l'huile d'olive les accompagnent.

Savoir s'organiser
Vous pouvez paner les escalopes de veau 4 h à l'avance. Conservez-les, sans les couvrir, au réfrigérateur.

* Le temps de cuisson dépend de la taille des poêles

Le marché

6 escalopes de veau, soit 750 g environ
30 g de farine de blé supérieure
sel et poivre
2 œufs
60 g de chapelure
60 g de parmesan fraîchement râpé
1 citron, pour la décoration
30 g de beurre
2 cuil. à soupe d'huile d'olive
Pour les poivrons
1 gousse d'ail
7 à 10 brins d'origan frais
1 petit poivron vert
1 petit poivron rouge
2 cuil. à soupe d'huile d'olive

Ingrédients

 escalopes de veau

 œufs    origan frais

 gousses d'ail   huile d'olive   beurre

 poivron vert    citron   poivron rouge

parmesan râpé   farine de blé supérieure

chapelure

Déroulement

1 Préparer les escalopes

2 Faire sauter les poivrons

3 Faire la garniture et terminer le plat

Escalopes milanaises

1 Préparer les escalopes

1 Éventuellement, aplatissez les escalopes : mettez-les deux par deux entre 2 feuilles de papier sulfurisé. Écrasez-les légèrement avec le rouleau à pâtisserie pour qu'elles aient 3 mm d'épaisseur.

Aplatissez le veau soigneusement pour ne pas le déchirer

Le papier sulfurisé évite au rouleau à pâtisserie de coller à la viande

2 Assaisonnez la farine avec du sel et du poivre et tamisez-la au-dessus d'une feuille de papier sulfurisé.

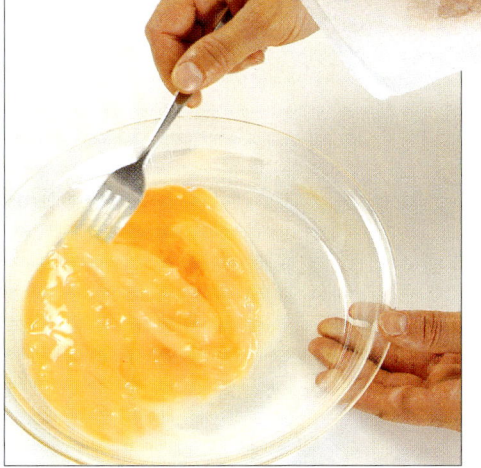

3 Battez légèrement les œufs dans un plat peu profond. Mélangez la chapelure et le parmesan dans un petit bol et étalez-les sur une autre feuille de papier sulfurisé.

4 Passez les escalopes dans la farine assaisonnée, puis retournez-les pour les fariner de l'autre côté.

Le mélange de chapelure et de fromage adhère bien aux escalopes enrobées d'œuf

6 Enfin, mettez les escalopes dans le mélange de chapelure et de fromage pour bien les enrober. Posez-les sur un plat ou sur une autre feuille de papier sulfurisé. Mettez-les au réfrigérateur, sans les couvrir, pendant que vous faites sauter les poivrons.

CONSEIL MALIN
« Les escalopes seront très croustillantes si elles restent au réfrigérateur de 1 à 4 h avant la cuisson. »

5 À l'aide de 2 fourchettes, mettez les escalopes farinées dans les œufs et enrobez-les des 2 côtés.

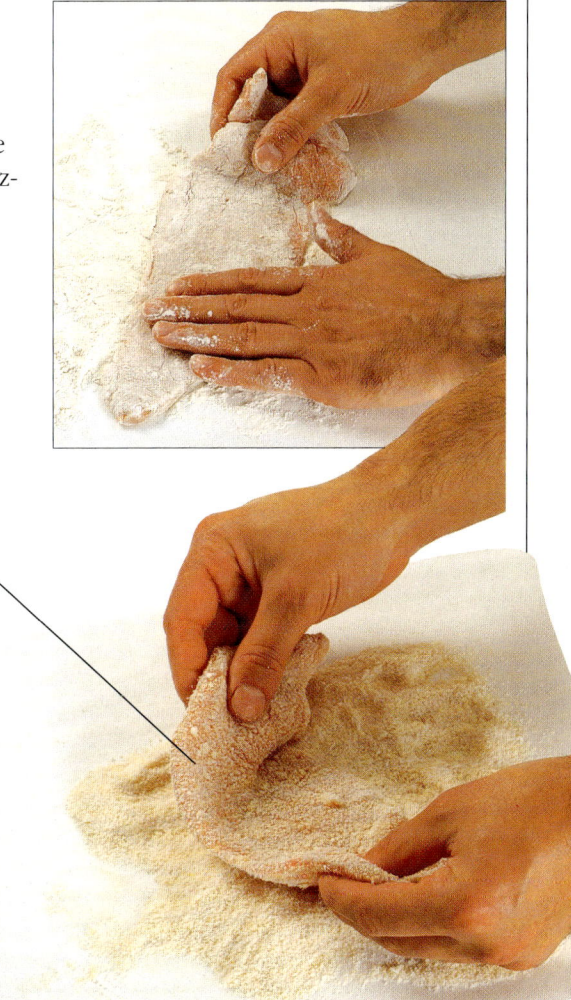

Escalopes milanaises

2 Faire sauter les poivrons

1 Posez le plat de la lame du couteau chef au sommet de la gousse d'ail et appuyez avec le poing. Pelez-la et hachez-la finement. Réservez 6 sommités d'origan pour la décoration. Détachez les feuilles de leur tige et hachez-les.

2 Glissez le couteau d'office autour du pédoncule des poivrons et retirez-le. Coupez-les en deux dans le sens de la longueur et grattez les graines et les membranes blanches.

3 Posez les moitiés de poivron à plat sur le plan de travail, aplatissez-les sous le talon de votre main et tranchez-les en fines lanières dans le sens de la longueur.

Les fines lanières de poivron fondront vite dans l'huile chaude

Mettez toutes les lanières de poivron en même temps dans la poêle

4 Chauffez l'huile dans une poêle moyenne. Mettez-y l'ail, les lanières de poivron, du sel et du poivre, et faites sauter de 7 à 10 min, en remuant de temps en temps, jusqu'à ce que les légumes soient tendres. Retirez du feu, ajoutez l'origan haché, goûtez et rectifiez l'assaisonnement. Gardez au chaud.

3 Faire la garniture et terminer le plat

1 Tranchez le citron et réservez-le. Chauffez la moitié du beurre et 1 cuil. à soupe d'huile dans une grande poêle.

2 Mettez 2 ou 3 escalopes dans la poêle et faites-les frire sur feu assez fort de 1 à 2 min, jusqu'à ce qu'elles soient brun doré.

CONSEIL MALIN
«Les escalopes ne doivent pas se toucher, sinon elles colleront»

Cuisez les escalopes en plusieurs fois pour qu'elles ne collent pas

Si les escalopes attachent, nettoyez la poêle et mettez davantage d'huile

3 Retournez les escalopes à l'aide de la fourchette à rôti et poursuivez la cuisson de 1 à 2 min, jusqu'à ce qu'elles soient dorées à l'extérieur et sans trace de rose à l'intérieur. Mettez-les sur un plat tapissé de papier absorbant et gardez au chaud. Ajoutez le reste du beurre et de l'huile dans la poêle et faites frire les autres escalopes, en ajoutant éventuellement un peu d'huile.

🍽 POUR SERVIR
Disposez les escalopes sur des assiettes chaudes et décorez-les avec une tranche de citron et un brin d'origan. Servez avec 1 ou 2 cuil. de poivrons sautés.

La panure est croustillante et brun doré

Les lanières de poivron offrent un brillant contraste de couleur

VARIANTE
ESCALOPES DE VEAU AU JAMBON DE PARME

Dans ces Scaloppine alla modenese, *des escalopes gratinent sous du jambon de Parme et du fromage.*

1 Panez les escalopes en suivant la recette principale, sans parmesan mais en utilisant deux fois plus de chapelure.
2 Râpez 150 g de fontina ou de gruyère. Enlevez la graisse de 6 tranches très fines de jambon de Parme (soit 75 g environ) : elles doivent être plus petites que les escalopes.
3 N'utilisez pas de poivron vert. Coupez le poivron rouge en lanières. Pelez un oignon, sans ôter sa base, et coupez-le en deux dans le sens de la longueur. Détaillez-le en fines tranches. Chauffez 2 cuil. à soupe d'huile d'olive dans une poêle, mettez-y l'oignon et laissez-le fondre de 2 à 3 min. Ajoutez le poivron et poursuivez la cuisson en suivant la recette principale.
4 Préchauffez le four à 200 °C. Faites frire les escalopes.
5 Mettez les escalopes frites sur une plaque à pâtisserie. Posez sur chacune une tranche de jambon de Parme et saupoudrez avec le fromage râpé.
6 Enfournez les escalopes pour 5 à 7 min, jusqu'à ce que le fromage soit fondu et bouillonne.
7 Servez sur des assiettes chaudes avec des tranches de citron. Décorez chaque escalope avec un brin de persil, si vous l'aimez.

Veau à la vénitienne

Fegato alla veneziana

 Pour 6 personnes   Préparation : de 15 à 20 min   Cuisson : de 35 à 40 min

Équipement

grande poêle
passoire
couteau chef
palette
couteau d'office
cuiller percée
cuiller en bois
bol
aluminium ménager
planche à découper
presse-purée
casseroles, dont 1 avec couvercle
moulin à poivre

Ingrédients

foie de veau
oignons
beurre
huile d'olive
pommes de terre
grains de poivre noir
lait

CONSEIL MALIN
«Demandez à votre boucher de couper les tranches de foie de veau aussi finement que possible. Elles doivent avoir environ 5 mm d'épaisseur.»

Cette délicieuse recette de foie aux oignons est à l'origine vénitienne, mais elle s'est répandue dans toute l'Italie. De très fines tranches de foie de veau sont saisies à l'huile d'olive et servies avec de tendres oignons caramélisés et une purée de pommes de terre bien beurrée.

Savoir s'organiser

Vous pouvez faire caraméliser les oignons 8 h à l'avance et les réserver ; laissez l'huile dans la poêle, elle vous servira à cuire le foie. Préparez la purée de pommes de terre et cuisez le foie de veau juste avant de servir.

Le marché

1 kg de gros oignons	
10 cl d'huile d'olive	
poivre noir du moulin et sel	
750 g de foie de veau	
Pour la purée	
600 g de pommes de terre	
4 cuil. à soupe de lait	
60 g de beurre	

Déroulement

1 Préparer les oignons

2 Faire la purée de pommes de terre

3 Faire cuire le foie

Veau à la vénitienne

1 Préparer les oignons

1 Émincez les oignons (voir encadré ci-dessous). Chauffez 2/3 de l'huile dans la poêle. Mettez-y les oignons avec un peu de sel et de poivre et couvrez d'aluminium ménager.

2 Faites fondre les oignons sur feu doux de 25 à 30 min, en remuant de temps en temps. Pendant ce temps, préparez la purée de pommes de terre (voir p. 78).

Remuez les oignons pour qu'ils n'attachent pas

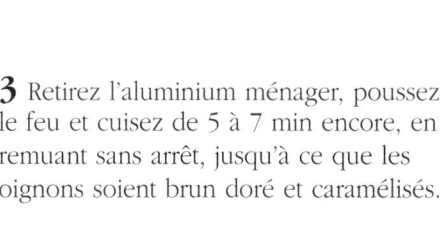

La cuisson lente renforce la douceur de l'oignon

3 Retirez l'aluminium ménager, poussez le feu et cuisez de 5 à 7 min encore, en remuant sans arrêt, jusqu'à ce que les oignons soient brun doré et caramélisés.

Remuez les oignons pour qu'ils caramélisent uniformément

ATTENTION !
Ne laissez pas les oignons attacher, car ils deviendraient amers.

4 À l'aide de la cuiller percée, mettez les oignons dans le bol, en laissant toute l'huile dans la poêle pour y cuire le foie.

Émincer un oignon

Les oignons sont souvent émincés avant d'être cuisinés. N'enlevez pas leur base pour qu'ils ne se défassent pas.

1 Pelez l'oignon et ôtez-en le sommet, en gardant la base. Coupez-le en deux dans le sens de la longueur.

2 Posez les moitiés à plat sur une planche à découper. En les tenant fermement, émincez-les, en guidant la lame du couteau sur la dernière phalange de vos doigts. Enlevez leur base.

Guidez la lame du couteau sur la dernière phalange de vos doigts

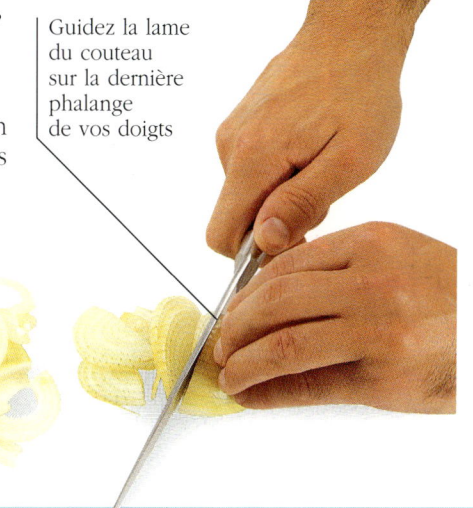

Veau à la vénitienne

2 Faire la purée de pommes de terre

1 Lavez et épluchez les pommes de terre; coupez-les en morceaux. Remplissez une casserole d'eau salée et portez à ébullition. Mettez-y les pommes de terre, couvrez et cuisez de 15 à 20 min, jusqu'à ce qu'elles soient tendres.

2 Égouttez soigneusement les pommes de terre. Remettez-les dans la casserole et écrasez-les avec le presse-purée. Chauffez le lait dans une petite casserole. Ajoutez le beurre, du sel et du poivre, et remuez bien. Incorporez petit à petit le lait chaud aux pommes de terre, en battant sans arrêt 5 min, jusqu'à ce que la purée soit lisse et mousseuse.

Le beurre a fondu dans le lait

3 Faire cuire le foie

1 Enlevez la fine peau qui borde les tranches de foie. Si elles sont très longues, coupez-les en deux.

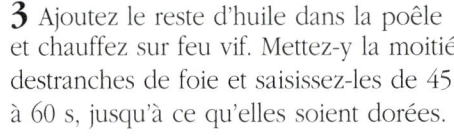

Un couteau chef bien aiguisé coupe le foie sans déchirer la chair

Les tranches bien fines cuiront vite et régulièrement

2 Ôtez tous les tendons et les vaisseaux du foie, et assaisonnez-le avec du sel et du poivre du moulin.

CONSEIL MALIN
«Assaisonnez le foie juste avant de le cuire, car le sel fait sortir le sang.»

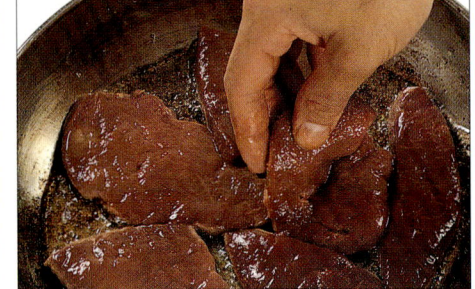

3 Ajoutez le reste d'huile dans la poêle et chauffez sur feu vif. Mettez-y la moitié des tranches de foie et saisissez-les de 45 à 60 s, jusqu'à ce qu'elles soient dorées.

4 Retournez-les à l'aide de la palette et faites-les dorer de l'autre côté de 45 à 60 s.

5 Les tranches de foie doivent cuire très vite, sans se chevaucher, pour être dorées à l'extérieur et roses à l'intérieur.

CONSEIL MALIN

« Le foie doit rester rose au centre ; s'il est trop cuit, il durcira. »

6 Mettez les tranches de foie sur un plat et gardez-les au chaud. Cuisez les autres de la même façon.

7 Remettez les oignons dans la poêle avec tout le foie et remuez rapidement sur feu vif de 30 à 60 s. Salez et poivrez.

Le foie et les oignons sont réchauffés en même temps

🍽 **POUR SERVIR**

Réchauffez éventuellement la purée de pommes de terre. Disposez le foie et les oignons sur des assiettes chaudes et servez aussitôt avec la purée.

Une purée crémeuse accompagne traditionnellement le foie

Les oignons caramélisés font l'originalité de ce plat

VARIANTE

FOIE DE VEAU AU VINAIGRE DE VIN

Ce Fegato all'aceto *est légèrement plus relevé.*

1 N'utilisez pas d'oignons. Détachez de leur tige les feuilles d'un bouquet moyen de persil frisé ou plat et rassemblez-les sur une planche à découper. Hachez-les finement à l'aide d'un couteau chef. Parez de fines tranches de foie en suivant la recette principale.

2 Chauffez dans une grande poêle, sur feu vif, 2 cuil. à soupe d'huile et 30 g de beurre. Cuisez-y la moitié des tranches de foie jusqu'à ce qu'elles soient dorées des 2 côtés, mais encore roses à l'intérieur. Sortez-les et réservez-les au chaud.

3 Cuisez le reste des tranches de foie.

4 Baissez un peu le feu et remettez les tranches de foie réservées dans la poêle ; versez 4 cuil. à soupe de vinaigre de vin rouge. Parsemez avec le persil haché, salez et poivrez, et mélangez bien.

5 Servez sur des assiettes chaudes, accompagné de morceaux de polenta frite, si vous l'aimez.

Poulet à la diable

Pollo alla diavola

Pour 4 personnes   Préparation : de 20 à 25 min*   Cuisson : de 35 à 50 min

Équipement

grand plat à rôtir non métallique — fouet

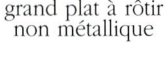
presse-agrumes

bols — couteau d'office

couteau chef — papier absorbant

fourchette à rôti — moulin à poivre

ciseaux à volaille — gants en caoutchouc

pinceau à pâtisserie

2 grandes brochettes métalliques

planche à découper

CONSEIL MALIN

«Le poulet à la diable est idéal pour le barbecue. Dans ce cas, cuisez les tomates séparément dans un plat à rôtir. Nappez-les à la cuiller du mélange de chapelure et d'herbes et mettez-les pour 10 à 12 min dans un four préchauffé à 200 °C.»

Ce plat doit son nom à la force des piments frais. Le poulet est débarrassé de sa colonne vertébrale, puis aplati et mariné dans du jus de citron parfumé par des piments rouges et du poivre fraîchement moulu. Les tomates couronnées d'ail, de persil et d'huile d'olive sont grillées avec le poulet et servies en accompagnement.

Savoir s'organiser

Vous pouvez faire mariner le poulet 24 h à l'avance — il sera plus épicé. Grillez-le avec les tomates juste avant de servir.

* plus 8 h de marinage

Le marché

1 poulet moyen, soit 1,5 kg environ
4 citrons
2 piments rouges frais
2 cuil. à soupe d'huile d'olive, et un peu pour graisser la grille
poivre du moulin et sel
Pour les tomates
2 grosses tomates, soit 500 g environ
5 à 7 brins de persil plat
2 gousses d'ail
30 g de chapelure
1 cuil. à soupe d'huile d'olive

Ingrédients

poulet — citrons

piments rouges frais** — tomates

gousses d'ail — chapelure

persil plat***

grains de poivre noir — huile d'olive

** ou piments séchés
*** ou persil frisé

Déroulement

1. **Parer et aplatir le poulet**

2. **Faire mariner le poulet**

3. **Préparer les tomates**

4. **Faire griller le poulet et les tomates**

POULET À LA DIABLE

1. PARER ET APLATIR LE POULET

1 Posez le poulet ventre vers le bas sur la planche à découper. À l'aide des ciseaux à volaille, entaillez-le de chaque côté de la colonne vertébrale.

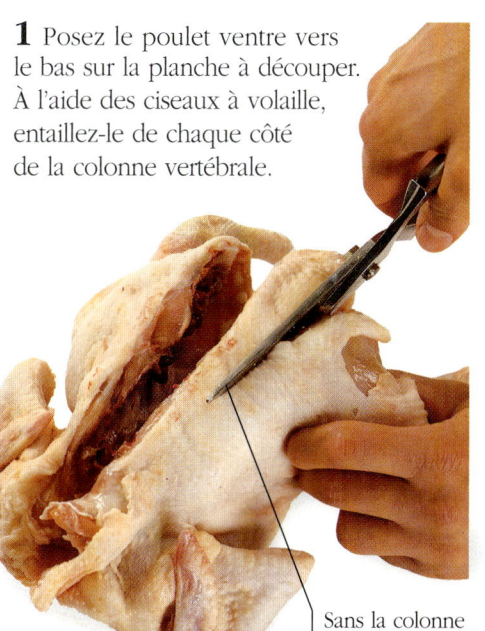

Sans la colonne vertébrale, le poulet s'aplatit bien.

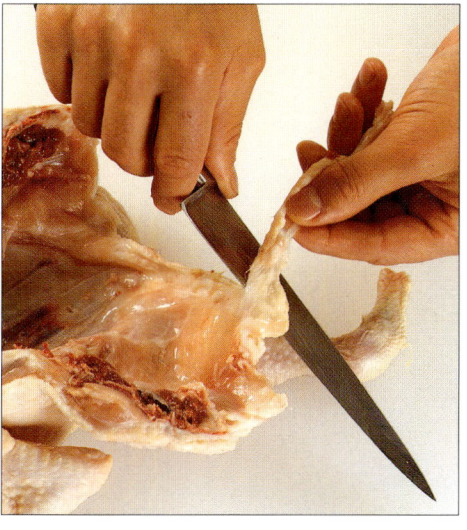

2 Enlevez la colonne vertébrale et, à l'aide du couteau chef, ôtez toute trace de graisse.

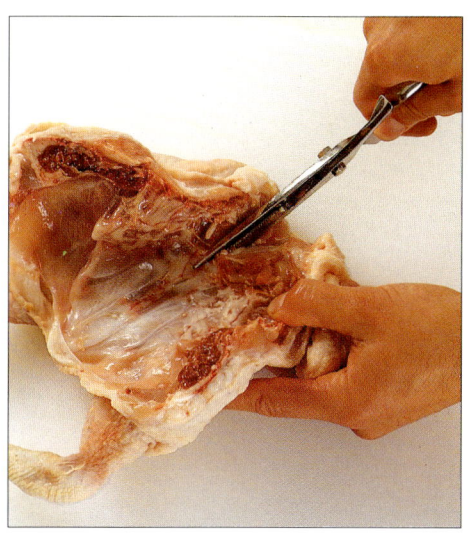

3 Ouvrez le poulet en coupant le bréchet avec les ciseaux à volaille. Essuyez l'extérieur et l'intérieur avec du papier absorbant.

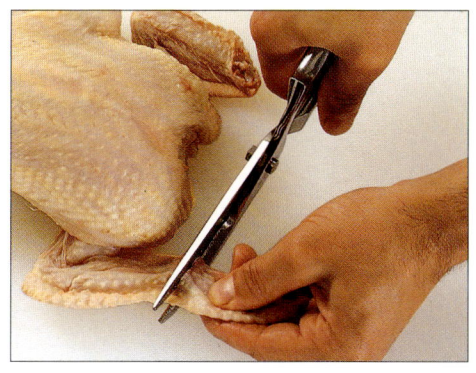

4 Retournez le poulet sur le dos, coupez le bout des ailerons et jetez-les. Rabattez les cuisses vers l'arrière.

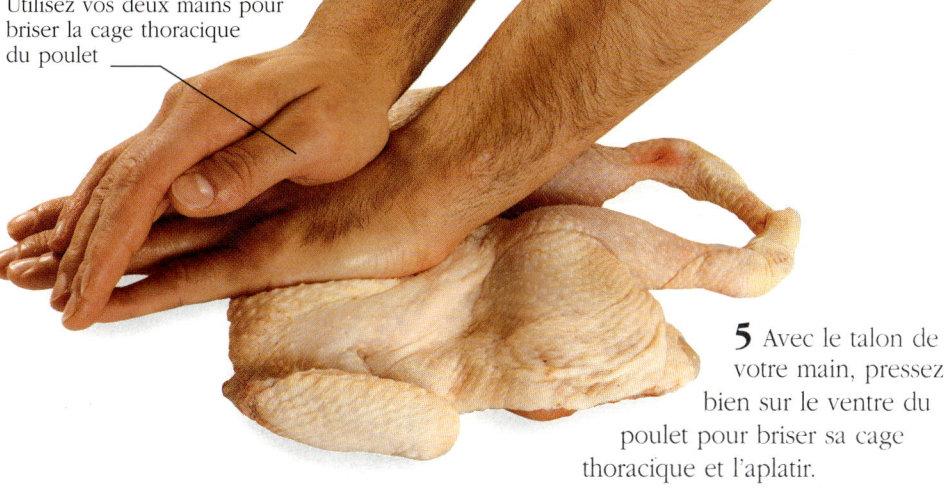

Utilisez vos deux mains pour briser la cage thoracique du poulet

5 Avec le talon de votre main, pressez bien sur le ventre du poulet pour briser sa cage thoracique et l'aplatir.

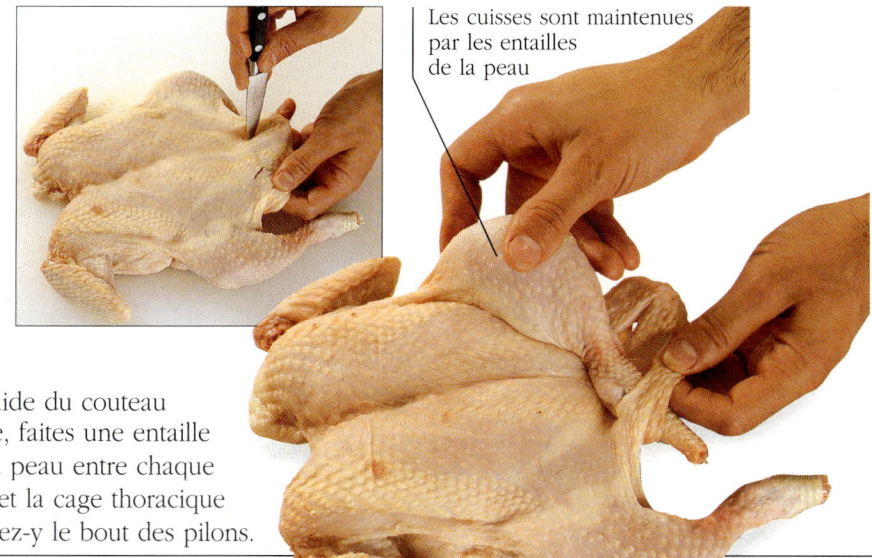

Les cuisses sont maintenues par les entailles de la peau

6 À l'aide du couteau d'office, faites une entaille dans la peau entre chaque cuisse et la cage thoracique et glissez-y le bout des pilons.

7 En tenant fermement les cuisses, posez le poulet aplati dans le grand plat à rôtir.

2 Faire mariner le poulet

1 Pressez 3 des citrons : vous devez obtenir 15 cl de jus. Ôtez le pédoncule des poivrons frais, égrenez-les et détaillez-les en dés (voir encadré ci-dessous). S'ils sont séchés, hachez-les.

2 Mélangez au fouet dans un bol le jus de citron, les dés de piment, l'huile et 2 cuil. à café de poivre du moulin, jusqu'à ce que tous les ingrédients soient parfaitement incorporés.

3 Versez la marinade sur le poulet. Couvrez-le et mettez-le au réfrigérateur pour 8 h au moins, en le retournant et en l'arrosant de temps en temps.

ÔTER LE PÉDONCULE ET LES GRAINES DE PIMENTS FRAIS ET LES DÉTAILLER EN DÉS

Les piments frais doivent être finement hachés pour mieux libérer leur saveur. Leur goût sera plus fort si vous laissez leurs graines. Les piments peuvent irriter la peau : enfilez toujours des gants en caoutchouc et évitez tout contact avec les yeux.

Enlevez toutes les graines, sauf si vous aimez les goûts très relevés.

1 À l'aide d'un couteau d'office, coupez les piments en deux dans le sens de la longueur. Ôtez leur pédoncule et leurs membranes blanches et grattez les graines.

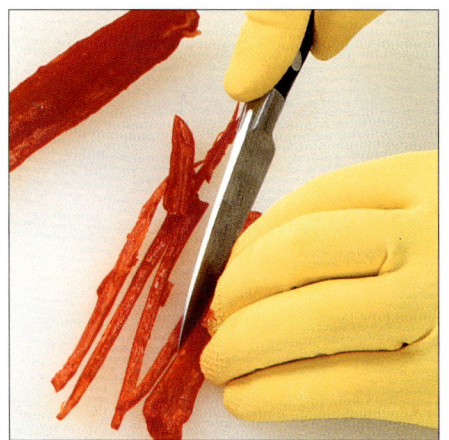

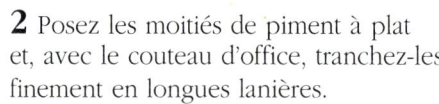

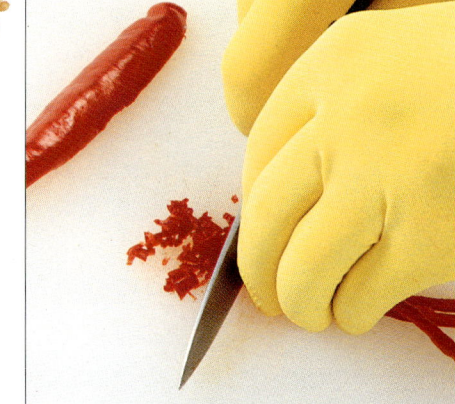

2 Posez les moitiés de piment à plat et, avec le couteau d'office, tranchez-les finement en longues lanières.

3 Rassemblez les lanières entre vos doigts et détaillez-les en très petits dés.

POULET À LA DIABLE

3 PRÉPARER LES TOMATES

Les demi-tomates sont prêtes à recevoir leur garniture

1 Ôtez le pédoncule des tomates. Avec le couteau chef, coupez-les en deux dans le sens de la hauteur.

2 Éventuellement, enlevez une petite tranche à la base des tomates pour qu'elles tiennent bien sur le gril ; réservez-les.

Détachez doucement les feuilles de leur tige

Le persil apportera couleur et saveur aux tomates cuites

3 Réservez quelques brins de persil pour la décoration et détachez de leur tige les feuilles des autres. Rassemblez-les sur la planche à découper. À l'aide du couteau chef, hachez-les finement.

4 Posez le plat de la lame du couteau chef au sommet de chaque gousse d'ail et appuyez avec le poing. Pelez-les et hachez-les finement.

5 Mettez dans un petit bol le persil haché, l'ail, la chapelure et l'huile, et assaisonnez généreusement avec du sel et du poivre du moulin.

6 Remuez jusqu'à ce que tous les ingrédients soient bien mélangés ; réservez.

POULET À LA DIABLE

4 GRILLER LE POULET ET LES TOMATES

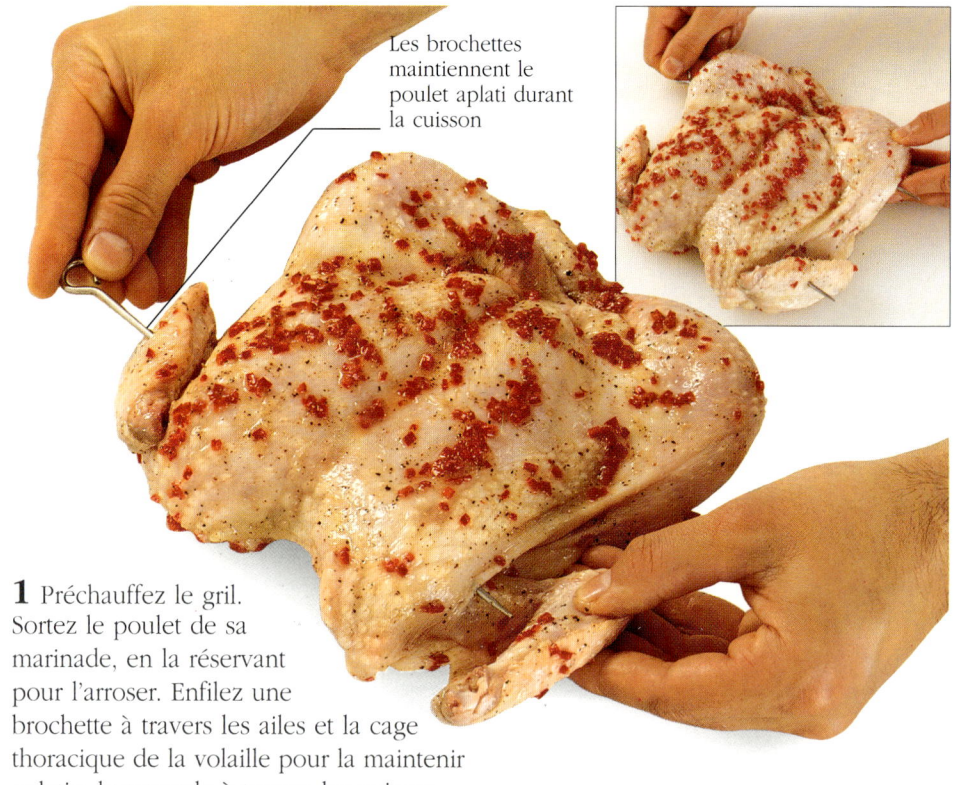

Les brochettes maintiennent le poulet aplati durant la cuisson

1 Préchauffez le gril. Sortez le poulet de sa marinade, en la réservant pour l'arroser. Enfilez une brochette à travers les ailes et la cage thoracique de la volaille pour la maintenir aplatie, la seconde à travers les cuisses. Salez légèrement.

2 Enduisez la grille d'huile et posez-y le poulet, côté peau vers le haut. Mettez-le pour 15 à 20 min à 10 cm environ de la source de chaleur, en l'arrosant de temps en temps avec la marinade réservée, jusqu'à ce qu'il soit bien doré.

3 Sortez la grille et retournez le poulet. Mettez-y les moitiés de tomate, tranche vers le haut. Poursuivez la cuisson de 10 à 15 min, en arrosant le poulet de temps en temps.

La garniture d'herbes et de chapelure va dorer sous le grill

4 Retournez de nouveau le poulet et garnissez à la cuiller les tomates avec le mélange aux herbes. Poursuivez la cuisson, en arrosant souvent le poulet, jusqu'à ce que la peau commence à cloquer. Vérifiez qu'il est cuit en piquant les cuisses avec la fourchette à rôti : le jus qui s'en écoule doit être clair. Les tomates sont alors tendres et dorées sur le dessus ; éventuellement, grillez-les quelques minutes de plus.

CONSEIL MALIN
« Si la peau du poulet dore trop vite, retournez-le pour qu'elle ne soit pas au contact de la source de chaleur. »

Poulet à la diable

5 Pendant que le poulet cuit, coupez le dernier citron en tranches ; réservez-les pour la décoration.

Coupez le poulet de façon qu'il reste un peu de blanc sur la cuisse

6 Retirez les brochettes. En tenant le poulet avec la fourchette à rôti, tranchez la cage thoracique avec le couteau chef, pour ouvrir la volaille en deux. Coupez chaque moitié en deux pour obtenir 4 portions.

🍽 POUR SERVIR
Disposez les morceaux de poulet et les moitiés de tomate sur des assiettes chaudes. Décorez avec le citron et le persil réservés.

La peau croustillante est parsemée de dés de piment

Les tomates grillées et juteuses adoucissent le poulet épicé

VARIANTE

PILONS DE POULET GRILLÉS AU ROMARIN

Ces Gambe di pollo ai ferri *sont parfaits pour un pique-nique. Vous pouvez préparer de la même façon des ailes de poulet ou des cuisses entières.*

1 Remplacez le poulet entier par 8 pilons et préparez une marinade à l'ail et aux herbes : pelez et hachez finement 3 gousses d'ail; détachez de leur tige les feuilles de 8 à 10 brins de romarin frais et hachez-les finement.

2 Mélangez l'ail et le romarin avec le jus de 1 citron, 10 cl d'huile d'olive et du poivre noir. Faites mariner le poulet en suivant la recette principale.

3 Sortez les pilons de la marinade. Saupoudrez-les de sel et grillez-les de 20 à 30 min sous le gril ou sur le barbecue, en les retournant et en les arrosant de temps en temps de marinade, jusqu'à ce que le jus qui s'en écoule quand vous les piquez avec une fourchette soit clair.

4 Ne faites pas cuire les tomates : coupez-les en tranches. Disposez les pilons sur un plat et entourez-les des tomates arrosées d'un peu d'huile d'olive et de jus de citron, et saupoudrez de persil frais haché.

Roulades aux épinards

Messicani di vitello

Pour 4 personnes — **Préparation : de 45 à 50 min** — **Cuisson : de 30 à 40 min**

Équipement

- sauteuse avec couvercle*
- passoire
- couteau chef
- cuiller en bois
- fourchette à rôti
- couteau d'office
- poêle moyenne
- couteau éplucheur
- ciseaux de cuisine
- ficelle de cuisine
- râpe à noix muscade
- chinois
- casseroles
- rouleau à pâtisserie
- papier sulfurisé**

* ou casserole peu profonde
** ou film alimentaire

De fines tranches de veau sont enroulées autour d'une garniture d'épinards, de parmesan et de noix. Les escalopes sont très appréciées en Italie. Elles peuvent être de bœuf, de porc, de poulet ou de dinde, mais celles de veau sont les meilleures.

Savoir s'organiser

Vous pouvez cuire les roulades de veau 48 h à l'avance et les conserver au réfrigérateur, ou même les congeler : les saveurs se mêleront. Réchauffez-les, dans leur sauce, sur le feu.

Le marché

8 escalopes de veau, soit 800 g environ
1 oignon moyen
1 carotte
2 branches de céleri
2 cuil. à soupe d'huile d'olive, ou plus
25 cl de bouillon de volaille (voir encadré p. 7), ou plus
Pour la farce
8 gousses d'ail
50 g de noix
500 g d'épinards frais ou 300 g d'épinards surgelés
2 cuil. à soupe d'huile d'olive
30 g de parmesan fraîchement râpé
sel et poivre
noix muscade fraîchement râpée

Ingrédients

- escalopes de veau
- parmesan râpé
- épinards
- noix muscade***
- noix
- gousses d'ail
- vin blanc sec
- bouillon de volaille****
- huile d'olive
- oignon
- céleri-branche
- carotte

*** ou noix muscade en poudre
**** ou eau

CONSEIL MALIN
« Des pommes de terre sautées à l'huile d'olive et aux herbes feront un délicieux accompagnement. »

Déroulement

1 Préparer la farce ; rouler les escalopes

2 Préparer les légumes ; faire cuire les roulades

ROULADES AUX ÉPINARDS

1 Préparer la farce ; rouler les escalopes

1 Posez le plat de la lame du couteau chef au sommet de chaque gousse d'ail et appuyez avec le poing. Pelez-les et hachez-les finement. Concassez grossièrement les noix.

2 Lavez, cuisez et égouttez les épinards frais (voir encadré ci-dessous). S'ils sont surgelés et décongelés, pressez-les pour en enlever l'excès d'eau. À l'aide du couteau chef, hachez-les.

3 Chauffez l'huile dans la poêle et mettez-y les épinards. Faites-les fondre de 2 à 3 min, en remuant, jusqu'à ce que leur eau soit évaporée. Retirez du feu et ajoutez la moitié de l'ail, les noix, le parmesan, du sel et du poivre, et la noix muscade. Remuez bien, goûtez et rectifiez l'assaisonnement.

PRÉPARER ET CUIRE DES ÉPINARDS

Les queues et les côtes dures des épinards doivent être retirées pour que les feuilles ne soient pas filandreuses une fois cuites. Égouttez-les alors très soigneusement.

1 Enlevez avec les doigts les queues et les côtes dures des épinards. Lavez soigneusement les feuilles dans beaucoup d'eau froide.

Les tiges se détachent facilement des feuilles

2 Remplissez une grande casserole d'eau salée, portez à ébullition, mettez-y les épinards et laissez frémir de 1 à 2 min.

3 Égouttez les épinards dans une passoire, rincez-les sous l'eau froide, égouttez-les de nouveau.

4 Quand ils ont refroidi, pressez-les dans votre main pour en enlever l'excès d'eau.

ROULADES AUX ÉPINARDS

4 Éventuellement, aplatissez les escalopes : mettez-les deux par deux entre 2 feuilles de papier sulfurisé. Aplatissez-les avec le rouleau à pâtisserie sur une épaisseur de 3 mm.

ATTENTION !
Aplatissez doucement les escalopes pour ne pas les déchirer.

En aplatissant les escalopes, vous attendrissez leur chair

2 PRÉPARER LES LÉGUMES ; FAIRE CUIRE LES ROULADES

1 Pelez l'oignon, sans ôter sa base, et coupez-le en deux dans le sens de la longueur. Posez les moitiés à plat sur la planche à découper et, à l'aide couteau chef, émincez-les finement.

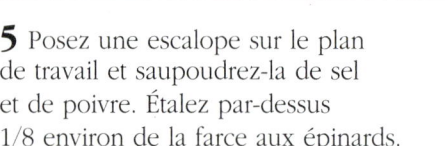

5 Posez une escalope sur le plan de travail et saupoudrez-la de sel et de poivre. Étalez par-dessus 1/8 environ de la farce aux épinards.

6 Roulez la viande, en maintenant la roulade du bout des doigts. Procédez de la même façon pour les autres escalopes.

Faites des tranches de légumes d'égale épaisseur pour qu'elles cuisent uniformément

2 Pelez et parez la carotte. Coupez-la en quatre dans le sens de la longueur, puis en fines tranches. Émincez finement les branches de céleri avec le couteau chef.

7 Attachez bien les 8 roulades. Vous pouvez aussi les fixer avec un cure-dents en bois, en le piquant à travers chaque escalope roulée.

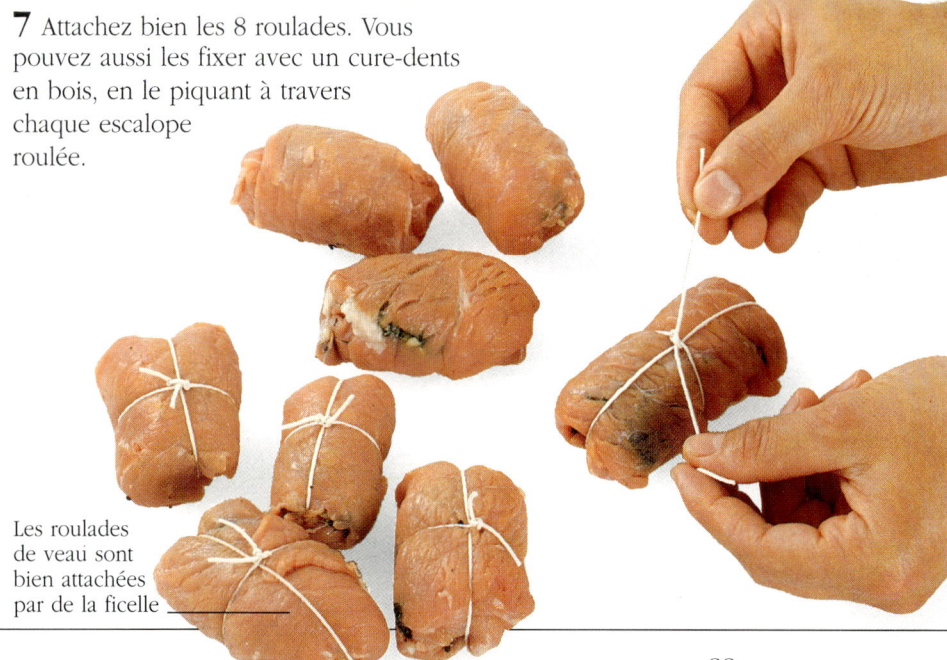

Les roulades de veau sont bien attachées par de la ficelle

3 Chauffez dans la sauteuse 2 cuil. à soupe d'huile d'olive et mettez-y les roulades. Cuisez-les sur feu vif de 2 à 3 min, en les retournant de temps en temps, jusqu'à ce qu'elles soient bien dorées. À l'aide de la fourchette à rôti, mettez-les sur un plat et réservez.

ROULADES AUX ÉPINARDS

4 Ajoutez éventuellement 1 ou 2 cuil. à soupe d'huile dans la sauteuse. Mettez-y l'oignon avec le reste d'ail et laissez fondre de 2 à 3 min. Ajoutez la carotte et le céleri. Baissez le feu et cuisez de 8 à 10 min, en remuant de temps en temps. Versez le vin, portez à ébullition, et laissez frémir de 3 à 5 min, jusqu'à ce qu'il ait réduit de moitié.

5 Remettez les roulades de veau dans la sauteuse avec tout leur jus et ajoutez le bouillon de volaille avec du sel et du poivre, selon votre goût. Couvrez et laissez mijoter de 30 à 40 min, en remuant de temps en temps, jusqu'à ce que le veau soit très tendre.

Ajoutez un peu de bouillon si les roulades attachent

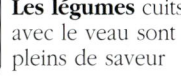

Les roulades bien dorées cuisent sur un lit de légumes

6 Remettez les roulades sur le plat. Filtrez le liquide de cuisson au-dessus d'une casserole, en réservant les légumes. Laissez-le éventuellement réduire pour n'en avoir plus que 20 cl ; goûtez et rectifiez l'assaisonnement.

Réservez les légumes pour les servir avec les roulades

7 Enlevez la ficelle ou les cure-dents des roulades et coupez-les en tranches d'environ 1 cm. Disposez-les sur des assiettes chaudes, autour d'une cuillerée de légumes. Nappez à la cuiller avec le liquide de cuisson et servez.

Les légumes cuits avec le veau sont pleins de saveur

La garniture est colorée et croustillante

Filet de porc rôti au romarin

Arista

Pour 6 à 8 personnes — **Préparation : de 15 à 20 min** — **Cuisson : de 1 h à 1 h 30**

Équipement

robot ménager*

plat à rôtir moyen — bol

spatule en caoutchouc

couteau chef — pinceau à pâtisserie

brochette métallique

aluminium ménager

fourchette à rôti

grande cuiller métallique

ficelle de cuisine

planche à découper

* ou mixeur ou mortier et pilon

Le nom italien de ce filet de porc désossé, rôti autour d'une farce relevée et enrobé d'ail, de romarin frais et de grains de poivre, vient du grec et signifie «le meilleur». Que dire de plus ? Des tranches de courgette, sautées à l'huile d'olive avec des échalotes finement hachées, l'accompagnent de leur belle couleur verte.

Savoir s'organiser
Vous pouvez rôtir le filet de porc 24 h à l'avance et le conserver au réfrigérateur, bien emballé dans de l'aluminium ménager. Il est tout aussi délicieux froid.

Le marché
10 gousses d'ail
1 petit bouquet de romarin frais
2 cuil. à café de grains de poivre
sel
1,5 kg de filet de porc désossé
2 cuil. à soupe d'huile d'olive, et un peu pour graisser le plat
25 cl d'eau, ou plus

Ingrédients

filet de porc désossé

huile d'olive — romarin frais

gousses d'ail — grains de poivre

Conseil malin
«Quand le boucher a enlevé les côtes du porc, il reste le cœur de la viande et une languette de chair.»

Déroulement

1. **Faire la farce à l'ail et au romarin**

2. **Préparer et farcir le filet de porc**

Filet de porc rôti au romarin

1 Faire la farce à l'ail et au romarin

1 Posez le plat de la lame du couteau chef au sommet de chaque gousse d'ail et appuyez avec le poing. Pelez-les et mettez-les dans le bol du robot ménager.

Les gousses d'ail écrasées se pèlent plus facilement

2 Détachez de leur tige les feuilles de romarin et ajoutez-les à l'ail avec les grains de poivre et le sel.

3 Travaillez les ingrédients dans le robot ménager jusqu'à ce qu'ils soient finement hachés.

CONSEIL MALIN
«Ne hachez pas trop finement si vous aimez le poivre juste concassé.»

2 Préparer et farcir le filet de porc

1 Préchauffez le four à 200 °C. Enduisez légèrement le plat à rôtir d'huile d'olive.

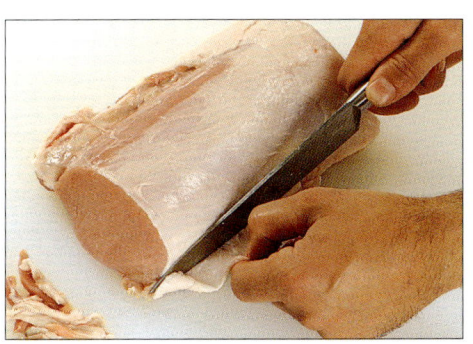

2 À l'aide du couteau chef, enlevez tous les nerfs et les traces de graisse du porc.

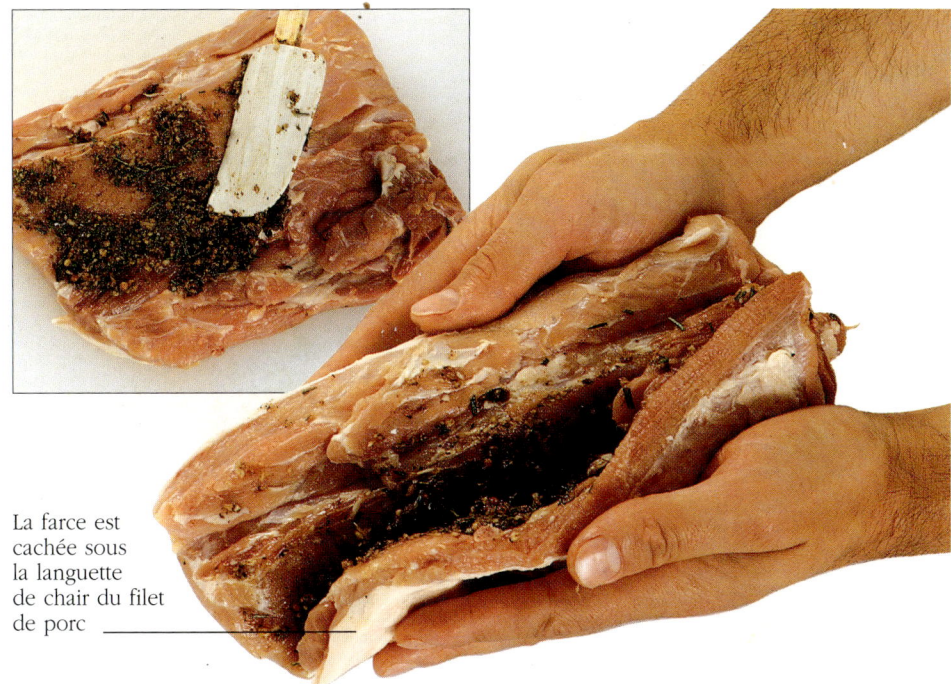

La farce est cachée sous la languette de chair du filet de porc

3 Ouvrez la languette de chair et, à l'aide de la spatule, étalez la moitié de la garniture à l'ail et au romarin sur la viande. Rabattez la languette par-dessus et redonnez sa forme au rôti.

CONSEIL MALIN
«Si votre rôti n'a pas de languette, faites une profonde entaille dans la viande avec le couteau chef, presque jusqu'au côté opposé.»

Filet de porc rôti au romarin

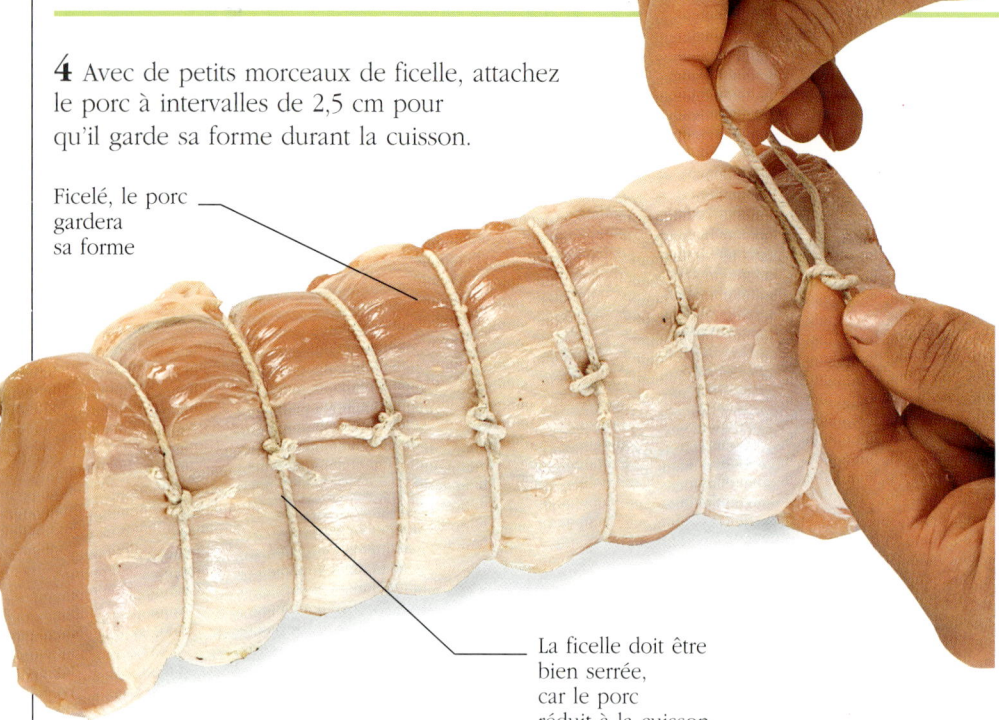

4 Avec de petits morceaux de ficelle, attachez le porc à intervalles de 2,5 cm pour qu'il garde sa forme durant la cuisson.

Ficelé, le porc gardera sa forme

La ficelle doit être bien serrée, car le porc réduit à la cuisson

5 Mettez le porc dans le plat à rôtir huilé et enduisez-en l'extérieur avec le reste de farce. Arrosez avec l'huile d'olive.

6 Enfournez le rôti pour 20 à 25 min, jusqu'à ce qu'il commence à dorer. Sortez-le et versez autour la moitié de l'eau.

7 À l'aide de la fourchette à rôti, retournez la viande et enfournez-la de nouveau pour 35 à 40 min, en la retournant 2 ou 3 fois pour qu'elle dore uniformément, et en ajoutant la moitié du reste d'eau quand elle commence à attacher.

8 Vérifiez que la viande est cuite en piquant 30 s la brochette en son centre : elle doit ressortir chaude.

9 Mettez la viande sur la planche à découper, couvrez-la d'aluminium ménager et laissez-la reposer 10 min avant de la découper pour que le jus se répartisse.

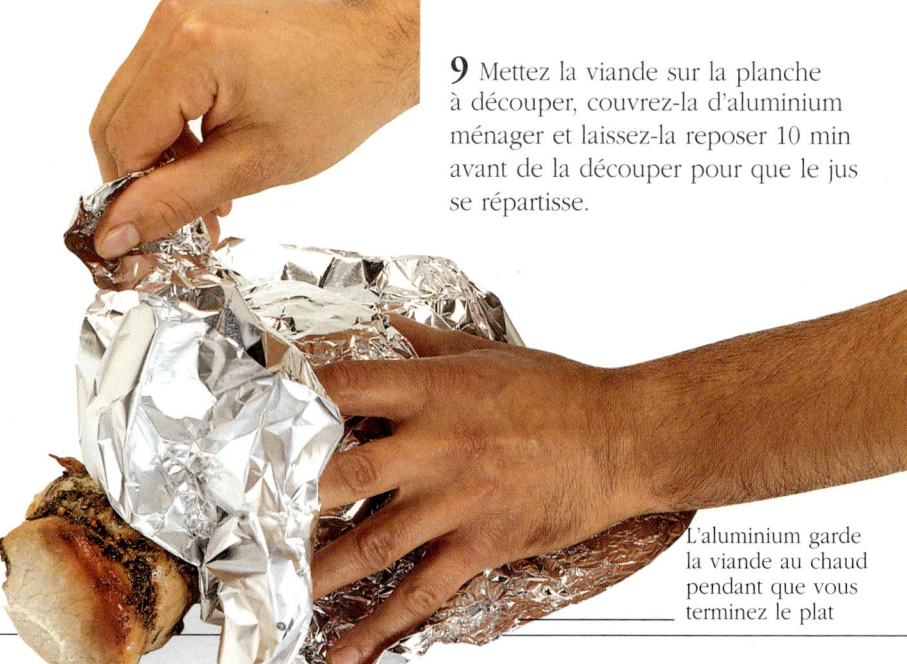

L'aluminium garde la viande au chaud pendant que vous terminez le plat

Filet de porc rôti au romarin

10 À l'aide de la grande cuiller métallique, enlevez un peu de la graisse du plat. Ajoutez le reste d'eau et laissez bouillir, en remuant pour dissoudre les sucs de cuisson. Goûtez et rectifiez l'assaisonnement.

11 Enlevez les ficelles du porc et coupez la viande en tranches d'environ 1 cm d'épaisseur.

Un couteau bien aiguisé permet de couper des tranches régulières

Tenez fermement la viande avec la fourchette à rôti

Un délicieux mélange d'ail, de romarin et de poivre farcit et enrobe le porc

🍽 POUR SERVIR
Disposez les tranches de porc sur un plat chaud, avec des tranches de courgette, si vous les aimez ; arrosez à la cuiller avec le jus de cuisson.

Des tranches de courgette, sautées à l'huile d'olive avec des échalotes hachées, sont parfaites avec ce rôti

VARIANTE
PORC BRAISÉ SAUCE MADÈRE

Dans cet Arrosto di maiale in casseruola, *le filet de porc est braisé avec des oignons.*

1 Préchauffez le four à 180 °C. Faites la farce avec 5 gousses d'ail, 3 à 5 brins de romarin et 1 cuil. à café de grains de poivre. Émincez 2 oignons.

2 Parez, farcissez et attachez le porc, et assaisonnez-le à l'extérieur.

3 Chauffez 3 cuil. à soupe d'huile d'olive dans une cocotte. Mettez-y le porc, dorez-le de tous les côtés sur feu vif 5 min environ, et sortez-le. Ajoutez les oignons avec 2 feuilles de laurier et laissez-les fondre de 3 à 5 min.

4 Remettez le porc dans la cocotte et versez 25 cl d'eau. Couvrez et enfournez pour 1 h 45 à 2 h. Retournez-le 2 ou 3 fois durant la cuisson, en ajoutant un peu d'eau.

5 Sortez le porc. Mélangez 1 cuil. à soupe de madère et 1 cuil. à café de fécule de maïs. Enlevez à la cuiller toute la graisse du liquide de cuisson. Ajoutez 25 cl d'eau, portez à ébullition, et cuisez de 2 à 3 min, en remuant, jusqu'à ce que le mélange ait réduit de moitié. Tamisez-le au-dessus d'une petite casserole et amenez à léger frémissement. Ajoutez 3 cuil. à soupe de madère et portez de nouveau à ébullition. Incorporez au fouet la préparation à la fécule : la sauce épaissit.

6 Tranchez le rôti de porc, en enlevant la ficelle. Servez avec la sauce.

Poulet alla cacciatora

 Pour 4 personnes   Préparation : de 20 à 25 min   Cuisson : de 45 à 60 min

Équipement

- cuiller percée*
- couteau chef
- couteau d'office
- grande sauteuse avec couvercle
- cuiller en bois
- moulin à poivre
- grande poêle avec couvercle
- fourchette à rôti
- planche à découper

* ou écumoire

Ingrédients

poulet en morceaux — huile d'olive

 scarole —  romarin frais

 gousses d'ail —  bouillon de volaille**

 vin blanc sec —  laurier

 oignon — grains de poivre

** ou eau

Conseil malin
«Vous pouvez remplacer la scarole par deux têtes de trévise, soit 400 g environ. Préparez-les de la même façon, en les détaillant chacune en 4 morceaux.»

Déroulement

1 Faire cuire le poulet

2 Faire sauter la scarole

Les Italiens comme les Français cuisent souvent leur gibier à la chasseur. Vous pouvez remplacer dans la sauce le romarin par l'herbe de votre choix — la sauge convient particulièrement bien. La scarole sautée est un accompagnement original et très goûteux.

Savoir s'organiser
Vous pouvez cuire le poulet 48 h à l'avance et le conserver dans sa sauce, au réfrigérateur. Réchauffez-le sur le feu, en ajoutant un peu de bouillon si la sauce est trop épaisse. Préparez la scarole au dernier moment.

Le marché

1 poulet de 1,5 kg, coupé en 8 morceaux
sel et poivre noir du moulin
4 cuil. à soupe d'huile d'olive
1 oignon moyen
4 gousses d'ail
1 brin de romarin frais
1 feuille de laurier
4 cuil. à soupe de vin blanc sec
15 cl de bouillon de volaille (voir encadré p. 123), ou plus
1 scarole moyenne, soit 750 g environ
4 cuil. à soupe d'eau, ou plus

1 Faire cuire le poulet

1 Assaisonnez bien les morceaux de poulet avec du sel et du poivre du moulin selon votre goût.

Le poulet est saupoudré de poivre noir

2 Chauffez sur feu moyen la moitié de l'huile dans la sauteuse. Mettez-y les pilons et les hauts de cuisse de poulet, côté peau en dessous, et faites-les sauter 5 min environ, jusqu'à ce qu'ils dorent.

3 Ajoutez les morceaux d'aile et poursuivez doucement la cuisson de 10 à 15 min, jusqu'à ce qu'ils soient bien dorés.

4 Pendant ce temps, pelez l'oignon, sans ôter sa base, et coupez-le en deux dans le sens de la longueur.

5 Tranchez les moitiés d'oignon horizontalement, sans entailler leur base pour qu'elles ne se défassent pas, puis verticalement, toujours sans entailler la base. Détaillez-les enfin en dés.

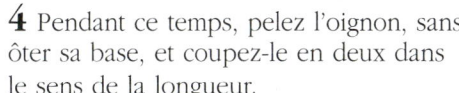
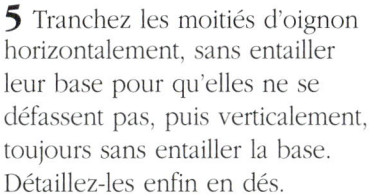

6 Posez le plat de la lame du couteau chef au sommet de chaque gousse d'ail et appuyez avec le poing. Pelez-les et hachez-les finement.

La peau du poulet est dorée et croustillante

Écartez les morceaux de poulet vers les bords de la poêle pour laisser une place au centre

7 Ajoutez dans la sauteuse l'oignon haché et la moitié de l'ail haché, en les laissant tomber au centre. Poursuivez doucement la cuisson 10 min environ, jusqu'à ce qu'ils soient tendres et bien dorés.

Poulet alla cacciatora

8 Ajoutez le brin de romarin, la feuille de laurier, le vin, le bouillon de volaille, le sel et le poivre, et remuez bien.

En fin de cuisson, la sauce a réduit et pris une belle couleur sombre

9 Couvrez et laissez mijoter de 15 à 20 min, jusqu'à ce que le poulet soit tendre sous les dents de la fourchette à rôti. Si la sauce réduit trop vite durant la cuisson, ajoutez un peu de bouillon de volaille. Si certains morceaux sont cuits avant les autres, sortez-les de la cocotte et gardez-les au chaud.

2 Faire sauter la scarole

1 À l'aide du couteau d'office, ôtez le trognon de la scarole. Enlevez les feuilles extérieures dures et lavez bien la salade.

2 Avec le couteau chef, détaillez la scarole en huit, en coupant à travers le cœur.

3 Chauffez le reste d'huile dans la poêle. Mettez-y la scarole avec le reste d'ail, l'eau, du sel et du poivre. Portez à ébullition, puis couvrez et laissez frémir de 10 à 20 min, selon le degré de maturité de la salade. Retournez-la de temps en temps.

CONSEIL MALIN
« Le trognon empêchera les feuilles de se défaire pendant la cuisson. »

POULET ALLA CACCIATORA

4 Vérifiez que la scarole est bien tendre en la piquant avec la pointe du couteau d'office. Les feuilles doivent avoir perdu leur eau et être bien enrobées d'huile.

CONSEIL MALIN
« Si la scarole rend beaucoup d'eau, ôtez le couvercle 5 à 10 min avant la fin de la cuisson pour qu'elle s'évapore. »

5 Sortez les morceaux de poulet et mettez-les sur des assiettes chaudes. Enlevez la feuille de laurier et le brin de romarin de la sauce, goûtez et rectifiez l'assaisonnement.

🍽 POUR SERVIR
Disposez la scarole à côté du poulet, en mettant les grandes feuilles sous les plus petites pour créer une jolie décoration. Nappez à la cuiller avec la sauce et accompagnez de pain croustillant.

La sauce a réduit et épaissi durant la cuisson

VARIANTE

POULET CHASSEUR AUX OLIVES NOIRES

Le Pollo alla cacciatora con le olive *est un régal pour les amateurs d'olives. Il est ici servi avec des endives sautées.*

1 N'utilisez ni oignon, ni bouillon de volaille, ni romarin, ni laurier. Hachez 5 gousses d'ail.

2 Dénoyautez 200 g d'olives noires à l'huile. Concassez-en la moitié et gardez les autres entières. Hachez 2 filets d'anchois.

3 Chauffez la moitié de l'huile dans une grande sauteuse et mettez-y la moitié de l'ail haché. Ajoutez les morceaux de poulet assaisonnés et faites-les sauter de 10 à 15 min, jusqu'à ce qu'ils soient bien dorés.

4 Ajoutez le vin, 2 cuil. à soupe de vinaigre de vin rouge, les olives concassées et entières, et les anchois. Couvrez et laissez mijoter, en ajoutant un peu d'eau si la sauce réduit trop vite.

5 Pendant ce temps, parez 2 endives moyennes, soit environ 250 g. Essuyez-les dans du papier absorbant et enlevez les feuilles flétries. Détaillez-les en quatre dans le sens de la longueur, en coupant à travers le cœur.

6 Cuisez les endives comme la scarole.

7 Servez le poulet et les quartiers d'endive sur des assiettes chaudes. Nappez à la cuiller avec la sauce.

Le poulet est très tendre et riche en saveurs

La scarole sautée est légèrement glacée par l'huile et parfumée par l'ail

Cioppino

Fruits de mer à la tomate

🍽 Pour 4 personnes 🥣 Préparation : de 45 à 50 min 🍲 Cuisson : de 20 à 25 min

Équipement

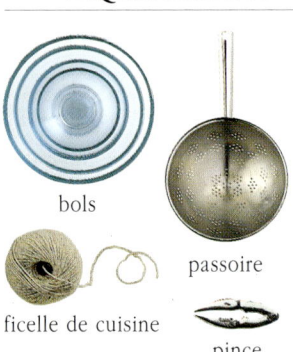
bols

passoire

ficelle de cuisine

pince à homard*

couteau chef

petite brosse dure

couteau d'office

casseroles, dont 1 avec couvercle

grande cocotte pouvant aller sur le feu, avec couvercle

cuiller en bois

cuiller percée**

planche à découper

* ou casse-noix
** ou écumoire

Le cioppino est un copieux ragoût de fruits de mer, créé au XIXe siècle à San Francisco par les immigrants italiens. Le bouillon à la tomate est enrichi de fruits de mer et de poisson blanc.

Savoir s'organiser

Vous pouvez préparer le bouillon, les fruits de mer et le poisson 4 h à l'avance et les conserver, couverts, au réfrigérateur. Composez et terminez le ragoût au dernier moment, car les fruits de mer durcissent s'ils cuisent trop longtemps.

Le marché

1,5 kg de tomates
3 gousses d'ail
2 gros oignons
4 cuil. à soupe d'huile d'olive
1 cuil. à soupe de purée de tomates
1 pincée de piment de Cayenne
sel et poivre
1 bouquet garni, composé de 5 ou 6 brins de persil, 2 ou 3 brins de thym frais et 1 feuille de laurier
50 cl de vin blanc sec
2 tourteaux moyens cuits, soit 1,5 kg environ
750 g de moules
500 g de filets de poisson blanc, sans peau
250 g de noix de Saint-Jacques
1 petit bouquet de persil

Ingrédients

tourteaux — filets de poisson blanc***

persil — bouquet garni

 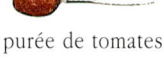
moules — purée de tomates

noix de Saint-Jacques

huile d'olive — piment de Cayenne — vin blanc sec

tomates****

oignons — ail

*** églefin, colin ou cabillaud, par exemple
**** ou grosse boîte d'olivettes au naturel

Déroulement

1 Préparer le bouillon

2 Préparer les fruits de mer et le poisson

3 Faire cuire le cioppino

Cioppino

1 Préparer le bouillon à la tomate

1 Pelez, épépinez et concassez les tomates (voir encadré à droite). Posez le plat de la lame du couteau chef au sommet de chaque gousse d'ail et appuyez avec le poing. Pelez-les et hachez-les finement.

La peau de l'ail s'enlève facilement si les gousses ont été légèrement écrasées auparavant

2 Pelez les oignons, sans ôter leur base, et coupez-les en deux dans le sens de la longueur. Posez les moitiés à plat sur la planche à découper et tranchez-les horizontalement, puis verticalement, sans entailler leur base pour qu'elles ne se défassent pas. Détaillez-les en dés.

3 Chauffez l'huile dans une casserole moyenne, mettez-y les oignons et faites-les fondre de 3 à 5 min, jusqu'à ce qu'ils soient tendres et translucides.

4 Ajoutez la purée de tomates, les tomates concassées, l'ail, le piment de Cayenne, le sel, le poivre et le bouquet garni; versez le vin blanc. Couvrez et laissez mijoter 20 min environ, en remuant de temps en temps. Préparez ensuite les fruits de mer et le poisson.

Le vin blanc, avec les tomates, les oignons et l'ail, va donner un délicieux bouillon

Le bouquet garni d'herbes fraîches apporte tous ses parfums

Peler, épépiner et concasser une tomate

Il vaut mieux peler et épépiner les tomates avant la cuisson pour éviter de devoir les tamiser.

1 Remplissez une casserole d'eau et portez à ébullition. À l'aide d'un couteau d'office, ôtez le pédoncule de la tomate. Retournez-la et entaillez-la en croix. Mettez-la dans la casserole de 8 à 15 s : la peau se décolle en frisant au niveau de la croix. À l'aide d'une cuiller percée, plongez-la dans l'eau fraîche.

2 Quand elle a refroidi, pelez-la à l'aide du couteau d'office. Coupez-la en deux dans le sens de la hauteur et pressez-la pour chasser les pépins.

3 Posez les moitiés de tomate à plat et coupez-les en tranches. Concassez la chair plus ou moins finement.

Cioppino

2 Préparer les fruits de mer et le poisson

1 Retournez un des crabes sur la planche à découper. Détachez les pattes en les tournant avec les doigts et réservez-les.

Les grosses pinces sont remplies de chair délicate

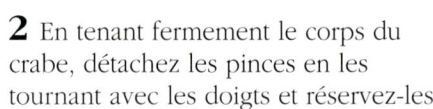

2 En tenant fermement le corps du crabe, détachez les pinces en les tournant avec les doigts et réservez-les.

3 À l'aide de la pince à homard, brisez la coque des pinces en veillant à garder toute la chair intacte. Si les pattes sont grosses, cassez-les aussi; jetez les plus petites.

4 Ouvrez le crabe : avec les doigts, soulevez et jetez la queue osseuse qui se trouve sous le corps.

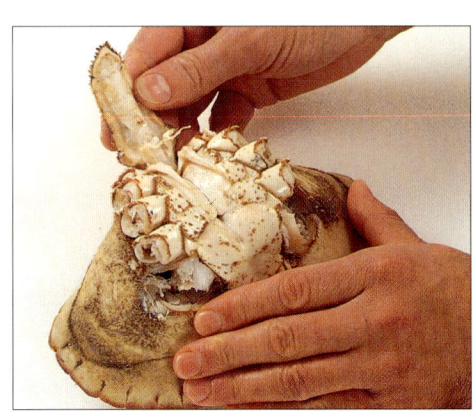

5 Avec les pouces, pressez fermement autour du plastron pour le détacher de la carapace.

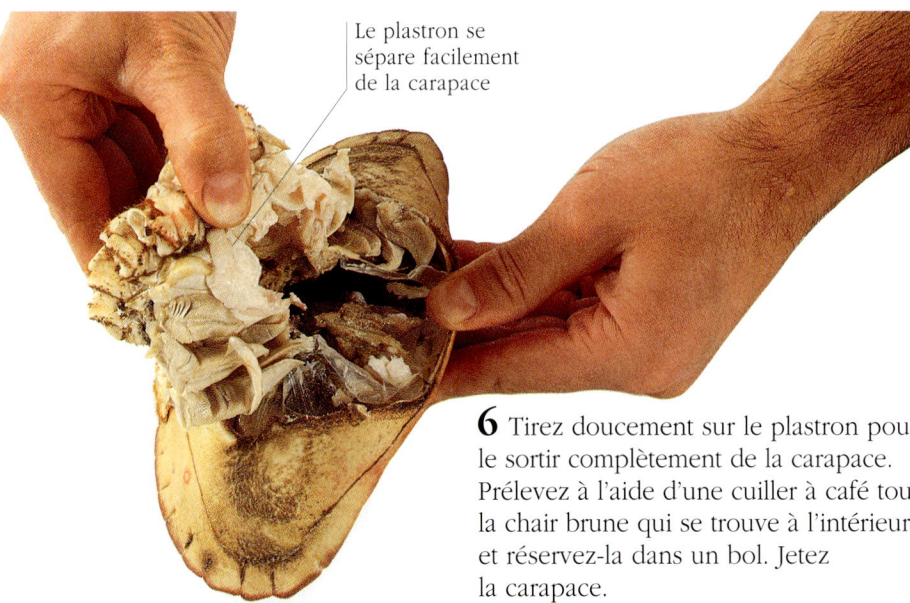

Le plastron se sépare facilement de la carapace

6 Tirez doucement sur le plastron pour le sortir complètement de la carapace. Prélevez à l'aide d'une cuiller à café toute la chair brune qui se trouve à l'intérieur et réservez-la dans un bol. Jetez la carapace.

CIOPPINO

7 Avec les doigts, enlevez les ouies molles qui recouvrent le plastron et jetez-les.

8 À l'aide du couteau chef, ouvrez le plastron en deux : tenez le manche d'une main et, de l'autre, appuyez fermement sur la pointe de la lame posée sur la planche à découper.

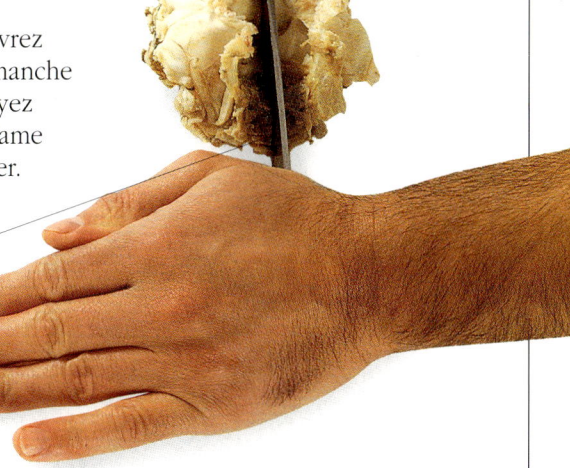

Faites pression sur le couteau avec les deux mains

9 Retirez à l'aide d'une cuiller à café toute la chair blanche des alvéoles du plastron, en enlevant bien les petits morceaux de cartilage. Mettez-la dans le bol et réservez.

Le bout d'une cuiller à café rentre bien dans les alvéoles du plastron

Mettez les miettes de chair dans le bol

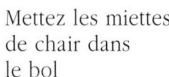

10 Nettoyez les moules sous l'eau froide à l'aide de la petite brosse dure.

11 Jetez toutes les moules cassées et celles qui ne se ferment pas quand vous les tapotez.

Débarrassez les moules de tous les filaments filandreux

12 À l'aide du couteau d'office, grattez les moules pour en détacher tous les parasites. Arrachez tous les filaments qui dépassent.

CIOPPINO

13 Rincez les filets de poisson sous l'eau froide et séchez-les dans du papier absorbant. Posez-les sur la planche à découper et détaillez-les en morceaux de 5 cm.

Le poisson coupé en gros morceaux ne se défera pas à la cuisson

Exercez un mouvement de va-et-vient pour ne pas déchirer la chair

14 Enlevez éventuellement la membrane dure en forme de croissant qui se trouve sur le côté des noix de Saint-Jacques. Rincez-les dans un bol d'eau froide. Mettez-les dans la passoire et laissez-les s'égoutter.

3 Faire cuire le cioppino

1 Enlevez le bouquet garni du bouillon. Goûtez et rectifiez l'assaisonnement : le plat doit être bien poivré.

3 Versez à la louche le bouillon chaud sur les fruits de mer ; ajoutez éventuellement de l'eau pour les baigner. Couvrez et portez à ébullition. Laissez frémir de 3 à 5 min, jusqu'à ce que les moules soient ouvertes et que la chair du poisson se défasse.

À la cuisson, le bouillon à la tomate va parfumer les différentes couches de fruits de mer

2 Posez les morceaux de poisson sur le fond de la casserole en une couche régulière, puis les noix de Saint-Jacques. Disposez au-dessus la chair du corps du crabe et celle des pattes et des pinces. Terminez par les moules.

CONSEIL MALIN
« Ne faites pas trop cuire le cioppino, car les fruits de mer durciraient. »

Les fruits de mer et le poisson doivent être recouverts de liquide

Cioppino

4 Pendant ce temps, détachez de leur tige les feuilles de persil. Rassemblez-les sur la planche à découper et hachez-les finement avec le couteau chef.

Le bouillon poivré est délicatement parfumé par les fruits de mer et le poisson

En s'ouvrant, les moules répandent leur arôme

5 Éliminez les moules qui ne se sont pas ouvertes à la cuisson. Goûtez et rectifiez éventuellement l'assaisonnement.

🍴 POUR SERVIR

Disposez le cioppino dans des bols individuels, en mettant dans chacun une pince de crabe. Parsemez du persil haché. Servez aussitôt, accompagné de tranches de pain au levain, si vous l'aimez.

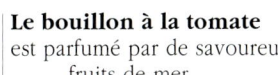

Le bouillon à la tomate est parfumé par de savoureux fruits de mer

VARIANTE
CIOPPINO AU POISSON

La recette abandonne ici les fruits de mer pour leur préférer des poissons fermes.

1 Préparez le bouillon. N'utilisez pas de persil. Hachez les feuilles d'un petit bouquet de basilic frais.

2 N'utilisez ni crabe, ni moules, ni noix de Saint-jacques. Préparez 500 g d'églefin ou de cabillaud. Enlevez la peau d'une tranche de thon de 500 g, rincez-la et séchez-la dans du papier absorbant. Coupez-la en cubes de 2,5 cm de côté.

3 Préparez 500 g de filet de lotte; enlevez éventuellement la membrane translucide qui recouvre la chair. Rincez-la sous l'eau froide et séchez-la dans du papier absorbant. Coupez-la en biais en tranches de 1,5 cm.

4 Disposez des couches de poisson dans une cocotte, en mettant d'abord la lotte, puis le thon, et enfin l'églefin ou le cabillaud.

5 Incorporez la moitié du basilic haché dans le bouillon, puis versez-le à la louche sur le poisson, et laissez mijoter de 10 à 12 min, jusqu'à ce que le poisson se détache facilement sous les dents d'une fourchette. Servez avec le reste de basilic haché et des gressins.

Le pain au levain, qui boira le bouillon, accompagne traditionnellement le cioppino

SALTIMBOCCA DE SAUMON

POUR 4 À 6 PERSONNES — **PRÉPARATION : DE 20 À 25 MIN*** — **CUISSON : DE 1 À 2 MIN**

ÉQUIPEMENT

plat profond non métallique

palette

couteau chef

couteau à filets

couteau d'office

grande poêle

cuiller percée

papier absorbant

casserole

pince à épiler

piques en bois

bols

brochettes en inox

film alimentaire

planche à découper

Cette recette d'un grand chef est une variante des traditionnelles paupiettes de veau italiennes. Des tranches de saumon frais marinent dans de l'huile d'olive aromatisée, puis sont enroulées autour de morceaux de saumon fumé, et enfin sautées à la poêle.

SAVOIR S'ORGANISER
Vous pouvez faire mariner le saumon et rouler les paupiettes 4 h à l'avance, et les conserver au réfrigérateur. Faites-les sauter au dernier moment.

* plus 1 h 30 à 2 h de marinage

LE MARCHÉ

1 kg de filet de saumon frais, avec la peau
5 à 7 brins de basilic frais
250 g de saumon fumé en tranches
50 g de beurre
sel et poivre
Pour la marinade
le jus de 1/2 citron
20 cl d'huile d'olive
3 ou 4 brins de thym frais
2 feuilles de laurier
Pour la garniture
4 tomates, soit 600 g environ
1 petit bouquet de basilic frais
2 cuil. à soupe d'huile d'olive
1 pincée de sucre cristallisé

INGRÉDIENTS

filet de saumon frais**

saumon fumé en tranches

huile d'olive

jus de citron

basilic frais

feuilles de laurier

sucre cristallisé

tomates

beurre

thym frais

** ou filet de bar

DÉROULEMENT

1 PRÉPARER ET FAIRE MARINER LE SAUMON FRAIS

2 PRÉPARER LA GARNITURE DE TOMATES

3 ROULER ET FAIRE CUIRE LES PAUPIETTES

SALTIMBOCCA DE SAUMON

1 Préparer et faire mariner le saumon frais

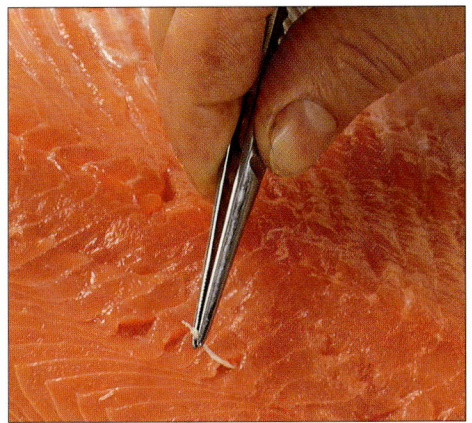

Inclinez le couteau à filets pour prélever des tranches fines.

1 Rincez le filet de saumon sous l'eau froide et séchez-le dans du papier absorbant. À l'aide de la pince à épiler, ôtez toutes les arêtes centrales et latérales.

2 Posez le poisson devant vous ; à l'aide du couteau à filets, et en travaillant du haut vers la queue, coupez en biais 12 tranches, aussi fines que possible, sans laisser la moindre trace de peau.

3 Préparez la marinade : versez le jus de citron et l'huile dans le plat. Ajoutez les feuilles de thym sans leur tige et poivrez. Émiettez au-dessus les feuilles de laurier.

4 Posez dans le plat les tranches de saumon frais. Couvrez et laissez mariner 1 h au réfrigérateur. Pendant ce temps, préparez la garniture de tomates.

2 Préparer la garniture de tomates au basilic

Le basilic donnera de la consistance à la garniture

1 Ôtez le pédoncule des tomates. Retournez-les et entaillez-les en croix. Mettez-les dans l'eau bouillante de 8 à 15 s : la peau se décolle. Plongez-les dans de l'eau fraîche. Dès qu'elles ont refroidi, pelez-les. Coupez-les en deux, épépinez-les et hachez-les.

2 Détachez de leur tige les feuilles de basilic. Rassemblez-les sur la planche à découper et hachez-les grossièrement à l'aide du couteau chef.

3 Mélangez les tomates, l'huile d'olive et le basilic haché, salez et poivrez, ajoutez une pincée de sucre. Laissez mariner de 30 min à 1 h à température ambiante.

3 ROULER ET FAIRE CUIRE LES PAUPIETTES

1 Sortez les tranches de saumon frais de la marinade et séchez-les dans du papier absorbant.

2 Détachez de leur tige les autres feuilles de basilic. Éventuellement, coupez les tranches de saumon fumé à la même taille que celles de saumon frais.

Le basilic apporte un peu d'acidité

Le saumon frais se marie parfaitement avec le saumon fumé

3 Préparez les paupiettes : posez une tranche de saumon fumé sur 3 des tranches de saumon frais. Surmontez le tout d'une feuille de basilic.

4 Roulez les paupiettes. Maintenez-les fermées avec une pique en bois, en la passant dessus-dessous comme si vous cousiez.

5 Procédez de la même façon pour les autres paupiettes.

6 Chauffez le beurre dans la poêle et déposez-y la moitié des paupiettes de saumon en les espaçant bien : elles ne doivent pas se toucher.

SALTIMBOCCA DE SAUMON

7 Cuisez les paupiettes à feu vif de 1 à 2 min, en les retournant de temps en temps, jusqu'à ce qu'elles soient dorées de tous les côtés.

ATTENTION !
Ne cuisez pas trop les paupiettes, car elles sècheraient.

Retournez plusieurs fois les paupiettes

8 Vérifiez que les paupiettes sont cuites en piquant en leur cœur une brochette en inox : elle doit s'y enfoncer facilement. Gardez-les au chaud pendant que vous cuisez les autres.

🍽 POUR SERVIR
Ôtez les piques en bois. Disposez les paupiettes sur des assiettes chaudes et servez aussitôt avec la garniture de tomates au basilic.

VARIANTE
PAUPIETTES DE SOLE
Des filets de sole remplacent le saumon frais des paupiettes et cuisent à la vapeur.

1 Préparez la garniture de tomates au basilic en suivant la recette principale.
2 Remplacez le filet de saumon par 6 beaux filets de sole, sans la peau, soit 500 g environ. Ôtez les arêtes visibles et coupez-les en deux le long de la ligne centrale. Aplatissez-les légèrement avec la tranche d'un couteau chef. Ne les faites pas mariner.
3 Préparez des tranches de saumon fumé de même taille que les filets de sole.
4 Posez un morceau de sole sur le plan de travail, côté extérieur vers le haut, et recouvrez-le d'une tranche de saumon; n'utilisez pas de basilic. Roulez en serrant bien. (Si la paupiette est trop épaisse, déroulez-la et coupez-la en deux.) Maintenez avec une pique en bois. Procédez de la même façon pour les autres paupiettes.
5 Remplissez une petite couscoussière d'environ 5 cm d'eau et portez à ébullition. Posez les paupiettes dans le panier, pique vers le bas, et arrosez du jus de 1/2 citron; salez et poivrez. Placez le panier sur l'eau frémissante, couvrez et cuisez de 8 à 10 min.
6 Coupez les paupiettes en tranches et servez accompagné de tomates au basilic et décoré de basilic frais.

Des tagliatelles aux épinards accompagneront parfaitement les deux saumons

Les tomates au basilic constituent une garniture rafraîchissante

OMELETTE ITALIENNE
à la ratatouille

🍽️ POUR 3 À 4 PERSONNES 🥣 PRÉPARATION : DE 20 À 25 MIN* 🍲 CUISSON : DE 20 À 25 MIN

ÉQUIPEMENT

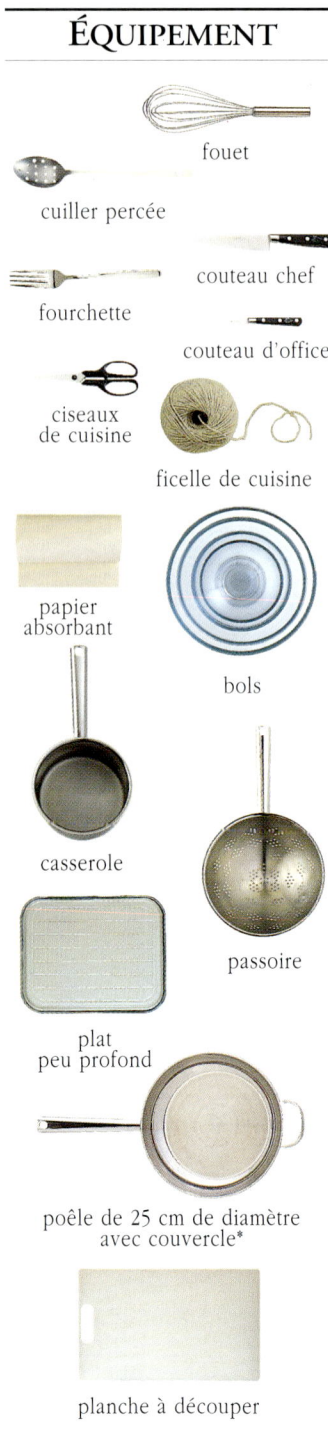

fouet
cuiller percée
couteau chef
fourchette
couteau d'office
ciseaux de cuisine
ficelle de cuisine
papier absorbant
bols
casserole
passoire
plat peu profond
poêle de 25 cm de diamètre avec couvercle*
planche à découper

*ou poêle à omelette

Cette omelette est garnie d'une ratatouille de légumes d'été. Ainsi fourrée, elle porte le nom de frittata *et elle est très appréciée en Italie.*

SAVOIR S'ORGANISER
Vous pouvez préparer la ratatouille 48 h à l'avance et la conserver au réfrigérateur. Cuisez l'omelette au dernier moment.

*plus temps de repos et de refroidissement

LE MARCHÉ

6 œufs
sel et poivre
20 à 30 g de beurre
Pour la ratatouille
1 gros bouquet garni (10 à 12 tiges de persil, 4 ou 5 brins de thym frais et 2 feuilles de laurier)
1 petite aubergine de 250 g environ
1 courgette moyenne de 150 g environ
2 gousses d'ail
1 oignon moyen
250 g de tomates
1 poivron vert moyen
5 à 7 brins de thym frais
4 cuil. à soupe d'huile d'olive ou plus
1/2 cuil. à café de coriandre moulue

INGRÉDIENTS

tomates
poivron vert
oignon
beurre
huile d'olive
œufs

courgette

aubergine

thym frais
bouquet garni

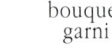

coriandre moulue
gousses d'ail

DÉROULEMENT

1 PRÉPARER LA RATATOUILLE

2 FAIRE CUIRE LA RATATOUILLE

3 FAIRE CUIRE L'OMELETTE

1 Préparer la ratatouille

1 Composez le bouquet garni en liant les plantes aromatiques avec la ficelle de cuisine. Ôtez les extrémités de l'aubergine et coupez-la en deux dans le sens de la longueur. Détaillez chaque moitié en 4 ou 5 tranches puis en cubes de 1 cm de côté.

Coupez chaque moitié d'aubergine en tranches régulières

2 Ôtez les extrémités de la courgette et coupez-la en deux. Détaillez chaque moitié en tranches de 1 cm d'épaisseur.

3 Posez les morceaux d'aubergine et les tranches de courgette sur le plat peu profond et saupoudrez-les généreusement de sel. Laissez-les dégorger 30 min pour qu'ils perdent leur jus amer. Mettez-les dans une passoire, rincez-les sous un filet d'eau froide et séchez-les.

6 Ôtez le pédoncule des tomates. Retournez-les et entaillez-les en croix avec la pointe du couteau d'office. Mettez-les dans une casserole d'eau bouillante de 8 à 15 s selon leur degré de maturité, jusqu'à ce que la peau se décolle en frisant au niveau de la croix. Plongez-les immédiatement dans un bol d'eau fraîche. Lorsqu'elles ont refroidi, pelez-les.

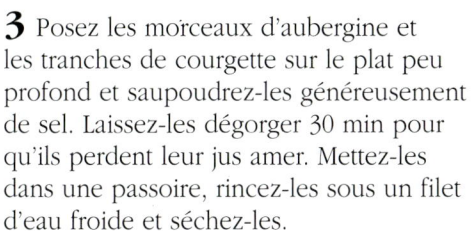

4 Posez le plat du couteau chef sur chaque gousse d'ail et appuyez avec le poing. Pelez-les et hachez-les finement.

5 Épluchez l'oignon en gardant sa base intacte. Coupez-le en deux. Posez les moitiés à plat sur la planche à découper et coupez-les en fines tranches.

CONSEIL MALIN
« Gardez la base de l'oignon pour qu'il ne se défasse pas. »

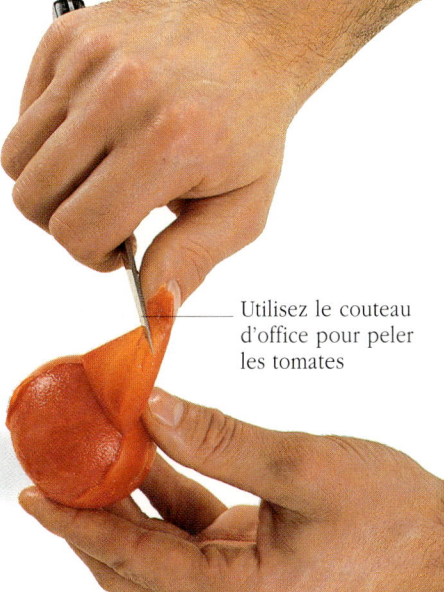

Utilisez le couteau d'office pour peler les tomates

7 Coupez les tomates en deux, pressez-les dans votre main pour en chasser les graines, et concassez-les.

8 Découpez la chair autour du pédoncule de chaque poivron et ôtez-le en le faisant tourner. Ouvrez les légumes en deux dans le sens de la longueur. Enlevez les membranes blanches et les graines qui se trouvent à l'intérieur. Posez chaque demi-poivron à plat et coupez-le en lanières, toujours dans le sens de la longueur.

Posez les poivrons à plat pour les découper

9 Détachez les brins de thym de leur tige et réservez-en quelques-uns pour décorer le plat. Rassemblez les autres sur la planche à découper et hachez-les finement à l'aide du couteau chef.

2 FAIRE CUIRE LA RATATOUILLE

1 Chauffez la moitié de l'huile dans la poêle. Faites-y revenir les cubes d'aubergine de 3 à 5 min jusqu'à ce qu'ils soient dorés. Mettez-les dans un bol à l'aide de la cuiller percée.

2 Ajoutez les tranches de courgette et laissez-les cuire 3 min en ajoutant éventuellement de l'huile, jusqu'à ce qu'elles soient dorées. Mettez-les dans le bol avec les cubes d'aubergine.

3 Faites revenir à leur tour les lanières de poivron jusqu'à ce qu'elles soient tendres. Réservez-les dans le bol. Rajoutez 1 cuil. à soupe d'huile dans la poêle et faites-y fondre l'oignon de 2 à 3 min.

Les lanières de poivron, croquantes, vont s'attendrir à la cuisson

4 Remettez tous les légumes rissolés dans la poêle avec les tomates, l'ail, le sel, le poivre, le thym haché, la coriandre et le bouquet garni. Mélangez bien. Couvrez et laissez mijoter de 10 à 15 min, jusqu'à ce que la ratatouille soit tendre. Jetez le bouquet garni. Laissez refroidir complètement.

3 FAIRE CUIRE L'OMELETTE

1 À l'aide du fouet, battez longuement les œufs en omelette. Incorporez-y la ratatouille, salez et poivrez.

2 Essuyez la poêle. Chauffez le beurre à feu moyen jusqu'à ce qu'il mousse et versez-y le mélange.

3 Réduisez le feu, couvrez et laissez cuire doucement de 20 à 25 min : assurez-vous que l'omelette est cuite en soulevant le bord avec la fourchette : elle doit être bien prise au centre et dorée en dessous.

Soulevez délicatement le bord de l'omelette pour vérifier qu'elle est cuite

Les brins de thym frais rappellent l'arôme des herbes parfumant l'omelette

🍽 POUR SERVIR
Retournez l'omelette sur un grand plat de service chaud et décorez avec les brins de thym que vous avez réservés. Découpez en parts égales.

VARIANTE

OMELETTE AU MAÏS, AUX OIGNONS NOUVEAUX ET AU POIVRON ROUGE

Le jaune, le vert et le rouge de la garniture de légumes colorent cette frittata.

1 Cuisez 3 épis de maïs de 15 à 20 min dans une grande casserole d'eau bouillante. Assurez-vous qu'ils sont cuits en piquant les grains avec la pointe d'un couteau : ils doivent éclater facilement. Égouttez les épis et détachez-en les grains. Vous pouvez aussi utiliser 200 g de grains de maïs surgelés et décongelés.

2 Émincez 4 oignons nouveaux. Ôtez les graines et les membranes blanches d'un poivron rouge moyen.

3 Pelez et coupez 2 pommes de terre en dés (soit 250 g environ). Mettez-les dans une casserole d'eau, portez à ébullition et laissez cuire de 6 à 8 min jusqu'à ce qu'ils soient tendres. Égouttez-les soigneusement.

4 Battez longuement au fouet les œufs en omelette et incorporez-y les grains de maïs, les oignons nouveaux, le poivron rouge et les pommes de terre. Salez et poivrez.

5 Cuisez l'omelette en suivant la recette principale. Passez un couteau à bout rond le long du bord pour la décoller de la poêle et faites-la glisser sur un plat de service chaud.

LES PÂTES

FETTUCINES À LA CRÈME ET AUX CHAMPIGNONS	114
NOUILLES À LA SAUGE ET AU BEURRE	119
PENNES À LA SAUCE ÉPICÉE	120
SPAGHETTIS À LA TOMATE ET AU PIMENT	123
TIMBALE DE RIGATONIS AU BŒUF	124
ZITIS À LA MOZZARELLA ET AUX OLIVES	129
GNOCCHIS AUX ÉPINARDS ET SAUCE TOMATE À LA CRÈME	130
GNOCCHIS VERTS AU FROMAGE	135
GNOCCHIS SAUCE GORGONZOLA	135
FETTUCCINES À LA TOMATE ET AU BASILIC	136
FETTUCCINES AU BEURRE ET AU POIVRE NOIR	140
FETTICCINES À LA CARBONARA	146
FETTUCINES ALFREDO	149
FETTUCINES AUX OLIVES ET AUX CÂPRES	149
FETTUCINES AUX TROIS FROMAGES	150
FETTUCINES ET SAUCE FROMAGE CIBOULETTE	153
LINGUINIS AUX ÉPINARDS	154
LINGUINIS AUX ÉPINARDS ET SAUCE ROUGE AUX COQUES	157
TAGLIATELLES À LA TOMATE	158
TAGLIATELLES À LA TOMATE ET SAUCE AUX TOPINAMBOURS ET AUX NOIX	161
LASAGNES VERTES AUBERGINES ET FROMAGE	162
LASAGNES AUX AUBERGINES ET À LA TOMATE	167
LASAGNES AUX AUBERGINES ET AUX SAUCISSES	167
CANNELLONIS DE VEAU AUX ÉPINARDS	168
CANNELLONIS DE POULET À LA MOZZARELLA	173
ROULADES AUX ÉPINARDS	174
ROULADE AUX ÉPINARDS ET AU FROMAGE	177
RAVIOLIS AUX NOISETTES SAUCE GORGONZOLA	178
RAVIOLIS AUX NOISETTES SOFFRITO	181
TORTELLINIS DE MARIA	182
TORTELLINIS AUX OIGNONS GLACÉS	185
GNOCCHIS À LA ROMAINE	186
GNOCCHIS AU JAMBON DE PARME ET AUX PIGNONS	189
CONCHIGLIES PESCATORE	190
CONCHIGLIES AUX CREVETTES	193
CAPELLINIS AUX CREVETTES	194
CAPELLINIS AUX HUÎTRES ET AUX ASPERGES	197
MACARONIS À LA SICILIENNE	198
GRATIN DE MACARONIS À LA RICOTTA	201
TIMBALE DE PÂTES AU FROMAGE	202
TIMBALE DE PÂTES AUX TROIS FROMAGES	205

Fettucines à la crème et aux champignons

Paglia e fieno alla ghiottona

 Pour 6 personnes   Préparation : de 55 à 60 min*  Cuisson : de 2 à 4 min

Équipement

- machine à pâtes
- cuiller en bois
- couteau chef
- grande poêle
- grandes fourchettes
- passoire
- palette
- papier absorbant
- grand faitout
- bols
- planche à découper

Ce plat de fettucines verts et blancs
(que les Italiens appellent paille et foin),
de jambon, de champignons et de petits pois
dans une sauce crémeuse séduira
tous les gourmands, *ghiottoni* en italien.

* plus 3 à 4 h de repos

Ingrédients

 jambon cuit

 parmesan

 farine de blé supérieure

 œufs

 noix muscade en poudre

 épinards surgelés

oignon

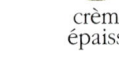

petits pois frais

crème épaisse

 champignons

 beurre

Le marché

250 g de champignons de Paris
125 g de jambon cuit en tranches
1 petit oignon
60 g de beurre
100 g de petits pois frais écossés, ou surgelés et décongelés
20 cl de crème épaisse
1 pincée de noix muscade en poudre
60 g de parmesan fraîchement râpé, pour servir
sel et poivre
Pour les fettucines blancs
150 g de farine de blé supérieure, ou plus
2 œufs
Pour les fettucines verts
2 cuil. à soupe d'épinards surgelés décongelés
220 g de farine de blé supérieure, ou plus
2 œufs

Déroulement

1 Faire la pâte blanche et la pâte verte

2 Pétrir, rouler et découper la pâte

3 Préparer la sauce

4 Cuire les pâtes

FETTUCINES À LA CRÈME ET AUX CHAMPIGNONS

1   Faire la pâte blanche et la pâte verte

Travaillez la pâte du bout des doigts

1 Faites la pâte blanche : sur un plan de travail, tamisez la farine à travers une passoire en toile métallique. Avec les doigts, creusez un puits au centre.

2 Battez légèrement les œufs à la fourchette et mettez-les dans le puits avec 1/2 cuil. à café de sel.

3 Incorporez peu à peu la farine, en partant des bords, jusqu'à ce que la pâte soit ferme. Si elle colle, ajoutez un peu de farine.

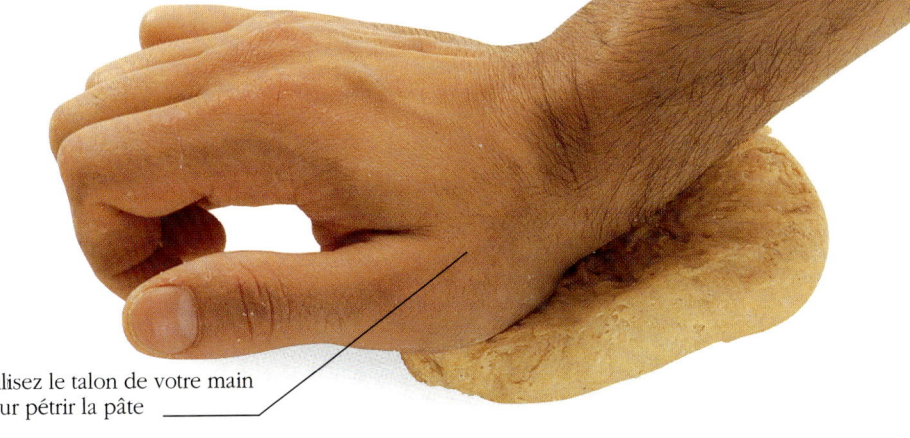

Utilisez le talon de votre main pour pétrir la pâte

4 Tout en travaillant la pâte, décollez avec la palette les petits morceaux qui restent attachés au plan de travail.

CONSEIL MALIN
« La pâte est d'abord sèche et farineuse, puis elle devient plus souple à mesure que vous incorporez les œufs. »

5 Sur le plan de travail fariné, pressez bien la pâte pour former une boule. Pressez-la en l'écrasant sous le talon de votre main. Formez de nouveau une boule. Couvrez-la avec un bol et laissez-la reposer 1 h. Pendant ce temps, préparez la pâte verte.

CONSEIL MALIN
« Si vous manquez de temps, vous pouvez utiliser 500 g de fettucines tout prêts, frais ou secs, et les cuire de 1 à 2 min pour les premiers, de 7 à 10 min pour les seconds, ou suivant les indications portées sur l'emballage. »

6 Pour faire la pâte verte, commencez par presser dans votre poing les épinards décongelés pour en enlever l'excès d'eau. Hachez-les finement avec le couteau chef.

7 Faites la pâte comme la pâte blanche, en ajoutant les épinards en même temps que les œufs et le sel. Laissez reposer 1 h sous un bol.

La pâte verte aux épinards évoque le foin

La pâte blanche est dorée comme la paille

2 Pétrir, rouler et découper la pâte

1 Avec la palette, coupez la boule de pâte verte en 3 ou 4 morceaux (pâtons) à peu près égaux. Réglez les rouleaux de la machine à pâtes sur leur plus grand écartement.

2 Farinez légèrement un morceau de pâte aux épinards et faites-le passer entre les rouleaux de la machine.

3 Pliez la bande de pâte en trois pour obtenir un carré, puis passez-la de nouveau entre les rouleaux, en la farinant un peu si elle colle. Recommencez de 7 à 10 fois, pour pétrir la pâte, qui doit être lisse et élastique au toucher.

4 Resserrez les rouleaux d'un cran et engagez-y la pâte pour l'étendre.

5 Recommencez, en diminuant à chaque fois l'écartement des rouleaux d'un cran, jusqu'au minimum.

Soutenez la pâte lorsqu'elle sort des rouleaux

FETTUCINES À LA CRÈME ET AUX CHAMPIGNONS

6 Saupoudrez éventuellement la pâte avec un peu de farine, pour qu'elle ne colle pas aux rouleaux. Quand elle est prête, elle doit être satinée et ses bords bien réguliers, sans craquelures.

Soutenez délicatement la pâte très fine

Un manche à balai est idéal pour faire sécher la pâte

7 Suspendez la bande de pâte sur un manche à balai propre ou sur le bord du plan de travail. Laissez-la sécher de 5 à 10 min ; elle prend un peu l'aspect d'un parchemin. Pendant ce temps, pétrissez et étirez le reste de la pâte verte ; suspendez-la sur le manche à balai.

8 À l'aide du couteau chef ou de ciseaux, coupez les bandes de pâte en lanières de 30 cm de long environ.

Suspendez la pâte pour la faire sécher

9 Ajustez la manivelle de la machine sur ses couteaux les plus larges et engagez-y une bande de pâte. Au fur et à mesure que les fettucines sortent, recueillez-les dans votre main libre.

10 Saupoudrez les fettucines avec un peu de farine, puis enroulez-les en anneau lâche autour de vos doigts. Procédez de la même façon pour toutes les bandes de pâte verte, puis pour la pâte blanche. Laissez sécher de 1 à 2 h.

Fettucines à la crème et aux champignons

3 Préparer la sauce

1 Nettoyez les champignons avec du papier absorbant humide et raccourcissez les pieds au niveau des chapeaux. Posez-les queue vers le bas et émincez-les.

2 Découpez le jambon en fines lanières. Pelez l'oignon et coupez-le en deux. Tranchez-le horizontalement, puis verticalement. Détaillez-le en dés.

La crème épaissit la sauce

3 Chauffez la moitié du beurre dans la grande poêle. Mettez-y l'oignon et laissez-le fondre de 3 à 5 min, en remuant de temps en temps avec la cuiller en bois. Ajoutez les champignons émincés avec du sel et du poivre et poursuivez la cuisson de 5 à 7 min, pour que leur eau s'évapore.

4 Ajoutez les lanières de jambon, les petits pois et la crème. Remuez et portez à ébullition. Laissez frémir de 1 à 2 min, jusqu'à ce que le liquide ait légèrement réduit. Incorporez la noix muscade, goûtez et rectifiez l'assaisonnement.

4 Cuire les pâtes

1 Remplissez le grand faitout d'eau, portez à ébullition et ajoutez 1 cuil. à soupe de sel. Mettez-y les fettucines verts et blancs et laissez frémir de 1 à 2 min, jusqu'à ce qu'ils soient tendres mais encore al dente, en remuant de temps en temps pour leur éviter de coller.

CONSEIL MALIN
« Les pâtes al dente sont encore fermes sous la dent. »

L'eau refroidit quand vous y mettez les pâtes

2 Égouttez soigneusement les fettucines dans la passoire, rincez-les sous l'eau très chaude pour en enlever l'amidon, égouttez-les de nouveau.

Mélangez les pâtes et le beurre avant d'ajouter la sauce

3 Mettez le reste du beurre dans le faitout et ajoutez les fettucines. Remuez sur feu moyen, puis ajoutez la sauce et continuez à mélanger de 1 à 2 min, jusqu'à ce qu'ils soient bien enrobés et très chauds. Retirez du feu. Saupoudrez généreusement de parmesan râpé et mélangez de nouveau.

🍽 POUR SERVIR
Disposez les pâtes dans des assiettes creuses chaudes et servez avec le reste de parmesan râpé.

Le parmesan, saupoudré sur chaque assiette, apporte la touche finale

Le jambon ressort bien dans la sauce crémeuse

— SAVOIR S'ORGANISER —
Vous pouvez faire les fettucines et les sécher 48 h à l'avance, et les conserver, emballés en anneaux lâches, au réfrigérateur, ou même les congeler. Saupoudrez-les légèrement de farine pour qu'ils ne collent pas. Préparez la sauce et cuisez-les juste avant de servir.

VARIANTE
NOUILLES À LA SAUGE ET AU BEURRE

Dans cette recette des Tonnarelli al salvia e burro, *des pâtes très fines remplacent les fettucines et sont enrobées de sauge fraîche hachée et de beurre fondu.*

1 Préparez, pétrissez et étirez les pâtes blanches et vertes en suivant la recette principale, en terminant par le troisième plus petit cran d'écartement des rouleaux ; la pâte doit avoir 3 mm d'épaisseur environ.
2 Découpez la pâte en morceaux de 15 cm, puis passez-les entre les couteaux de la machine réglés sur l'écartement le plus étroit — les pâtes doivent ressembler à des spaghettis carrés. Laissez-les sécher en suivant la recette principale.
3 Ne préparez pas de sauce crémeuse. Détachez de leur tige les feuilles d'un bouquet moyen de sauge fraîche et empilez-les sur une planche à découper. À l'aide d'un couteau chef, hachez-les grossièrement.
4 Cuisez et égouttez les pâtes et mettez-les dans un plat de service creux. Ajoutez 125 g de beurre coupé en petits morceaux et saupoudrez avec la sauge hachée.
5 Remuez jusqu'à ce que les pâtes soient bien enrobées de beurre fondu et de sauge hachée. Assaisonnez avec du sel et du poivre. Servez à part du parmesan fraîchement râpé.

Pennes à la sauce épicée

Penne all'arrabbiata

 Pour 6 personnes   Préparation : de 35 à 40 min   Cuisson : de 30 à 40 min

Équipement

couteau chef
couteau d'office
grand faitout
bols
papier absorbant
grande poêle avec couvercle
cuiller en bois
passoire
cuiller percée*
casserole
planche à découper
gants en caoutchouc

* ou écumoire

Ingrédients

 pennes    olivettes
parmesan**
 origan frais    tranches épaisses de poitrine fumée
 champignons de Paris   beurre
piment rouge frais***
 gousses d'ail

** ou pecorino
*** ou piment rouge séché

En général, les Italiens n'apprécient guère les plats épicés ; celui-ci est une exception. Ici, c'est le piment rouge qui relève la sauce à la tomate, enrichie de poitrine fumée et de champignons. Elle accompagne des pâtes, traditionnellement servies en entrée.

Savoir s'organiser

Vous pouvez préparer la sauce 48 h à l'avance et la conserver au réfrigérateur. Réchauffez-la sur le feu et cuisez les pâtes juste avant de servir.

CONSEIL MALIN
« Hors saison, vous pouvez remplacer les olivettes fraîches par des olivettes en boîte, en réservant le jus. »

Le marché

500 g de pennes	
30 g de beurre	
60 g de parmesan	
Pour la sauce épicée	
1,5 kg d'olivettes ou de tomates moyennes	
1 piment rouge frais	
2 gousses d'ail	
400 g de champignons de Paris	
5 à 7 brins d'origan frais	
125 g de poitrine fumée en tranches épaisses	
sel et poivre	

Déroulement

1 Préparer la sauce épicée

2 Faire cuire les pennes ; terminer le plat

PENNES À LA SAUCE ÉPICÉE

1 Préparer la sauce épicée

1 Ôtez le pédoncule des tomates, retournez-les et entaillez-les en croix. Mettez-les dans une casserole d'eau bouillante de 8 à 15 s selon leur degré de maturité : la peau se décolle. Plongez-les aussitôt dans l'eau fraîche. Quand elles ont refroidi, pelez-les, coupez-les en deux, pressez-les pour en chasser les graines, puis concassez-les grossièrement.

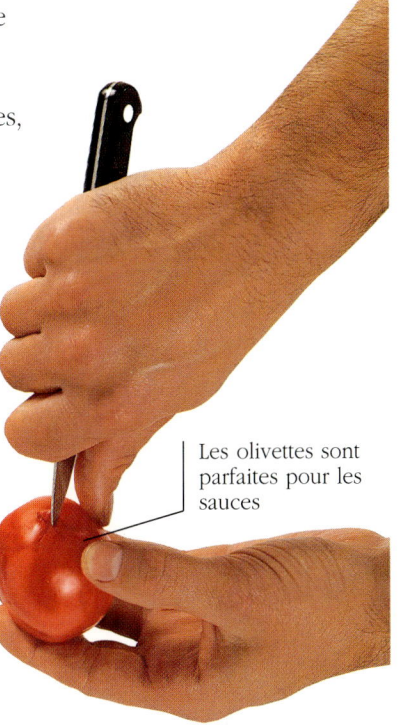

Les olivettes sont parfaites pour les sauces

2 Enfilez des gants en caoutchouc et, avec le couteau d'office, ouvrez le piment frais en deux dans le sens de la longueur. Ôtez-en le pédoncule et les membranes blanches ; grattez les graines. Coupez les moitiés en très fines lanières, rassemblez-les et détaillez-les en très petits dés. Si vous utilisez un piment séché, hachez-le et jetez-en les graines.

3 Posez le plat de la lame du couteau chef au sommet de chaque gousse d'ail et appuyez avec le poing. Pelez-les et hachez-les finement.

4 Nettoyez les champignons avec du papier absorbant humide et raccourcissez les pieds au niveau des chapeaux. Posez-les queue vers le bas et émincez-les.

CONSEIL MALIN
« Si vous choisissez différentes espèces de champignons, le plat sera plus parfumé. »

Les feuilles d'origan entières sont très décoratives

5 Réservez quelques feuilles d'origan pour la décoration et détachez de leur tige les feuilles des autres. Empilez-les et hachez-les finement.

6 Rassemblez les tranches de poitrine fumée sur la planche à découper et, à l'aide du couteau chef, coupez-les en lanières épaisses.

Pennes à la sauce épicée

7 Mettez les lanières de poitrine fumée dans la poêle. Faites-les frire sur feu doux de 5 à 7 min, en remuant de temps en temps, jusqu'à ce qu'elles soient dorées et qu'elles aient rendu leur graisse.

La poitrine fumée parfume la sauce à la tomate

8 Enlevez à la cuiller l'excès de graisse, mais gardez-en 3 cuil. à soupe pour faire sauter les champignons.

9 Poussez le feu et mettez les champignons dans la poêle. Cuisez de 3 à 5 min, en remuant avec la cuiller en bois, jusqu'à ce qu'ils soient tendres et que leur eau se soit évaporée.

10 Ajoutez l'ail, le piment, l'origan, les tomates concassées sans jus, le sel et le poivre. Portez à ébullition, couvrez et laissez mijoter de 25 à 30 min, en remuant de temps en temps, jusqu'à ce que la sauce soit épaisse et onctueuse.

Les tomates fraîches donneront à la cuisson une riche pulpe

11 Si la sauce n'est pas suffisamment épaisse, poursuivez la cuisson quelques minutes, à découvert. Goûtez et rectifiez éventuellement l'assaisonnement.

2 Faire cuire les pennes ; terminer le plat

2 Égouttez les pennes dans la passoire et rincez-les sous l'eau très chaude pour en enlever l'amidon. Égouttez-les de nouveau soigneusement.

🍽 POUR SERVIR

Mettez les pennes dans un saladier chaud et ajoutez le beurre. Remuez à l'aide de 2 grandes fourchettes pour bien les enrober. Versez à la louche la sauce par-dessus, avec la moitié du parmesan râpé. Mélangez bien, puis saupoudrez avec un peu de fromage et décorez avec les feuilles d'origan réservées. Servez aussitôt, avec le reste du parmesan râpé.

1 Remplissez le grand faitout d'eau froide, portez à ébullition et ajoutez 1 cuil. à soupe de sel. Mettez-y les pennes. Laissez frémir de 8 à 10 min, en remuant de temps en temps, jusqu'à ce qu'elles soient al dente — tendres, mais encore croquantes.

Les pâtes creuses se remplissent de sauce

La sauce tomate sera plus épicée si vous ajoutez davantage de piment

VARIANTE

SPAGHETTIS ET SAUCE À LA TOMATE ET AU PIMENT

Le nom de Spaghetti alla satana *décrit parfaitement ce plat, nettement plus épicé.*

1 N'utilisez ni poitrine fumée, ni champignons, ni origan. Pelez, épépinez et concassez 1,5 kg d'olivettes ou de tomates moyennes.

2 Hachez 2 piments rouges frais ou séchés, en éliminant les graines. Pelez et hachez 4 gousses d'ail.

3 Chauffez 3 cuil. à soupe d'huile d'olive dans une poêle, mettez-y les piments hachés et l'ail et faites-les sauter 30 s, le temps qu'ils libèrent leur arôme.

4 Ajoutez les tomates concassées, le sel et le poivre, et poursuivez la cuisson en suivant la recette principale.

5 Cuisez à grande eau 500 g de spaghettis. Égouttez-les et rincez-les sous l'eau chaude, puis mélangez-les avec la sauce jusqu'à ce qu'ils soient complètement enrobés.

6 Servez sur des assiettes chaudes, saupoudré de parmesan râpé.

Timbale de rigatonis au bœuf

Timballo di rigatoni

 Pour 6 à 8 personnes   Préparation : de 45 à 50 min   Cuisson : de 30 à 40 min

Équipement

- robot ménager*
- passoire
- cuiller percée**
- palette
- couteau chef
- grande poêle
- pinceau à pâtisserie
- couteau d'office
- bols
- grande cuiller métallique
- cuiller en bois
- râpe
- grandes casseroles
- planche à découper
- grand plat à soufflé
- spatule en caoutchouc

* ou mixeur
** ou écumoire

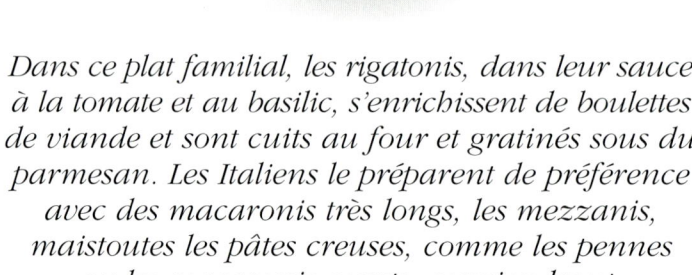

Dans ce plat familial, les rigatonis, dans leur sauce à la tomate et au basilic, s'enrichissent de boulettes de viande et sont cuits au four et gratinés sous du parmesan. Les Italiens le préparent de préférence avec des macaronis très longs, les mezzanis, mais toutes les pâtes creuses, comme les pennes ou les macaronis courts, conviendront.

Savoir s'organiser

Vous pouvez cuire les pâtes 24 h à l'avance et les conserver au réfrigérateur. Réchauffez-les de 15 à 20 min au four à 190 °C.

Le marché

3 gousses d'ail
1 bouquet moyen de basilic frais
1,5 kg d'olivettes ou de tomates moyennes
sel et poivre
400 g de pâtes creuses (rigatonis, pennes ou macaronis)
Pour les boulettes de viande
3 à 5 brins de persil plat
500 g de bœuf haché
125 g de parmesan fraîchement râpé
le jus de 1/2 citron
1 œuf
3 cuil. à soupe d'huile d'olive, et un peu pour graisser le moule

Ingrédients

- pâtes creuses
- parmesan
- jus de citron
- basilic frais
- bœuf haché
- olivettes fraîches***
- persil plat****
- gousses d'ail
- huile d'olive
- œuf

*** ou tomates en conserve
**** ou persil frisé

Déroulement

1 Faire la sauce à la tomate et au basilic

2 Préparer les boulettes

3 Faire cuire les pâtes ; terminer la timbale

Timbale de rigatonis au bœuf

1 Faire la sauce à la tomate et au basilic

1 Dégagez les gousses de la tête d'ail. Pelez-les et hachez-les finement (voir encadré p. 126). Hachez les feuilles de basilic (voir encadré à droite).

2 Ôtez le pédoncule des tomates, retournez-les et entaillez-les en croix avec la pointe du couteau d'office. Mettez-les, en plusieurs fournées, dans l'eau bouillante de 8 à 15 s, selon leur degré de maturité : la peau se décolle en frisant au niveau de la croix.

Plongez les tomates dans l'eau froide pour pouvoir les peler sans vous brûler

Les tomates ébouillantées se pèlent facilement

3 À l'aide de la cuiller percée, plongez-les aussitôt dans l'eau fraîche. Quand elles ont refroidi, pelez-les. Coupez-les en deux, pressez-les pour en chasser les graines, puis concassez-les grossièrement. Si vous utilisez des tomates en conserve, hachez-les en réservant le jus.

Hacher des herbes

Le basilic, le persil, l'aneth, la ciboulette, le romarin et l'estragon doivent souvent être hachés avant d'être mélangés à d'autre ingrédients. Les herbes délicates ont tendance à se flétrir si on les cisèle trop finement.

1 Détachez de leur tige les feuilles ou les brins. Rassemblez-les sur une planche à découper.

Hachez les feuilles de basilic grossièrement pour ne pas les écraser

2 À l'aide d'un couteau chef, ciselez les feuilles en petits morceaux. En maintenant la pointe du couteau sur la planche à découper et en basculant la lame d'avant en arrière, hachez les herbes plus ou moins finement.

CONSEIL MALIN

«Assurez-vous que le couteau est très aiguisé, sinon vous écraserez les herbes au lieu de les couper.»

Timbale de rigatonis au bœuf

4 Mettez les tomates, avec tout leur jus, dans la poêle, et ajoutez les 2/3 de l'ail et du basilic, ainsi qu'une pincée de sel.

Les tomates bien mûres et savoureuses ont une belle couleur.

CONSEIL MALIN
«En hiver, les tomates en conserve sont souvent plus savoureuses que les tomates fraîches.»

Le basilic frais haché a un arôme subtil

L'ail frais rélève la sauce

5 Cuisez sur feu moyen de 10 à 12 min, en remuant de temps en temps, jusqu'à ce que le mélange ait légèrement épaissi, mais sans se dessécher.

6 Mettez le mélange dans le robot ménager et réduisez-le en purée. Goûtez et rectifiez l'assaisonnement ; réservez. Nettoyez la poêle.

Peler et hacher une gousse d'ail
La force de l'ail dépend de son âge et de sa sécheresse ; utilisez-en davantage s'il est très frais.

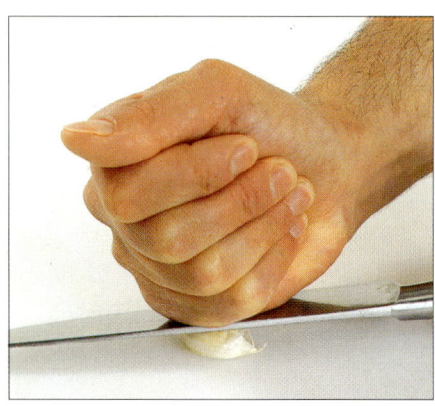

1 Écrasez légèrement la gousse d'ail sous le plat de la lame d'un couteau chef pour décoller la peau.

2 Enlevez la peau avec les doigts et jetez-la. Posez le plat de la lame du couteau chef au sommet de la gousse et appuyez fermement avec le poing.

3 Hachez finement la gousse d'ail à l'aide du couteau chef, en basculant la lame d'avant en arrière.

2 Préparer les boulettes de viande

1 Détachez de leur tige les feuilles de persil et hachez-les avec le couteau chef. Mettez dans un bol le bœuf haché, 1/4 du parmesan, les feuilles de persil hachées, le reste de l'ail, le jus de citron, le sel et le poivre. Ajoutez l'œuf.

2 Mélangez tous les ingrédients du bout des doigts jusqu'à ce que la préparation soit parfaitement homogène.

CONSEIL MALIN
« Vos mains sont les meilleurs outils, mais vous pouvez utiliser une cuiller en bois. »

3 Vérifiez l'assaisonnement : chauffez 1 cuil. à soupe d'huile dans la poêle, mettez-y 1/2 cuil. à café du mélange de viande, et faites-le frire jusqu'à ce qu'il soit bien doré. Goûtez; salez et poivrez éventuellement un peu plus le reste du mélange.

4 Formez entre les paumes de vos mains humides des boulettes d'environ 2 cm de diamètre.

5 Chauffez le reste d'huile dans la poêle. Mettez-y les boulettes, en veillant à ce qu'elles ne se touchent pas. Éventuellement, procédez en plusieurs fois.

6 Faites frire les boulettes rapidement de 2 à 4 min, en les retournant à l'aide de la palette, jusqu'à ce qu'elles soient dorées à l'extérieur et encore roses à l'intérieur. Mettez-les dans un grand plat et réservez.

ATTENTION !
Si l'huile n'est pas assez chaude, les boulettes attacheront.

Retournez les boulettes quand elles sont dorées d'un côté

3 Faire cuire les pâtes ; terminer la timbale

1 Préchauffez le four à 190 °C. Enduisez d'un peu d'huile d'olive l'intérieur du moule à soufflé.

2 Remplissez une grande casserole d'eau, portez à ébullition, et ajoutez 1 cuil. à soupe de sel. Mettez-y les pâtes et laissez frémir de 8 à 10 min, ou suivant les indications portées sur l'emballage, jusqu'à ce qu'elles soient al dente, c'est-à-dire tendres mais encore fermes. Remuez-les de temps en temps pour qu'elles ne collent pas.

Rincez les pâtes sous l'eau très chaude pour en enlever l'amidon sans les refroidir

Secouez la passoire pour que toute l'eau s'écoule des pâtes

3 Égouttez les pâtes dans la passoire, rincez-les sous l'eau chaude, égouttez-les de nouveau.

CONSEIL MALIN
« L'eau élimine l'amidon des pâtes. »

Remuez doucement pour ne pas déchirer les pâtes

4 Remettez les pâtes rincées et égouttées dans la casserole et ajoutez la sauce à la tomate et au basilic.

5 Remuez doucement les pâtes dans la sauce jusqu'à ce qu'elles soient parfaitement enrobées.

6 Versez à la cuiller 1/3 environ des pâtes en sauce dans le plat à soufflé et égalisez la surface.

TIMBALE DE RIGATONIS AU BŒUF

7 Disposez par-dessus la moitié des boulettes de viande. Saupoudrez avec 1/3 du reste de parmesan. Recouvrez avec la moitié du reste de pâtes, puis avec le reste des boulettes. Saupoudrez avec la moitié du reste de parmesan.

Les boulettes bien dorées ont perdu leur excès d'huile

8 Ajoutez le reste des pâtes et saupoudrez avec le reste de parmesan. Enfournez pour 30 à 40 min, jusqu'à ce que la timbale soit très chaude et bien dorée sur le dessus. Laissez reposer 15 min environ, le temps que les saveurs se mêlent.

🍽 POUR SERVIR
Parsemez avec un peu de basilic ciselé, si vous l'aimez, et servez chaud.

Les rigatonis bien gonflés cachent deux couches moelleuses de boulettes de viande

Le basilic ciselé rappelle la saveur de la sauce

Le parmesan a doré sur le dessus de la timbale

VARIANTE

ZITIS À LA MOZZARELLA ET AUX OLIVES

Dans ce Timballo di ziti, *des morceaux de mozzarella et des olives noires remplacent les boulettes de viande, et des anchois relèvent la sauce à la tomate.*

1 Hachez 8 filets d'anchois. Préparez la sauce à la tomate en suivant la recette principale, en ajoutant les anchois hachés aux tomates en même temps que l'ail. N'utilisez pas de basilic.

2 Ne préparez pas de boulettes. Dénoyautez 200 g d'olives noires à l'huile. Coupez 250 g de mozzarella en petits cubes. Huilez le moule à soufflé.

3 Cuisez 350 g de zitis à l'eau bouillante et égouttez-les soigneusement.

4 Disposez les pâtes en sauce et les garnitures, en remplaçant les boulettes de viande par les olives et le parmesan par la mozzarella.

5 Enfournez pour 20 à 25 min, jusqu'à ce que les pâtes soient très chaudes et que le fromage ait fondu.

Gnocchis aux épinards et sauce tomate à la crème

Gnocchi verdi al sugo di pomodoro e panna

Pour 6 à 8 personnes — **Préparation : de 50 à 55 min** — **Cuisson : de 30 à 40 min**

Équipement

- robot ménager*
- poêle moyenne
- couteau chef
- cuiller percée**
- bols
- cuiller en bois
- spatule en caoutchouc
- couteau d'office
- couteau éplucheur
- papier absorbant
- plat à rôtir
- passoire
- plaque à pâtisserie
- Casseroles, dont 1 avec couvercle
- presse-purée

* ou mixeur   ** ou écumoire

Ingrédients

- olivettes***
- pommes de terre
- épinards frais
- oignon
- carotte
- céleri
- beurre
- noix muscade en poudre
- farine de blé supérieure
- crème épaisse

*** ou tomates moyennes ou une grosse boîte de tomates en conserve

Les dumplings, préparés uniquement avec de la farine, manquent souvent de légèreté, mais les gnocchis, à base de pomme de terre, remportent toujours un grand succès. Consistants sans être lourds, ils sont ici parfumés aux épinards, et nappés d'une sauce à la tomate fraîche et à la crème. Leur forme leur assure une cuisson régulière et accroche bien la sauce.

Savoir s'organiser

Vous pouvez préparer les gnocchis et la sauce à la tomate, sans la crème, 24 h à l'avance, et les conserver, séparément et bien couverts, au réfrigérateur. Ajoutez la crème à la sauce et cuisez les gnocchis juste avant de servir.

Le marché

1 kg de pommes de terre bintje
250 g d'épinards frais ou 150 g d'épinards surgelés décongelés
125 g de farine de blé supérieure, ou plus
persil plat pour la décoration (facultatif)
Pour la sauce
1 petit oignon
1 carotte moyenne
1 branche de céleri
1,5 kg d'olivettes
50 g de beurre, et un peu pour graisser le plat
sel et poivre
25 cl de crème épaisse
1 pincée de noix muscade en poudre

Déroulement

1. **Préparer la sauce à la tomate et à la crème**
2. **Faire les gnocchis aux épinards et aux pommes de terre**
3. **Cuire et terminer les gnocchis**

Gnocchis aux épinards et sauce tomate à la crème

1 Préparer la sauce à la tomate et à la crème

1 Pelez l'oignon, sans ôter sa base, et coupez-le en deux dans le sens de la longueur. Posez les moitiés à plat sur une planche à découper et tranchez-les horizontalement, sans entailler leur base pour qu'elles ne se défassent pas, puis verticalement, toujours sans entailler la base. Détaillez-les en dés.

2 Pelez et parez la carotte, coupez-la en 2 morceaux, puis verticalement en tranches de 5 mm. Empilez celles-ci et coupez-les en lanières de 5 mm. Rassemblez-les et détaillez-les en dés.

Guidez la lame du couteau sur la dernière phalange de vos doigts

3 Coupez la branche de céleri dans le sens de la longueur en lanières de 5 mm, rassemblez-les et détaillez-les en tout petits dés.

CONSEIL MALIN
«Vous pouvez aussi hacher tous les légumes dans le robot ménager.»

4 Ôtez le pédoncule des olivettes, retournez-les et entaillez-les en croix avec la pointe du couteau d'office. Mettez-les dans une grande casserole d'eau bouillante de 8 à 15 s, selon leur degré de maturité : la peau se décolle. À l'aide de la cuiller percée, plongez-les aussitôt dans un bol d'eau fraîche. Quand elles ont refroidi, pelez-les.

5 Coupez les tomates en deux, pressez-les pour en chasser les graines, et concassez-les. Pour des tomates en boîte, concassez-les aussi, en réservant leur jus.

Sortez les tomates de l'eau bouillante dès que leur peau se décolle pour qu'elles ne cuisent pas.

Dans l'eau fraîche, les tomates refroidissent rapidement

6 Chauffez le beurre dans la poêle. Mettez-y les légumes hachés et cuisez sur feu moyen de 7 à 10 min, en remuant, jusqu'à ce qu'ils soient tendres.

Gnocchis aux épinards et sauce tomate à la crème

7 Mettez les tomates dans la poêle avec tout leur jus, le sel et le poivre, et laissez mijoter de 25 à 35 min, en remuant de temps en temps, jusqu'à ce que le mélange ait épaissi.

8 Versez le mélange à la tomate dans le robot ménager et réduisez-le en une purée lisse. Vous pouvez aussi le passer à travers un chinois. Nettoyez la poêle.

Presque tout le liquide du mélange à la tomate doit s'être évaporé

2 Faire les gnocchis aux épinards et aux pommes de terre

1 Épluchez les pommes de terre et coupez-les en morceaux. Mettez-les dans une casserole remplie d'eau froide salée, couvrez et portez à ébullition.

2 Laissez frémir de 15 à 20 min, jusqu'à ce que les pommes de terre soient très tendres sous la pointe d'un couteau. Égouttez-les le mieux possible.

CONSEIL MALIN
«Si les pommes de terre sont trop humides, laissez-les sécher de 5 à 10 min à four doux, porte ouverte.»

3 Écrasez les pommes de terre dans une casserole avec le presse-purée jusqu'à ce qu'il ne reste plus aucun morceau.

Mettez les épinards dans la casserole petit à petit, par poignées

Cuisez les épinards à l'eau bouillante pour leur garder leur couleur et leurs éléments nutritifs

4 Préparez les épinards frais. Enlevez les côtes dures et les tiges, puis lavez les feuilles sous l'eau froide.

5 Remplissez une autre casserole d'eau froide, salez et portez à ébullition. Mettez-y les épinards et laissez frémir de 1 à 2 min, jusqu'à ce qu'ils soient tendres. Égouttez-les dans la passoire, rincez-les sous l'eau froide, égouttez-les de nouveau.

En pressant les épinards à la main, vous en enlèverez le maximum d'eau

6 Pressez les épinards dans votre main pour en enlever l'excès d'eau. Réduisez-les en purée dans le robot ménager, ou hachez-les finement.

7 Ajoutez les épinards aux pommes de terre écrasées avec la farine, du sel et du poivre, et mélangez bien avec la cuiller en bois. Goûtez et rectifiez l'assaisonnement.

8 Posez le mélange sur un plan de travail et pétrissez-le légèrement pour former une pâte, en ajoutant éventuellement un peu de farine pour mieux la lier.

9 Faites une petite boule de pâte de 2 cm, mettez-la dans une casserole remplie d'eau frémissante, et cuisez-la jusqu'à ce qu'elle remonte à la surface. Si le gnocchi reste au fond, ajoutez 2 cuil. à soupe de farine à la pâte, et testez une autre boule. Si le gnocchi remonte, vous pouvez façonner la pâte.

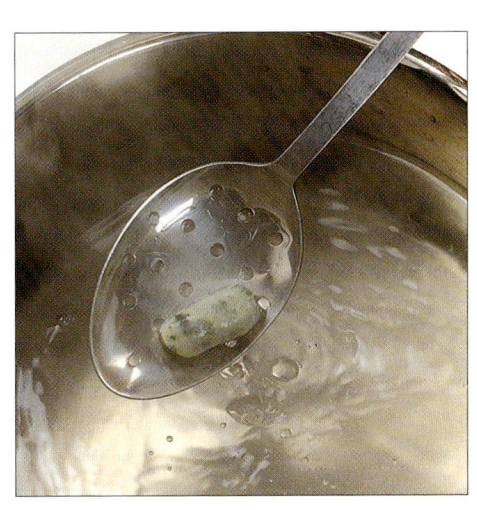

Gnocchis aux épinards et sauce tomate à la crème

Faites des gnocchis de même taille pour qu'ils cuisent régulièrement

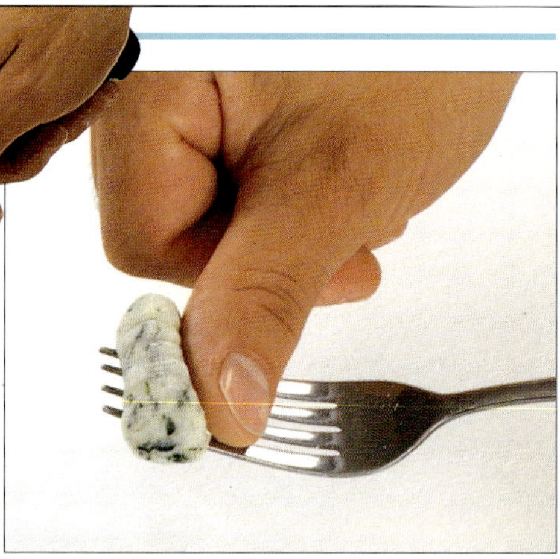

10 Divisez la pâte en 12 morceaux égaux. Farinez-vous légèrement les mains ; roulez les morceaux en longs cylindres de 1,5 cm de diamètre, puis découpez-les en morceaux de 2 cm de long.

11 Farinez légèrement la plaque à pâtisserie. Prenez en main une fourchette, partie concave vers vous et dents à l'horizontale. Avec le pouce de l'autre main, roulez chaque morceau de pâte de la partie concave vers le bout des dents, et laissez-la tomber sur la plaque à pâtisserie.

3 Cuire et terminer les gnocchis

1 Préchauffez le four à 220 °C. Beurrez le plat à rôtir. Remplissez une grande casserole d'eau salée et portez à ébullition. Mettez-y 1/4 des gnocchis. Cuisez de 1 à 2 min, en remuant de temps en temps, jusqu'à ce qu'ils remontent à la surface.

2 Sortez les gnocchis et laissez-les s'égoutter sur du papier absorbant, puis disposez-les dans le plat à rôtir. Faites cuire les autres gnocchis, en 3 fois.

Mélangez la crème dans la sauce jusqu'à ce qu'elle soit parfaitement incorporée

Protégez vos doigts avec un linge plié ou un gant isolant

3 Réchauffez la sauce tomate dans la poêle, retirez du feu et incorporez la crème. Assaisonnez selon votre goût avec du sel, du poivre et de la noix muscade en poudre.

Gnocchis aux épinards et sauce tomate à la crème

Nappez complètement les gnocchis de sauce pour qu'ils ne se dessèchent pas à la cuisson

4 Nappez régulièrement de sauce les gnocchis disposés dans le plat à rôtir. Enfournez pour 5 à 7 min, jusqu'à ce qu'ils soient très chauds et commencent à dorer. Servez aussitôt, éventuellement parsemé de persil plat.

La sauce à la tomate et à la crème offre un contraste de couleur avec les gnocchis verts

Le persil haché est ajouté au dernier moment

VARIANTE
Gnocchis verts au fromage

1 Ne préparez pas de sauce. Faites les gnocchis aux épinards et cuisez-les. Préchauffez le four.
2 Étalez la moitié des gnocchis au fond d'un grand plat à rôtir beurré.
3 Tranchez finement 250 g de fontina, de gruyère ou de mozzarella ; faites fondre 60 g de beurre. Recouvrez les gnocchis avec la moitié du fromage ; arrosez à la cuiller avec la moitié du beurre. Assaisonnez de sel et de poivre.
4 Disposez au-dessus le reste des gnocchis, puis le reste du fromage et du beurre fondu. Assaisonnez de nouveau.
5 Enfournez pour 7 à 10 min, jusqu'à ce que les gnocchis soient très chauds. Servez aussitôt.

VARIANTE
Gnocchis sauce Gorgonzola

Une sauce crémeuse parfumée au gorgonzola et au thym nappe ici des gnocchis à la farine.

1 Faites les gnocchis en suivant la recette principale, mais sans utiliser d'épinards et en comptant 100 g de farine de blé pour la pâte. Couvrez-les et gardez-les au chaud à four doux.
2 Remplaçez la sauce à la tomate et à la crème par une sauce au fromage : découpez 175 g de gorgonzola ou d'un autre fromage bleu en petits morceaux.
3 Détachez de leur tige les feuilles de 10 à 12 brins de thym et empilez-les sur une planche à découper. Hachez-les finement avec un couteau chef.
4 Chauffez 50 g de beurre dans une grande casserole et incorporez-y 20 cl de crème épaisse. Ajoutez le gorgonzola, le thym haché, du sel et du poivre, et chauffez doucement, en remuant, jusqu'à ce que le fromage soit fondu. Ne laissez pas bouillir.
5 Versez la sauce sur les gnocchis et mélangez bien ; goûtez et rectifiez l'assaisonnement.
6 Versez les gnocchis à la cuiller sur des assiettes chaudes et décorez avec un brin de persil. Saupoudrez éventuellement avec 30 g de parmesan fraîchement râpé. Servez aussitôt.

Fettuccines à la tomate et au basilic

Fettuccine della casa

🍽 Pour 6 personnes, en entrée ⏲ Préparation : de 35 à 40 min* 🍲 Cuisson : de 1 à 2 min

Équipement

- robot ménager
- passoire
- couteau chef
- cuiller en bois
- grandes fourchettes
- râpe à fromage
- machine à pâtes
- grand faitout
- grand bol
- palette
- planche à découper

Ingrédients

- tomates
- gousse d'ail
- œufs
- basilic frais
- parmesan râpé
- farine
- huile d'olive vierge extra
- huile végétale

Voici les bases indispensables pour mélanger, étendre et découper la pâte avec une machine. La sauce est toujours meilleure lorsque les tomates sont douces, juteuses, en pleine maturité; leur mariage avec le basilic frais est alors parfait.

Savoir s'organiser

Vous pouvez préparer les pâtes 48 h à l'avance, les faire sécher et les conserver au réfrigérateur, dans un emballage léger, ou même les congeler. Saupoudrez-les de farine de blé ou de maïs pour qu'elles ne collent pas. Faites la sauce et cuisez les fettuccines juste avant de servir.

* plus 2 à 3 h de temps de repos et de séchage

Le Marché

Pour la pâte
- 300 g ou plus de farine de blé supérieure, riche en gluten
- 3 œufs
- 1 cuil. à soupe d'huile végétale
- 1 cuil. à café de sel

Pour la sauce
- 1 gros bouquet de basilic frais
- 1 gousse d'ail
- 4 ou 6 belles tomates mûres, soit environ 1 kg
- 15 cl d'huile d'olive vierge extra
- sel et poivre
- 125 g de parmesan râpé, pour saupoudrer les pâtes

CONSEIL MALIN

« Utilisez pour cette sauce une huile d'olive vierge extra : plus un plat est simple, plus la qualité des ingrédients doit être parfaite. »

Déroulement

1. **Mélanger, pétrir, étendre et découper la pâte**

2. **Préparer la sauce**

3. **Faire cuire les fettuccines et terminer le plat**

1   Mélanger, pétrir, étendre et découper la pâte

1 À l'aide du robot ménager, mélangez la farine, les œufs, l'huile végétale et le sel pour faire la pâte (voir encadré p. 142). Vous pouvez aussi la travailler à la main (voir p. 141).

2 Avec la palette, coupez la boule de pâte en 3 ou 4 morceaux (pâtons) à peu près égaux.

CONSEIL MALIN
« Farinez légèrement la palette, elle coupera plus proprement la boule de pâte. »

3 Placez les rouleaux de la machine sur leur plus grand écartement. Farinez légèrement un pâton et faites-le passer entre les rouleaux.

4 Pliez 3 ou 4 fois, en carré, la bande de pâte obtenue puis passez-la à nouveau entre les rouleaux, en la farinant un peu si elle colle. Recommencez de 7 à 10 fois pour pétrir la pâte, qui doit être lisse et élastique au toucher.

CONSEIL MALIN
« Quand la pâte est prête, elle est douce comme du satin et ses bords ne s'effritent pas lorsqu'elle sort des rouleaux. »

Fettuccines à la tomate et au basilic

5 Resserrez les rouleaux d'un cran et engagez-y la pâte pour l'étendre. Recommencez en diminuant à chaque fois l'écartement des rouleaux d'un cran, jusqu'au minimum. Si la pâte colle encore, farinez-la légèrement.

CONSEIL MALIN
«Ne pliez pas la bande de pâte quand vous l'étendez, comme vous l'avez fait pour la pétrir.»

Laissez les bandes de pâte sécher quelques minutes avant de les couper

6 Suspendez la bande de pâte sur un manche à balai propre ou sur le bord du plan de travail. Laissez-la sécher de 5 à 10 min; elle prend un peu l'aspect d'un parchemin. Pendant ce temps, pétrissez et étendez le reste de la pâte.

7 À l'aide du couteau chef, coupez les bandes de pâte en morceaux de 30 cm de long. Ajustez la manivelle de la machine sur ses couteaux les plus larges et engagez-y une bande de pâte. Quand les fettuccines sortent, recueillez-les dans votre main libre.

8 Saupoudrez les fettuccines d'un peu de farine de blé ou de maïs, puis enroulez-les en anneaux lâches. Procédez de la même façon pour toutes les bandes de pâte et laissez sécher les fettuccines de 1 à 2 h.

2 Préparer la sauce à la tomate fraîche

1 Détachez les feuilles de basilic de leur tige et coupez-les grossièrement. Hachez l'ail finement.

2 Concassez les tomates sans les peler ni les épépiner.

3 Mettez les tomates, le basilic et l'ail dans un grand bol et versez l'huile d'olive en un filet fin et régulier. Assaisonnez selon votre goût.

3 Faire cuire les fettuccines et terminer le plat

2 Mettez les fettuccines dans un grand plat creux chauffé à four doux, ajoutez la sauce à la tomate et mélangez le tout avec les grandes fourchettes. Servez avec du parmesan fraîchement râpé.

1 Remplissez le faitout d'eau, portez à ébullition et ajoutez 1 cuil. à soupe de sel. Faites-y cuire les fettuccines de 1 à 2 min — ils doivent être tendres mais encore fermes (al dente); remuez pour qu'ils ne collent pas. Versez-les dans la passoire, rincez-les à l'eau très chaude, égouttez-les de nouveau.

Les tomates fraîches, le basilic haché et une bonne huile d'olive accompagnent parfaitement les pâtes

Le parmesan doit être fraîchement râpé pour dégager tout son arôme

Fettuccines au beurre et au poivre noir

🍽 Pour 6 personnes, en entrée   🥣 Préparation : de 35 à 40 min*   🍲 Cuisson : de 1 à 2 min

Équipement

grand faitout

couteau chef

passoire

palette**

grandes fourchettes

passoire en toile métallique

bol

torchon

rouleau à pâte

grand plat creux résistant à la chaleur

cuiller en bois

** ou raclette à pâtisserie

CONSEIL MALIN
« En Italie, les cuisiniers expérimentés utilisent un long et fin rouleau aux bouts effilés. Le rouleau à pâte classique convient cependant très bien. »

Dans cette recette, vous pétrirez, abaisserez et découperez la pâte à la main, mais vous pouvez aussi le faire à l'aide d'une machine (voir pp. 137 et 138). Les pâtes préparées à la main sont plus rustiques et un peu plus épaisses. Une simple noix de beurre et du poivre noir fraîchement moulu relèvent parfaitement ces fettuccines.

Savoir s'organiser

Vous pouvez préparer les pâtes 48 h à l'avance, les faire sécher et les conserver au réfrigérateur, dans un emballage léger, ou même les congeler. Saupoudrez-les d'un peu de farine de blé ou de maïs pour qu'elles ne collent pas. Cuisez-les juste avant de servir.

* plus 2 à 3 h de temps de repos et de séchage

Le marché

Pour la pâte

300 g ou plus de farine de blé supérieure, riche en gluten

3 œufs

1 cuil. à soupe d'huile végétale

1 cuil. à café de sel

Pour l'assaisonnement

100 g de beurre

sel et poivre noir du moulin

Ingrédients

farine

œufs

huile végétale

beurre

poivre noir en grains

Déroulement

1 Mélanger la pâte

2 Pétrir la pâte

3 Abaisser la pâte

4 Découper la pâte en lanières

5 Faire cuire les fettuccines et terminer le plat

FETTUCCINES AU BEURRE ET AU POIVRE NOIR

1 MÉLANGER LA PÂTE

1 Passez la farine à travers la passoire en toile métallique et formez un monticule.

2 Avec les doigts, creusez un puits au centre de la farine.

ATTENTION !
Assurez-vous que les murs de farine sont réguliers et assez épais, sinon les œufs glisseront hors du puits.

3 Déposez les œufs dans le puits, ajoutez l'huile et le sel.

Cassez d'abord les œufs dans un bol pour éliminer le moindre débris de coquille

4 Mélangez les œufs, l'huile et le sel du bout des doigts.

CONSEIL MALIN
« Mélangez les œufs et l'huile avant de les travailler avec la farine. »

5 Incorporez peu à peu la farine aux œufs, en partant des bords, jusqu'à ce que la pâte soit ferme. Si elle colle, ajoutez un peu de farine.

6 À l'aide de la palette, décollez la pâte qui reste accrochée au plan de travail. Pressez la pâte en boule.

La palette est très utile pour récupérer toute la farine

CONSEIL MALIN
« Pour préparer plus rapidement la pâte, vous pouvez utiliser un robot ménager (voir encadré p. 142). »

Fettuccines au beurre et au poivre noir

Préparer la pâte dans un robot ménager

1 Versez la farine et le sel dans le bol du robot. Ajoutez l'huile, un œuf, et enclenchez l'appareil pour 30 s.

2 Ajoutez un autre œuf et incorporez-le. Mettez le dernier œuf et faites encore tourner le robot de 1 à 2 min, jusqu'à ce que la pâte soit homogène (elle ne formera cependant pas une boule).

3 Renversez la pâte sur le plan de travail et modelez-la en boule.

2 Pétrir la pâte

1 Avec la palette, découpez la pâte en 2 morceaux égaux.

2 Pétrissez la pâte sur le plan de travail en l'écrasant avec le talon de votre main. Si elle colle encore un peu, farinez-la légèrement.

Pressez la pâte avec le talon de votre main

3 Soulevez la pâte, retournez-la et pétrissez-la de nouveau. Continuez ainsi de 5 à 10 min, jusqu'à ce qu'elle soit élastique et se détache tout entière du plan de travail. Procédez de la même façon avec le second morceau de pâte.

4 Formez une seule boule avec la totalité de la pâte. Couvrez-la avec un grand bol renversé, et laissez-la reposer 1 h à température ambiante.

Couvrez la pâte pour qu'elle reste humide

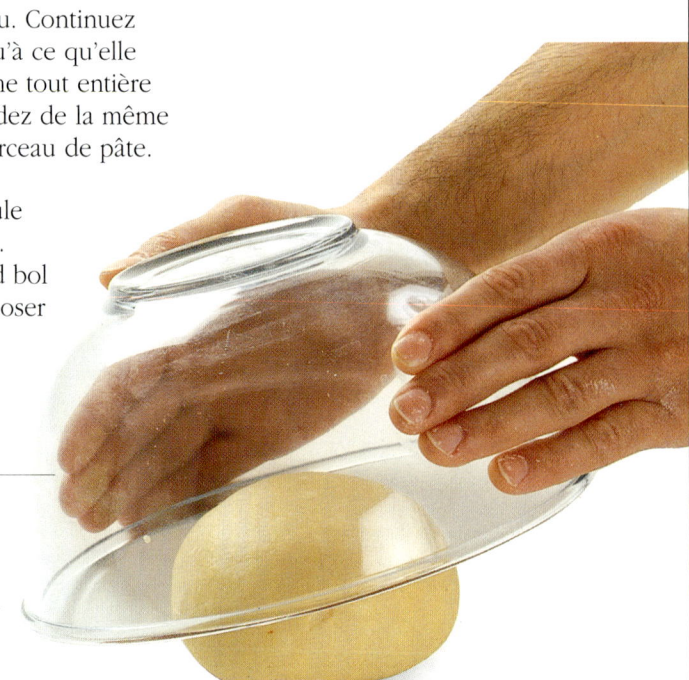

FETTUCCINES AU BEURRE ET AU POIVRE NOIR

3 ABAISSER LA PÂTE

1 Saupoudrez légèrement de farine le plan de travail. À petits coups de rouleau, aplatissez la boule de pâte pour former un cercle.

Farinez légèrement le plan de travail pour que la pâte ne colle pas

2 Abaissez la pâte, en la soulevant et en la tournant régulièrement : elle ne doit pas coller sur le plan de travail.

CONSEIL MALIN
« La pâte doit être élastique et assez difficile à abaisser. »

3 Continuez à abaisser la pâte, jusqu'à ce qu'elle ait l'épaisseur d'une carte postale et ressemble à un cercle plus ou moins régulier. Farinez de temps en temps le plan de travail et le rouleau — la pâte va devenir lisse au toucher.

Répartissez bien la pression sur le rouleau à pâte

CONSEIL MALIN
« Au lieu de mettre la pâte sur un manche à balai, vous pouvez la suspendre sur le bord du plan de travail en la retenant avec le rouleau à pâte. »

Sur un manche à balai, la feuille de pâte sèche plus vite, car l'air circule autour librement

4 Suspendez le cercle de pâte sur un manche à balai propre. Laissez-la sécher de 5 à 10 min ; elle prend un peu l'aspect d'un parchemin.

Fettuccines au beurre et au poivre noir

↑ Couper la pâte en lanières

1 Pour obtenir des fettuccines, saupoudrez légèrement de farine la bande de pâte, puis enroulez-la doucement sur elle-même pour former un cylindre.

2 À l'aide du couteau chef, coupez le cylindre en tronçons de 5 mm de large.

3 Déroulez les tronçons à la main et saupoudrez les fettuccines d'un peu de farine de blé ou de maïs. Posez-les à plat ou enroulés en anneaux lâches, et laissez-les sécher de 1 à 2 h sur un torchon fariné.

Déroulez très délicatement les fettuccines pour qu'ils ne se brisent pas

5 Faire cuire les fettuccines et terminer le plat

1 Remplissez le faitout d'eau, portez à ébullition et ajoutez 1 cuil. à soupe de sel.

2 Cuisez les fettuccines de 1 à 2 min — ils doivent être tendres mais encore fermes (al dente); remuez pour qu'ils ne collent pas.

Fettuccines au beurre et au poivre noir

Versez les pâtes dans la passoire

3 Versez les fettuccines dans la passoire.

4 Rincez rapidement les pâtes à l'eau très chaude pour en enlever l'amidon, puis égouttez-les de nouveau.

🍽 **POUR SERVIR**
Disposez les pâtes sur des assiettes individuelles chaudes et servez immédiatement.

Les noix de beurre vont fondre à la chaleur des pâtes

5 Mettez les pâtes dans le grand plat creux chauffé à four doux. Ajoutez le beurre coupé en petits morceaux et le poivre noir du moulin; vous devez bien sentir son arôme. Mélangez jusqu'à ce que les fettuccines soient suffisamment enrobés de beurre et de poivre.

Fettuccines frais, faits à la main, et tout simplement servis avec du beurre et du poivre noir fraîchement moulu

Fettuccines à la carbonara

Fettuccines à la pancetta et aux œufs

 Pour 4 ou 6 personnes Préparation : de 35 à 40 min* Cuisson : de 1 à 2 min

Équipement

- rouleau à pâte**
- palette
- cuiller en bois
- passoire en toile métallique
- râpe à fromage
- grand bol
- grand faitout
- poêle
- bols
- couteau chef
- grandes fourchettes
- planche à découper
- passoire

** ou machine à pâtes

Ingrédients

- pancetta ou poitrine fumée
- œufs
- parmesan
- poivre noir en grains
- huile végétale
- beurre
- farine
- vin blanc
- brins de persil
- gousses d'ail

Le mot carbonara viendrait du nom des marchands de charbon, créateurs de ce plat. Mais peut-être n'est-il qu'un rappel du poivre noir, qui est un des ingrédients de cette recette.

Savoir s'organiser

Vous pouvez préparer les pâtes 48 h à l'avance, les faire sécher et les conserver au réfrigérateur, dans un emballage léger, ou même les congeler. Saupoudrez-les d'un peu de farine de blé ou de maïs pour qu'elles ne collent pas. Faites la sauce et cuisez les fettuccines juste avant de servir.

plus 2 à 3 h de temps de repos et de séchage

Le marché

Pour la pâte

300 g ou plus de farine de blé supérieure, riche en gluten
3 œufs
1 cuil. à soupe d'huile végétale
1 cuil. à café de sel

Pour la sauce

2 gousses d'ail
quelques brins de persil
250 g de pancetta ou de poitrine fumée coupée en tranches
30 g de beurre
5 cl de vin blanc sec
4 œufs
100 g de parmesan râpé
sel et poivre noir du moulin

Déroulement

1. **Mélanger, pétrir, abaisser et découper la pâte**

2. **Préparer la sauce**

3. **Faire cuire les fettuccines et terminer le plat**

FETTUCCINES À LA CARBONARA

1 MÉLANGER, PÉTRIR, ABAISSER ET DÉCOUPER LA PÂTE

1 Mélangez la pâte (voir p. 141). Pétrissez-la, abaissez-la et découpez-la à la main (voir pp.142 à 144). Elle doit avoir l'épaisseur d'une carte postale, et les lanières une largeur d'environ 5 mm. Vous pouvez utiliser une machine à pâtes (voir pp. 137 et 138), en terminant par l'écartement minimal des rouleaux et en utilisant les couteaux les plus larges. Saupoudrez légèrement les fettuccines de farine de blé ou de maïs, puis posez-les à plat ou enroulez-les en anneaux lâches. Laissez-les sécher de 1 à 2 h sur un torchon fariné.

CONSEIL MALIN
« Vous trouverez dans le commerce des fettuccines frais ou en paquet; dans ce cas, le temps de cuisson figure sur l'emballage. »

Coupez des lanières plus ou moins larges selon votre goût, et déroulez-les doucement

2 PRÉPARER LA SAUCE CARBONARA

1 Hachez l'ail et le persil (voir encadré p. 148). Coupez les tranches de pancetta ou de poitrine fumée en petits dés, en conservant la couenne si vous l'aimez; la sauce n'en sera que meilleure.

CONSEIL MALIN
« Pour une sauce encore plus riche, ajoutez de 2 à 3 cuil. à soupe de crème épaisse au mélange d'œufs et de fromage. »

Le parmesan frais, grossièrement râpé, est bien meilleur que le parmesan en poudre vendu en sachet, et il donne un mélange plus homogène

2 Chauffez le beurre dans la poêle; quand il mousse, ajoutez l'ail et la pancetta et faites revenir de 1 à 2 min. Versez le vin et laissez réduire de moitié à petit feu. Réservez au chaud.

3 Cassez les œufs dans le grand bol; ajoutez le parmesan râpé. Poivrez et battez bien le tout avec une des grandes fourchettes.

FETTUCCINES À LA CARBONARA

HACHER DES HERBES

Les herbes fraîches doivent souvent être hachées avant d'être mélangées à d'autres ingrédients. Certaines, très délicates, comme le basilic, se flétrissent si on les cisèle trop finement.

1 Détachez les feuilles ou les brins de leur tige. Rassemblez-les sur une planche à découper.

2 À l'aide d'un couteau chef, commencez à hacher les feuilles ou les brins.

CONSEIL MALIN
«Quand vous hachez une grande quantité d'herbes, tenez-les d'une main, en bouquet serré, et maniez le couteau de l'autre.»

3 En appuyant la pointe du couteau sur la planche, basculez la lame d'avant en arrière et de droite à gauche, et hachez plus ou moins finement les herbes.

3 FAIRE CUIRE LES FETTUCCINES ET TERMINER LE PLAT

1 Remplissez le faitout d'eau, portez à ébullition et ajoutez 1 cuil. à soupe de sel. Faites-y cuire les fettuccines de 1 à 2 min — ils doivent être tendres mais encore fermes (al dente); remuez pour qu'ils ne collent pas. Versez-les dans la passoire, rincez-les à l'eau très chaude, égouttez-les de nouveau.

2 Mettez les pâtes dans le mélange d'œufs et de fromage et remuez-les rapidement pour bien les enrober.

CONSEIL MALIN
«Les pâtes doivent être très chaudes pour que les œufs cuisent et épaississent un peu.»

3 Ajoutez la pancetta réchauffée et mélangez bien. Parsemez de persil haché et remuez. Goûtez et rectifiez l'assaisonnement.

CONSEIL MALIN
«La pancetta et le fromage apportent suffisamment de sel ; il n'est pas nécessaire d'en rajouter.»

🍽 POUR SERVIR
Disposez les fettuccines dans un grand plat creux chauffé à four doux ou sur des assiettes chaudes et donnez quelques généreux tours de moulin à poivre (noir).

VARIANTE
Fettuccines Alfredo

Ce plat, un grand classique en Italie, ne comporte ni jambon ni œufs, mais s'enrichit d'une crème savoureuse.

Le poivre noir fraîchement moulu ajoute du parfum à cette riche sauce à la crème

1 Préparez la pâte en suivant la recette principale.
2 Chauffez 60 g de beurre dans une petite casserole.

3 Ajoutez 25 cl de crème épaisse, portez le mélange à ébullition et réservez.
4 Cuisez, égouttez et rincez les fettuccines en suivant la recette principale; remettez-les dans le faitout.
5 Versez le mélange beurre et crème sur les fettuccines et chauffez doucement; remuez 1 min, jusqu'à ce que les pâtes soient bien enrobées.
6 Ajoutez 60 g de parmesan râpé et mélangez encore les pâtes 30 s sur le feu ; elles doivent rester très chaudes. Goûtez et rectifiez l'assaisonnement.
7 Disposez les fettuccines sur des assiettes chaudes et donnez quelques tours de moulin à poivre (noir). Servez saupoudré du parmesan râpé.

VARIANTE
Fettuccines aux olives et aux câpres

Fettuccine piccante

Les pâtes sont ici relevées par une sauce piquante aux olives noires et aux câpres.

1 Hachez 3 gousses d'ail.
2 Hachez 50 g d'olives noires dénoyautées.
3 Préparez et cuisez les pâtes en suivant la recette principale.
4 Chauffez dans une grande casserole 10 cl d'huile d'olive fruitée. Faites-y fondre l'ail, les olives et 50 g de câpres égouttées. Laissez cuire 1 min pour bien mêler les arômes.
5 Égouttez et rincez les fettuccines, ajoutez la sauce et remuez jusqu'à ce que les pâtes soient bien enrobées.
6 Mettez les fettuccines sur des assiettes chaudes et servez immédiatement.
7 Parsemez éventuellement d'un hachis de câpres et d'olives noires.

Fettuccines aux trois fromages

Pour 4 ou 6 personnes Préparation : 45 min* Cuisson : de 1 à 2 min

Équipement

- machine à pâtes
- grandes fourchettes
- petite casserole
- couteau chef
- palette
- passoire en toile métallique
- grand faitout
- sachets en plastique
- rouleau à pâte
- cuiller en bois
- bols
- râpe à fromage
- planche à découper
- passoire
- grand plat peu profond
- torchon

Ce plat de pâtes est à la fois relevé par le poivre noir fraîchement concassé et adouci par une sauce crémeuse au fromage. Une salade verte, assaisonnée d'une sauce au citron, l'accompagnera agréablement. Si vous utilisez des pâtes toutes prêtes, relevez bien la sauce avec du poivre noir fraîchement moulu.

Savoir s'organiser

Vous pouvez préparer les pâtes 48 h à l'avance, les faire sécher et les conserver au réfrigérateur, dans un emballage léger, ou même les congeler. Saupoudrez-les d'un peu de farine de blé ou de maïs pour qu'elles ne collent pas. Faites la sauce et cuisez les fettuccines juste avant de servir.

plus 2 à 3 h de temps de repos et de séchage

Le marché

Pour la pâte
2 cuil. à soupe de poivre en grains
300 g ou plus de farine de blé supérieure, riche en gluten
3 œufs
1 cuil. à soupe d'huile végétale
1 cuil. à café de sel
Pour la sauce
20 cl de crème épaisse
125 g de gorgonzola
60 g de parmesan râpé
125 g de ricotta

Ingrédients

 gorgonzola
 ricotta
 parmesan
 œufs
 crème épaisse — huile végétale
 poivre noir en grains
 farine

CONSEIL MALIN

« Vous trouverez dans le commerce des fettuccines frais ou en paquet ; dans ce cas, le temps de cuisson figure sur l'emballage. »

Déroulement

1 Mélanger, pétrir, abaisser et découper la pâte

2 Préparer la sauce

3 Faire cuire les fettuccines et terminer le plat

FETTUCCINES AUX TROIS FROMAGES

1 Mélanger, pétrir, abaisser et découper la pâte au poivre noir

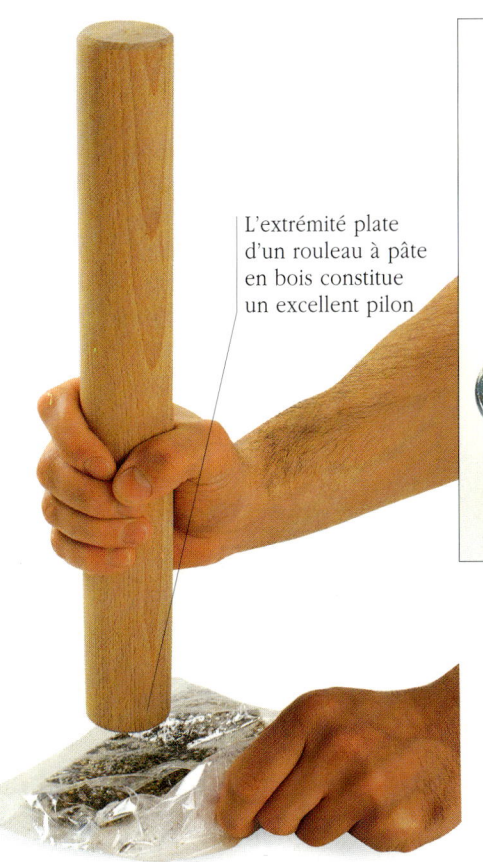

L'extrémité plate d'un rouleau à pâte en bois constitue un excellent pilon

Le poivre ne doit pas être moulu trop finement

1 Mettez les grains de poivre dans un sachet en plastique doublé d'un autre et concassez-les avec l'extrémité du rouleau à pâte. Vous pouvez également utiliser un moulin à poivre... ou même un moulin à café électrique.

CONSEIL MALIN
« Le poivre déjà moulu peut remplacer le poivre frais, mais il a moins de goût. »

2 Mélangez la pâte (voir p. 141) en ajoutant le poivre concassé aux œufs, à l'huile et au sel.

Les couteaux les plus larges coupent des lanières de 5 mm

Les pâtes enroulées sur elles-mêmes occupent moins de place sur le plan de travail

3 Pétrissez, étendez et découpez la pâte à l'aide de la machine (voir pp. 137 et 138), en terminant par l'écartement minimal des rouleaux et en utilisant les couteaux les plus larges. Vous pouvez aussi la travailler à la main (voir pp. 142 à 144). Les lanières doivent être larges d'environ 5 mm.

4 Saupoudrez les fettuccines d'un peu de farine de blé ou de maïs. Posez-les à plat ou enroulez-les en anneaux lâches. Laissez-les sécher pendant 1 à 2 h sur un torchon fariné.

2 Préparer la sauce aux trois fromages

Mélangez les trois fromages italiens avec la crème

CONSEIL MALIN
« Remuez la sauce pour la rendre onctueuse, mais quelques morceaux de fromage non fondus sont agréables au goût. »

1 À l'aide du couteau chef, coupez le gorgonzola en petits morceaux; débarrassez-le de sa croûte.

2 Mettez dans la casserole la crème, le gorgonzola, le parmesan râpé et la ricotta. Chauffez doucement, remuez de 2 à 3 min pour bien mélanger les trois fromages.

3 Faire cuire les fettuccines et terminer le plat

Les anneaux de fettuccines au poivre noir se plongent plus aisément dans l'eau bouillante que des pâtes en vrac

1 Remplissez le faitout d'eau, portez à ébullition et ajoutez 1 cuil. à soupe de sel. Faites-y cuire les fettuccines de 1 à 2 min — ils doivent être tendres mais encore fermes (al dente); remuez pour qu'ils ne collent pas. Versez-les dans la passoire, rincez-les à l'eau très chaude, égouttez-les de nouveau.

FETTUCCINES AUX TROIS FROMAGES

2 Disposez les pâtes chaudes dans un grand plat creux chauffé à four doux. Arrosez-les de la sauce aux trois fromages.

Si vous chauffez votre plat de service, les pâtes et leur sauce refroidiront moins vite

3 Remuez les fettuccines et la sauce avec les grandes fourchettes jusqu'à ce que les pâtes soient bien enrobées. Goûtez et rectifiez l'assaisonnement; servez immédiatement.

Le gorgonzola et la ricotta en morceaux restent à la surface des pâtes, tandis que le parmesan fond dans la sauce

VARIANTE

FETTUCCINES AU POIVRE NOIR ET SAUCE FROMAGE CIBOULETTE

Le goût caractéristique de la ciboulette remplace celui du gorgonzola et apporte aux pâtes un piquant rafraîchissant.

1 N'utilisez pas le gorgonzola.
2 Hachez un petit bouquet de ciboulette et incorporez les herbes à la sauce juste avant de la verser sur les fettuccines.

La ciboulette bien verte ajoute sa couleur et sa saveur prononcée à la sauce crémeuse

Le poivre décore les fettuccines de ses petits points noirs

LINGUINIS AUX ÉPINARDS
et sauce aux coques

POUR 4 OU 6 PERSONNES · **PRÉPARATION : DE 50 À 60 MIN*** · **CUISSON : DE 1 À 2 MIN**

ÉQUIPEMENT

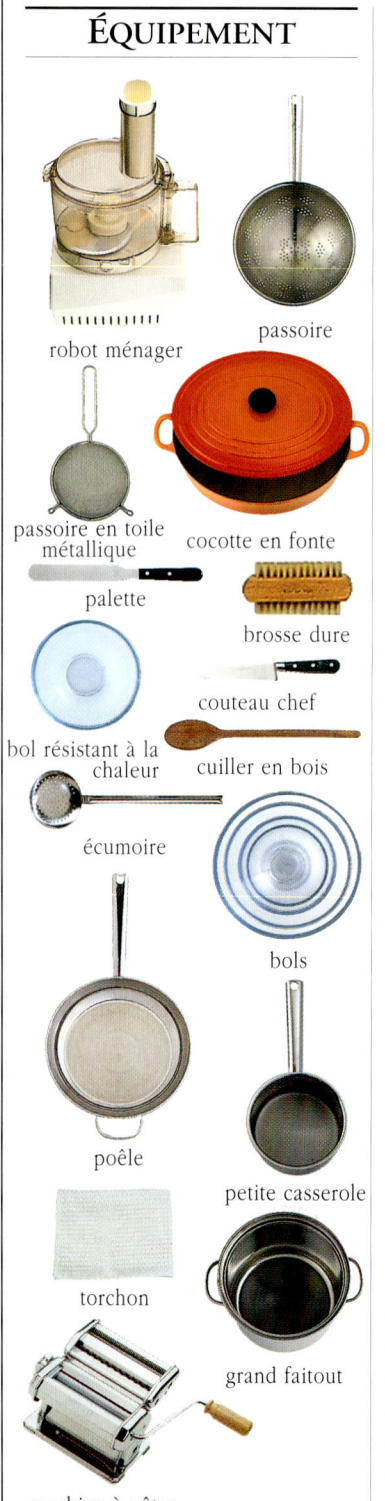

- robot ménager
- passoire
- passoire en toile métallique
- cocotte en fonte
- palette
- brosse dure
- couteau chef
- bol résistant à la chaleur
- cuiller en bois
- écumoire
- bols
- poêle
- petite casserole
- torchon
- grand faitout
- machine à pâtes

La couleur claire des coques contraste avec le vert des pâtes aux épinards. Hors saison, vous remplacerez les coques par des moules.

SAVOIR S'ORGANISER

Vous pouvez préparer les pâtes 48 h à l'avance, les faire sécher et les conserver au réfrigérateur, dans un emballage léger, ou même les congeler. Saupoudrez-les d'un peu de farine de blé ou de maïs pour qu'elles ne collent pas. La sauce aux coques se garde très bien 6 h au réfrigérateur. Réchauffez-la et cuisez les linguinis juste avant de servir.

* plus 2 à 3 h de temps de repos et de séchage

LE MARCHÉ

Pour la pâte
100 g d'épinards frais
300 g ou plus de farine de blé supérieure, riche en gluten
3 œufs
1 cuil. à soupe d'huile végétale
1 cuil. à café de sel

Pour la sauce
3 ou 4 kg de coques
1 oignon
25 cl de vin blanc sec
2 gousses d'ail
quelques brins de persil
5 cl d'huile d'olive
sel et poivre

INGRÉDIENTS

- épinards frais
- œufs
- gousses d'ail
- oignon
- farine
- huile d'olive
- bouquet de persil
- coques
- huile végétale
- vin blanc

CONSEIL MALIN

« Si vous achetez des coques en conserve (500 g), utilisez le liquide des boîtes comme le jus de cuisson. »

DÉROULEMENT

1 MÉLANGER, PÉTRIR, ABAISSER ET DÉCOUPER LA PÂTE

2 PRÉPARER LA SAUCE

3 FAIRE CUIRE LES LINGUINIS ET TERMINER LE PLAT

Linguinis aux épinards et sauce aux coques

1 Mélanger, pétrir, abaisser et découper la pâte aux épinards

1 Ôtez la tige des épinards puis lavez-les abondamment. Remplissez la casserole d'eau, salez et portez à ébullition. Faites-y cuire les épinards de 2 à 3 min. Versez-les dans la passoire, rincez-les à l'eau froide et égouttez-les de nouveau. Pressez-les dans vos mains pour en extraire le maximum d'eau. Hachez-les dans le robot ménager ou, très finement, avec le couteau chef, pour obtenir environ 3 cuil. à soupe de purée.

ATTENTION !
Si les épinards ne sont pas suffisamment égouttés, la pâte sera collante et difficile à travailler.

2 Mélangez la pâte (voir p. 141) en ajoutant la purée d'épinards aux œufs, à l'huile et au sel. Pétrissez-la, étendez-la et découpez-la avec la machine (voir pp. 137 et 138). Vous pouvez également la travailler à la main (voir pp. 142 à 144). Coupez-la en lanières de 3 mm de large.

CONSEIL MALIN
«Préparée dans un robot ménager, la pâte aura une couleur vert uni. Si vous la travaillez à la main, avec des épinards finement hachés, elle sera plus marbrée.»

Farinez le torchon pour que les pâtes ne collent pas

3 Saupoudrez les linguinis d'un peu de farine de blé ou de maïs. Posez-les à plat ou enroulez-les en anneaux lâches. Faites-les sécher de 1 à 2 h sur un torchon fariné.

CONSEIL MALIN
«Si vous manquez de temps, achetez 500 g de pâtes fraîches ou en paquet; dans ce cas, le temps de cuisson figure sur l'emballage.»

2 Préparer la sauce aux coques

1 Brossez les coques sous un filet d'eau froide. Jetez celles dont la coquille est cassée ou qui ne se ferment pas quand vous les tapotez.

CONSEIL MALIN
«Si les coques sont très sableuses, plongez-les dans une grande bassine d'eau avec du sel et de la farine (1 cuil. à soupe de chaque par litre d'eau). Laissez-les tremper de 1 à 2 h, puis rincez-les à l'eau courante froide.»

Utilisez une brosse dure pour nettoyer les coquilles des coques

2 Mettez les coques dans la cocotte. Ajoutez l'oignon finement haché et le vin blanc. Couvrez, chauffez à feu vif, faites sauter de temps en temps, jusqu'à ce que les coques soient ouvertes. Le temps de cuisson — 5 à 8 min — dépend de l'épaisseur des coquilles. Jetez les coques qui sont restées fermées.

LINGUINIS AUX ÉPINARDS ET SAUCE AUX COQUES

3 Sortez les coques avec l'écumoire et mettez-les dans un grand bol. Laissez-les refroidir légèrement.

4 Faites réduire à feu vif le jus de cuisson jusqu'à environ 25 cl, puis versez-le dans un petit bol en veillant à laisser les quelques grains de sable restants dans le fond de la cocotte.

Servez-vous de vos doigts pour sortir les coques

5 Sortez les coques de leur coquille ; gardez-en quelques-unes entières pour décorer chaque assiette.

ATTENTION !
Jetez toutes les coques qui ne sont pas ouvertes.

6 Hachez finement l'ail et le persil. Réservez quelques brins de persil pour la décoration.

7 Chauffez l'huile dans la poêle et faites-y fondre l'ail 30 s : il ne doit pas brunir. Ajoutez les coques, le persil haché, le jus de cuisson. Remuez avec la cuiller en bois pour bien mélanger. Goûtez, salez et poivrez.

En faisant réduire le jus de cuisson des coques, vous concentrez ses saveurs avant de l'incorporer à la sauce

Les coques, tendres, n'ont pas besoin de cuire davantage, mais simplement d'être réchauffées

8 Ajoutez les coques entières. Couvrez quelques secondes et retirez du feu.

Déposez les coques entières dans la poêle pour les réchauffer

VARIANTE

LINGUINIS AUX ÉPINARDS ET SAUCE ROUGE AUX COQUES

Les tomates apportent une jolie touche de rouge dans cet autre plat de linguinis aux épinards.

3 FAIRE CUIRE LES LINGUINIS ET TERMINER LE PLAT

1 Remplissez le faitout d'eau, portez à ébullition et ajoutez 1 cuil. à soupe de sel. Faites-y cuire les linguinis de 1 à 2 min — ils doivent être tendres mais encore fermes (al dente); remuez pour qu'ils ne collent pas. Pendant ce temps, réchauffez la sauce aux coques. Versez les linguinis dans la passoire, rincez-les rapidement à l'eau très chaude, égouttez-les de nouveau.

1 Pelez, épépinez et concassez 1 kg de tomates.
2 Ajoutez les tomates lorsque vous faites fondre l'ail (étape 7 de «Préparer la sauce aux coques»). Laissez mijoter de 15 à 20 min en remuant de temps en temps; la préparation épaissit. Ajoutez alors les coques, leur jus de cuisson et le persil.
3 Cuisez, rincez et égouttez les linguinis; disposez-les dans un grand plat creux chauffé à four doux et versez la sauce au centre. Décorez de quelques coques entières.

🍽 POUR SERVIR

Mettez les pâtes dans un grand plat creux chauffé à four doux, ajoutez la sauce et mélangez bien. Disposez-les ensuite sur des assiettes chaudes et décorez avec les coques entières et les brins de persil.

CONSEIL MALIN

«Si vous avez préparé la sauce aux coques à l'avance, veillez, lorsque vous la réchaufferez, à ne pas trop cuire les coques, qui risqueraient de durcir.»

Tagliatelles à la tomate
et sauce aux artichauts

POUR 4 OU 6 PERSONNES · **PRÉPARATION : DE 50 À 60 MIN*** · **CUISSON : DE 3 À 4 MIN**

ÉQUIPEMENT

- machine à pâtes**
- passoire en toile métallique
- palette
- cuiller en bois
- casserole moyenne
- grandes fourchettes
- bols
- grande poêle
- couteau chef
- couteau d'office
- cuiller à café
- râpe à fromage
- grand faitout
- assiette résistant à la chaleur
- planche à découper
- passoire

** ou rouleau à pâte

Le goût de noisette des artichauts, tranchés et sautés à l'huile, se marie bien avec celui des pâtes. Une huile d'olive vierge extra apportera à ce plat tout son arôme.

SAVOIR S'ORGANISER
Vous pouvez préparer les pâtes 48 h à l'avance, les faire sécher et les conserver au réfrigérateur, dans un emballage léger, ou même les congeler. Saupoudrez-les d'un peu de farine de blé ou de maïs pour qu'elles ne collent pas. Faites la sauce et cuisez les tagliatelles juste avant de servir.

* plus 2 à 3 h de temps de repos et de séchage

LE MARCHÉ

Pour la pâte

300 g ou plus de farine de blé supérieure, riche en gluten
2 ou 3 cuil. à soupe de purée de tomates
3 œufs
1 cuil. à soupe d'huile végétale
1 cuil. à café de sel

Pour la sauce

6 beaux artichauts
2 citrons
4 gousses d'ail
2 échalotes
1 petit bouquet de persil
50 g de cerneaux de noix
5 ou 10 cl d'huile d'olive vierge extra
5 cl de vin blanc sec
sel et poivre
30 g de parmesan râpé

INGRÉDIENTS

- œufs
- artichauts
- farine
- noix
- huile végétale
- échalotes
- citrons
- vin blanc
- parmesan
- purée de tomates
- persil
- huile d'olive
- gousses d'ail

DÉROULEMENT

1 MÉLANGER, PÉTRIR, ABAISSER ET DÉCOUPER LA PÂTE

2 PRÉPARER LA SAUCE

3 FAIRE CUIRE LES TAGLIATELLES ET TERMINER LE PLAT

1 MÉLANGER, PÉTRIR, ABAISSER ET DÉCOUPER LA PÂTE À LA TOMATE

1 Mélangez la pâte (voir p. 141) en ajoutant la purée de tomates aux œufs, à l'huile et au sel.

CONSEIL MALIN
« Si vous achetez des pâtes toutes prêtes, prenez 500 g de tagliatelle fraîches ou en paquet ; dans ce cas, le temps de cuisson figure sur l'emballage. Si vous n'en trouvez pas parfumées à la tomate, choisissez-les aux œufs. »

2 Pétrissez, étendez et découpez la pâte à l'aide de la machine (voir pp. 137 et 138), en terminant un cran avant l'écartement minimal des rouleaux et en utilisant les couteaux les plus larges. Vous pouvez aussi la travailler à la main (voir pp. 142 à 144). Elle doit avoir l'épaisseur du dos de la lame d'un couteau. Découpez des lanières d'environ 5 mm de largeur.

3 Saupoudrez les tagliatelles d'un peu de farine de blé ou de maïs. Enroulez-les en anneaux lâches. Laissez-les sécher de 1 à 2 h sur un torchon fariné.

2 PRÉPARER LA SAUCE AUX ARTICHAUTS

1 Préparez et cuisez les fonds d'artichaut (voir encadré p. 160). Coupez-les en deux puis émincez-les finement.

CONSEIL MALIN
« Si vous utilisez des fonds d'artichaut surgelés, faites-les cuire en suivant les indications portées sur l'emballage ; s'ils sont en boîte, égouttez-les bien. »

2 À l'aide du couteau chef, découpez et hachez finement l'ail et les échalotes.

3 Hachez le persil et concassez grossièrement les noix.

4 Chauffez l'huile d'olive dans la poêle. Mettez-y les échalotes et l'ail et faites-les fondre 1 min, sans les laisser brunir.

5 Ajoutez les artichauts et le vin blanc; remuez de 2 à 3 min. Salez et poivrez selon votre goût.

Chauffez les artichauts doucement : ils absorberont les saveurs sans se défaire

Préparer et cuire des fonds d'artichaut

1 Cassez à la base la queue d'un artichaut afin d'enlever les parties fibreuses. Détachez à la main les grandes feuilles du bas. À l'aide d'un couteau bien aiguisé, coupez les autres en laissant un cône de petites feuilles.

2 Coupez le cône de petites feuilles juste au-dessus du foin.

3 Ôtez les dernières traces vertes et égalisez le fond de l'artichaut, en aplanissant légèrement la base et en taillant les bords en biseau.

4 Frottez le fond avec un citron coupé en deux pour qu'il ne noircisse pas, puis plongez-le dans un bol rempli d'eau additionnée du jus d'un demi-citron. Procédez de la même façon pour les autres fonds.

5 Mettez les fonds d'artichaut dans une casserole d'eau salée et maintenez-les immergés avec une assiette résistant à la chaleur. Portez à ébullition et laissez frémir de 15 à 20 min.

L'assiette maintiendra les fonds d'artichaut sous l'eau, ce qui leur évitera de se décolorer

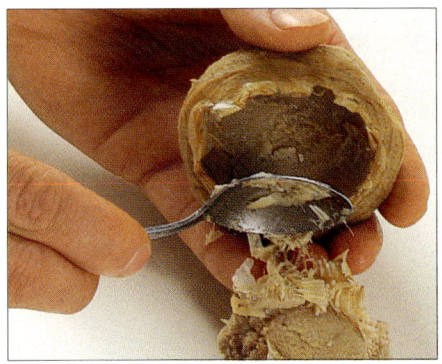

6 Égouttez les fonds d'artichaut et laissez-les un peu refroidir. Quand ils sont tièdes, ôtez le foin avec une petite cuiller.

Tagliatelles à la tomate et sauce aux artichauts

3 Faire cuire les tagliatelles et terminer le plat

Utilisez de grandes fourchettes en bois pour bien soulever les pâtes quand vous les mélangez

1 Remplissez le faitout d'eau, portez à ébullition et ajoutez 1 cuil. à soupe de sel. Faites-y cuire les tagliatelles de 2 à 3 min — elles doivent être tendres mais encore fermes (al dente); remuez pour qu'elles ne collent pas. Versez-les dans la passoire, rincez-les à l'eau très chaude, égouttez-les de nouveau.

2 Mettez les tagliatelles dans la poêle contenant la sauce aux artichauts et mélangez le tout à petit feu jusqu'à ce que les pâtes soient chaudes et bien enrobées.

🍽 **POUR SERVIR** Disposez les pâtes dans un plat chauffé à four doux et parsemez-les du persil haché, des noix concassées et du parmesan râpé.

Un bon parmesan est jaune pâle, légèrement humide et un peu salé

VARIANTE

Tagliatelles à la tomate et sauce aux topinambours et aux noix

Les topinambours ont un goût qui rappelle celui des artichauts, bien qu'ils n'appartiennent pas à la même espèce. (Les premiers se rapprochent des tournesols, les seconds des chardons.)

1 Préparez les tagliatelles à la tomate en suivant la recette principale.
2 Remplacez les artichauts par 500 g de topinambours; il est inutile de les citronner.

3 Épluchez les topinambours et laissez-les cuire de 15 à 20 min dans de l'eau frémissante. Égouttez-les, émincez-les et préparez-les au vin blanc en suivant la recette principale.
4 Terminez le plat de la même façon.

Lasagnes vertes aubergines et fromage

Pour 8 personnes, en plat principal **Préparation : de 40 à 45 min*** **Cuisson : de 55 à 75 min**

Équipement

couteau chef
couteau d'office
palette
robot ménager
cuiller percée ou écumoire
fouet
cuiller en bois
pinceau à pâtisserie
casseroles
passoire en toile métallique
plat à rôtir d'environ 22 x 35 cm
passoire
machine à pâtes**
râpe à fromage
petite louche
bols
grande sauteuse
** ou rouleau à pâte
plaque à pâtisserie

Les lasagnes sont peut-être les pâtes préférées des Italiens. Cette recette suit la tradition de l'Italie du Nord, où les quatre couches de pâte et de farce sont impératives. Trois ou cinq couches, et certains refusent de parler de lasagnes !

*plus 2 à 3 h de temps de repos et de séchage

Ingrédients

épinards frais
aubergines
parmesan
tomates
huile végétale
œufs
beurre
lait
noix muscade râpée
mozzarella
farine

Le marché

Pour la pâte

100 g d'épinards frais
300 g ou plus de farine de blé supérieure, riche en gluten
3 œufs
1 cuil. à soupe d'huile végétale
1 cuil. à café de sel
beurre pour graisser le plat à rôtir

Pour la farce

500 g d'aubergines
huile végétale pour graisser la plaque à pâtisserie et les aubergines
500 g de tomates
250 g de mozzarella

Pour la sauce

1 litre de lait
100 g de beurre
50 g de farine
noix muscade râpée
sel et poivre
125 g de parmesan râpé

Déroulement

1 **Préparer la pâte**

2 **Faire cuire les rectangles**

3 **Préparer la farce**

4 **Préparer la sauce**

5 **Garnir et faire cuire les lasagnes**

1 Préparer les rectangles de pâte aux épinards

1 Ôtez la tige des épinards puis lavez-les abondamment. Remplissez une casserole moyenne d'eau, salez et portez à ébullition. Faites-y cuire les épinards de 2 à 3 min. Versez-les dans la passoire, rincez-les à l'eau froide et égouttez-les de nouveau. Pressez-les dans vos mains pour en extraire le maximum d'eau.

ATTENTION !
Si les épinards ne sont pas suffisamment égouttés, la pâte sera collante et difficile à travailler.

2 Hachez les épinards dans le robot ménager ou, très finement, avec le couteau chef, pour obtenir environ 3 cuil. à soupe de purée.

CONSEIL MALIN
«Si vous utilisez des épinards surgelés, faites-les cuire en suivant les indications portées sur l'emballage. Il vous faudra environ 3 cuil. à soupe d'épinards cuits et égouttés.»

3 Mélangez la pâte (voir p. 141) en ajoutant les épinards aux œufs, à l'huile et au sel.

CONSEIL MALIN
«Préparée dans un robot ménager, la pâte aura une couleur vert uni. Si vous la travaillez à la main, avec des épinards finement hachés, elle sera plus marbrée.»

4 Pétrissez et étendez la pâte à l'aide de la machine (voir pp. 137 et 138), en terminant un cran avant l'écartement minimal des rouleaux. Vous pouvez aussi la travailler à la main (voir pp. 142 à 144). Abaissez-la en bandes d'environ 13 cm de large. Elle doit avoir l'épaisseur du dos de la lame d'un couteau. Laissez-la sécher de 5 à 10 min; elle prend un peu l'aspect d'un parchemin.

5 En vous guidant à l'aide d'une règle, égalisez les extrémités et les bords irréguliers. Découpez la pâte en 12 rectangles de 10 x 20 cm environ chacun. Étendez les rectangles sur un torchon fariné, saupoudrez-les d'un peu de farine de blé ou de maïs et laissez-les sécher de 1 à 2 h.

CONSEIL MALIN
«Si le plat à rôtir n'est pas aux dimensions exactes, adaptez la taille des rectangles de pâte.»

2 Faire cuire les rectangles de pâte aux épinards

Les rectangles de pâte ne doivent pas se chevaucher sur le torchon pour sécher uniformément sans coller

1 Remplissez la grande sauteuse d'eau, portez à ébullition et ajoutez 1 cuil. à soupe de sel. Faites-y cuire de 3 à 5 min quelques rectangles de pâte à chaque fois; remuez de temps en temps.

CONSEIL MALIN
« Si vous ajoutez un peu d'huile dans l'eau, les pâtes auront moins tendance à coller. »

2 À l'aide de la cuiller percée, sortez les lasagnes et plongez-les dans un grand bol d'eau fraîche. Quand ils sont refroidis, retirez-les et posez-les sur un torchon propre.

3 Préparer la farce

1 Ôtez les extrémités des aubergines, puis coupez-les en tranches de 5 mm d'épaisseur. Mettez-les dans la passoire et salez-les bien. Attendez 30 min pour qu'elles dégorgent leur jus amer.

2 Préchauffez le four à 180 °C. Rincez les tranches d'aubergine et séchez-les dans du papier absorbant.

3 Graissez la plaque à pâtisserie. Placez-y les tranches d'aubergines et huilez-les à l'aide du pinceau à pâtisserie.

Huilez très peu les tranches d'aubergines, pour que le plat ne soit pas trop gras

4 Cuisez les aubergines au four de 20 à 25 min, en les retournant une fois.

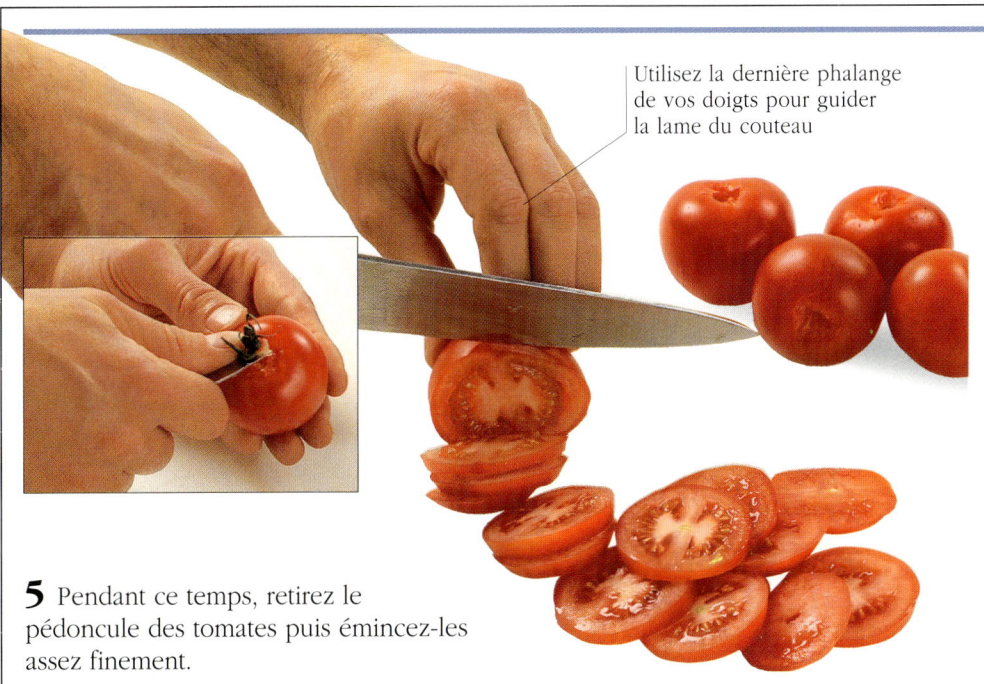

Utilisez la dernière phalange de vos doigts pour guider la lame du couteau

5 Pendant ce temps, retirez le pédoncule des tomates puis émincez-les assez finement.

6 Coupez la mozzarella en tranches de 5 mm d'épaisseur.

4 PRÉPARER LA SAUCE AU FROMAGE

1 Chauffez le lait dans une casserole moyenne, sans le faire bouillir.

2 Faites fondre le beurre dans une autre casserole, à feu moyen. Battez-y la farine et laissez cuire de 1 à 2 min, jusqu'à ce que le mélange mousse.

Ajoutez le lait hors du feu pour qu'il ne se forme pas de grumeaux

3 Retirez du feu et versez le lait en fouettant le mélange. Chauffez de nouveau sans cesser de remuer, jusqu'à ce que la sauce arrive à ébullition et épaississe. Assaisonnez d'une pincée de noix muscade râpée, de sel et de poivre. Laissez frémir 2 min.

4 Ôtez la sauce du feu et incorporez-y les trois quarts du parmesan ; gardez le reste pour saupoudrer le plat.

ATTENTION !
Ne laissez pas la sauce bouillir lorsque vous ajoutez le fromage, sinon il fera des fils.

5 GARNIR ET FAIRE CUIRE LES LASAGNES

1 Beurrez le plat à rôtir. Nappez-en le fond d'une couche de sauce au fromage.

Les bords des tranches d'aubergines doivent se chevaucher légèrement

2 Déposez une couche de rectangles de pâte et, au-dessus, la moitié des tranches d'aubergines.

3 Nappez les aubergines d'une autre couche de sauce au fromage. Couvrez avec des rectangles de pâte.

4 Disposez au-dessus la moitié des tranches de mozzarella puis de tomates.

Chaque couche doit être bien dense : les lasagnes seront d'autant plus belles

5 Couvrez d'une nouvelle couche de pâtes puis d'aubergines, puis de sauce au fromage, puis de pâtes, puis de mozzarella et de tomates (il vous faut 4 couches de garniture). Terminez en nappant généreusement de sauce au fromage.

LASAGNES VERTES AUBERGINES ET FROMAGE

6 Saupoudrez le reste de parmesan sur les lasagnes et enfournez pour 30 à 45 min, jusqu'à ce qu'elles soient bien dorées et que la sauce frémisse.

CONSEIL MALIN
« Si vous manquez de temps, achetez des pâtes toutes prêtes. Prenez 350-400 g de lasagnes en paquet ; dans ce cas, le temps de cuisson figure sur l'emballage. Si vous n'en trouvez pas parfumées aux épinards, choisissez-les aux œufs. »

VARIANTE
LASAGNES AUX AUBERGINES ET À LA TOMATE

1 Mélangez la pâte, sans utiliser les épinards. Pétrissez-la, abaissez-la, découpez-la et cuisez les rectangles de pâte (voir p. 164).
2 Remplacez la sauce au fromage par 50 cl de sauce tomate.
3 Garnissez les lasagnes en suivant la recette principale, éventuellement dans des plats individuels. Ajoutez 125 g de ricotta aux couches d'aubergines.
4 Cuisez les lasagnes au four.

VARIANTE
LASAGNES AUX AUBERGINES ET AUX SAUCISSES ITALIENNES ÉPICÉES

Les saucisses italiennes épicées, relevées de poivre et de fenouil, ajoutent un délicieux goût de viande à ce plat classique.

1 Préparez les rectangles de pâte aux épinards, les aubergines, les tomates, la mozzarella, la sauce au fromage.
2 Dans une petite poêle, faites revenir de 10 à 15 min 350 g de saucisses italiennes épicées ; retournez-les de temps en temps pour qu'elles dorent de tous les côtés.
3 Séchez les saucisses dans du papier absorbant. Quand elles sont tièdes, coupez-les en tranches fines.
4 Garnissez les lasagnes en suivant la recette principale et en ajoutant les tranches de saucisses aux couches d'aubergines.
5 Saupoudrez de parmesan râpé et cuisez les lasagnes au four.

Les pâtes et leur garniture livreront leurs couleurs quand vous servirez

Le parmesan dore joliment sur le dessus

SAVOIR S'ORGANISER
Vous pouvez préparer les lasagnes 48 h à l'avance et les conserver au réfrigérateur, ou même les congeler. Cuisez-les juste avant de servir, après les avoir sorties plusieurs heures avant si elles sont congelées.

Cannellonis de veau aux épinards

POUR 6 À 8 PERSONNES, EN PLAT PRINCIPAL · **PRÉPARATION : DE 55 À 60 MIN*** · **CUISSON : DE 20 À 25 MIN**

ÉQUIPEMENT

- palette
- machine à pâtes
- passoire en toile métallique
- chinois
- râpe à fromage
- robot ménager
- bols
- couteau chef
- casseroles
- spatule en caoutchouc
- plat à rôtir peu profond
- grande sauteuse
- pelle charcutier
- petite louche
- poêle

Ici, les rectangles de pâte s'enroulent autour d'une farce de veau haché et d'épinards. Ils cuiront dans une sauce classique à la tomate.

*plus 2 à 3 h de temps de repos et de séchage

LE MARCHÉ

beurre pour graisser le plat
30 g de parmesan râpé pour faire gratiner et décorer les cannellonis
Pour la pâte
300 g ou plus de farine de blé supérieure, riche en gluten
3 œufs
1 cuil. à soupe d'huile végétale
1 cuil. à café de sel
Pour la farce
200 g d'épinards en branches surgelés
300 g de noix de veau
60 g de poitrine fumée ou de pancetta
1 oignon moyen
1 cuil. à soupe d'huile d'olive
60 g de parmesan râpé
2 œufs
20 cl de crème épaisse
sel et poivre
noix muscade râpée
Pour la sauce
1 kg de tomates
2 oignons moyens
3 gousses d'ail
3 cuil. à soupe d'huile végétale
2 cuil. à soupe de purée de tomates
1 bouquet garni
1 cuil. à café de sucre

INGRÉDIENTS

- noix de veau
- épinards en branches surgelés
- poitrine fumée
- tomates
- œufs
- purée de tomates
- huile d'olive
- gousses d'ail
- bouquet garni
- noix muscade râpée
- crème épaisse
- oignons
- huile végétale
- parmesan
- farine
- sucre

DÉROULEMENT

1 PRÉPARER LA PÂTE

2 PRÉPARER LA FARCE

3 GARNIR ET CUIRE LES CANNELLONIS

1 Préparer les rectangles de pâte

1 Mélangez la pâte (voir p. 141). Pétrissez-la, étendez-la et découpez-la à l'aide de la machine (voir pp. 137 et 138), en terminant un cran avant l'écartement minimal des rouleaux. Vous pouvez aussi la travailler à la main (voir pp. 142 à 144). Abaissez-la en bandes d'environ 12,5 cm de large; elle doit avoir l'épaisseur du dos de la lame d'un couteau.

2 En vous guidant à l'aide d'une règle, égalisez les extrémités et les bords irréguliers. Découpez les bandes de pâte en rectangles de 7,5 cm de long sur 10 de large. Il vous faut 24 rectangles, mais il vaut mieux en préparer davantage, car vous risquez d'en briser quelques-uns lors de la cuisson ou de l'égouttage.

3 Posez les rectangles sur un torchon fariné, saupoudrez-les d'un peu de farine de blé ou de maïs et laissez-les sécher de 1 à 2 h.

CONSEIL MALIN
«Si vous achetez des pâtes toutes prêtes, prenez 350-400 g de lasagnes en paquet; dans ce cas, le temps de cuisson figure sur l'emballage.»

2 Préparer la farce au veau et aux épinards

À l'aide de la spatule, décollez 2 ou 3 fois la farce des bords du bol du robot

1 Cuisez les épinards, puis égouttez-les bien en les pressant dans vos mains. Hachez-les finement.

CONSEIL MALIN
«Les épinards surgelés sont déjà cuits. Mettez-les dans la passoire en toile métallique et laissez-les dégeler. Puis pressez-les dans vos mains pour en extraire le maximum d'eau. Les côtes de bette, très appréciées en Italie, peuvent remplacer les épinards : préparez-les de la même façon.»

2 Coupez les viandes en morceaux, et l'oignon en quatre.

3 Hachez le tout dans le robot ménager, ou passez-le sous la lame fine d'un hachoir.

CONSEIL MALIN
«Le hachoir donne une consistance moins dense. Si vous utilisez le robot ménager, ne le faites pas tourner trop longtemps.»

4 Chauffez l'huile d'olive dans la poêle. Versez-y le hachis et faites-le revenir, à petit feu, de 8 à 10 min, sans cesser de remuer, jusqu'à ce qu'il commence à dorer. Ajoutez les épinards et le fromage. Retirez du feu et laissez refroidir.

5 Battez doucement les œufs et la crème en un mélange homogène.

6 Poivrez et salez selon votre goût le contenu de la poêle, et ajoutez une pincée de noix muscade râpée. Versez le mélange crème-œufs.

CONSEIL MALIN
«Dans cette farce, vous pouvez remplacer le veau par une autre viande déjà cuite. Ce plat est donc idéal pour utiliser les restes.»

Préparer une sauce tomate

Si vous ne trouvez pas de belles tomates fraîches et fruitées, remplacez-les par des tomates en boîte bien égouttées, que vous épépinerez et concasserez grossièrement.

1 Coupez les tomates, sans les peler ni les épépiner (vous le ferez plus tard). Hachez finement les oignons et l'ail. Chauffez l'huile dans une grande casserole et faites-y blondir les oignons de 2 à 3 min. Remuez souvent.

2 Ajoutez, en continuant à remuer, les tomates, l'ail, la purée de tomates, le bouquet garni, le sucre, le sel et le poivre.

3 Laissez cuire de 12 à 15 min, en remuant de temps en temps : la préparation épaissit un peu. Passez-la à travers un chinois en la pressant bien pour extraire la pulpe des tomates. Goûtez et rectifiez l'assaisonnement.

Une petite louche vous permettra de mieux presser la sauce tomate dans le chinois

3 Garnir et faire cuire les cannellonis

Posez les rectangles de pâte sur un torchon propre

1 Préparez la sauce tomate (voir encadré p. 170). Remplissez une grande sauteuse d'eau, portez à ébullition et ajoutez 1 cuil. à soupe de sel. Faites-y cuire de 3 à 5 min quelques rectangles de pâte à chaque fois (ils doivent être tout juste tendres); remuez de temps en temps pour qu'ils ne collent pas.

CONSEIL MALIN
« Si vous ajoutez un peu d'huile dans l'eau, les pâtes auront moins tendance à coller. »

2 Quand les rectangles de pâte sont cuits, sortez-les à l'aide de la pelle charcutier et plongez-les dans un bol d'eau fraîche.

3 Retirez les rectangles de pâte et posez-les sur un torchon propre; ils ne doivent pas se chevaucher, pour sécher uniformément sans coller.

4 Beurrez le plat à rôtir. Préchauffez le four à 200 °C. Déposez de 2 à 3 cuil. à soupe de farce le long du plus grand côté de chaque rectangle de pâte.

5 Enroulez chaque rectangle sur lui-même pour former un cylindre régulier; calez-le soigneusement dans le plat à rôtir beurré.

CONSEIL MALIN
« Pour un dîner, je préfère disposer les cannellonis dans des petits plats individuels plutôt que dans un grand plat à rôtir. »

Ne déposez qu'une couche de cannellonis dans le plat

6 Nappez régulièrement les cannellonis de sauce tomate.

La petite louche permet de bien répartir la sauce tomate

Les rangées de cannellonis doivent être suffisamment serrées

7 Saupoudrez les cannellonis de parmesan. Enfournez-les pour 20 à 25 min, jusqu'à ce qu'ils soient dorés et que la sauce bouillonne.

LE PARMESAN

Le parmesan italien est un fromage ferme de lait de vache. Le meilleur est le parmigiano reggiano, qui a au moins 1 an d'âge, et plus souvent 3 ou davantage, et se caractérise par un goût de noisette un peu piquant. Il est cher, mais il en faut peu pour aromatiser les sauces et les farces, ou pour saupoudrer un plat de pâtes. Fraîchement râpé, il est très supérieur à celui que l'on achète en sachet. Le pecorino romano, un fromage de brebis, peut le remplacer.

Morceau de parmesan

Parmesan frais râpé

🍽 POUR SERVIR
Sortez délicatement les cannellonis à l'aide de la pelle charcutier et disposez-les sur des assiettes chaudes. Nappez largement de sauce tomate et saupoudrez de parmesan.

Le parmesan râpé est à la fois décoratif et délicieux avec la sauce tomate

SAVOIR S'ORGANISER
Vous pouvez préparer les cannellonis, tout garnis, 24 h à l'avance, et les conserver au réfrigérateur, ou même les congeler.

Variante
Cannellonis de poulet à la mozzarella

Voici une délicieuse recette pour utiliser un reste de poulet cuit.

1 Préparez et cuisez les rectangles de pâte en suivant la recette principale.
2 Ne préparez pas la farce à la viande.
3 Coupez en petits cubes 125 g de mozzarella.
4 Mélangez 350-400 g de poulet cuit coupé en petits morceaux avec la mozzarella. Salez et poivrez selon votre goût, ajoutez 2 œufs et mélangez bien.

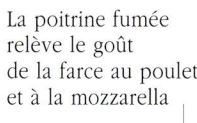

5 Coupez 6 tranches fines de poitrine fumée ou de pancetta en 4 morceaux chacune; ôtez la couenne et les cartilages. Placez un morceau de poitrine fumée sur chaque rectangle de pâte.

6 Déposez 3 cuil. à soupe de farce le long du plus grand côté de chaque rectangle. Enroulez chaque rectangle sur lui-même et rangez les cannellonis dans le plat à rôtir beurré.

La poitrine fumée relève le goût de la farce au poulet et à la mozzarella

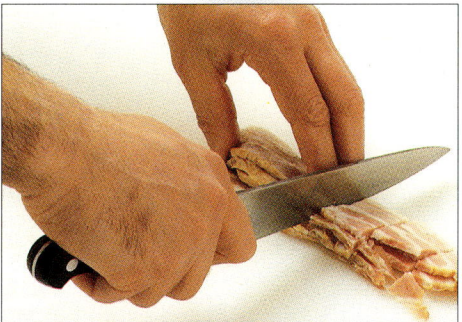

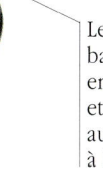

Les œufs battus enrichissent et lient la farce au poulet et à la mozzarella

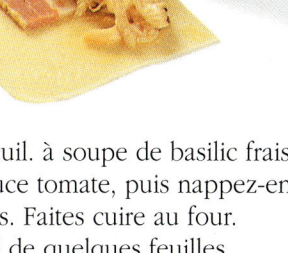

7 Ajoutez 2 cuil. à soupe de basilic frais haché à la sauce tomate, puis nappez-en les cannellonis. Faites cuire au four. Servez décoré de quelques feuilles de basilic et d'un peu de parmesan râpé.

ROULADES AUX ÉPINARDS
et sauce au poivron rouge

POUR 6 PERSONNES, EN PLAT PRINCIPAL — **PRÉPARATION : DE 35 À 45 MIN*** — **CUISSON : DE 35 À 40 MIN**

ÉQUIPEMENT

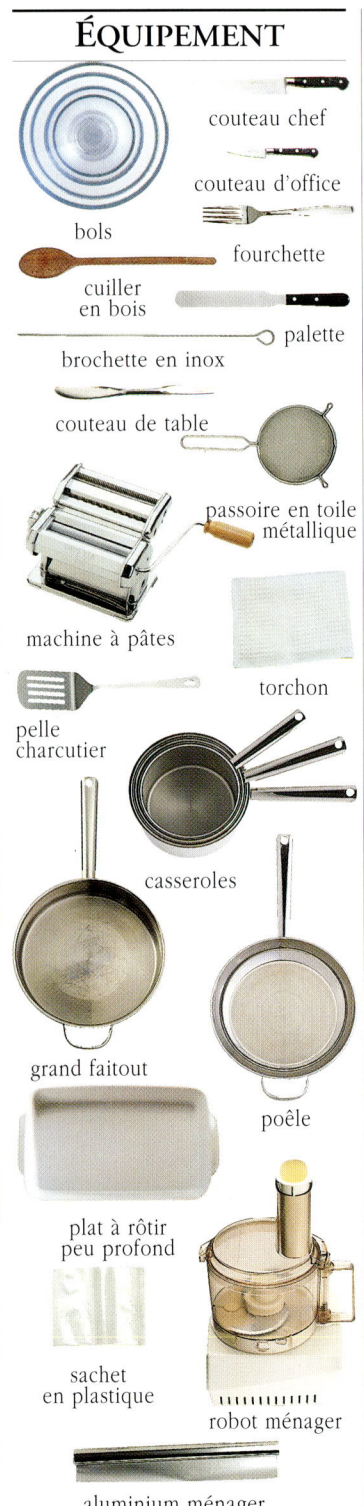

- bols
- couteau chef
- couteau d'office
- fourchette
- cuiller en bois
- palette
- brochette en inox
- couteau de table
- passoire en toile métallique
- machine à pâtes
- torchon
- pelle charcutier
- casseroles
- grand faitout
- poêle
- plat à rôtir peu profond
- sachet en plastique
- robot ménager
- aluminium ménager

Enroulées en cylindre, farcies d'épinards et de fromage, les pâtes sont ici servies coupées en tranches sur une sauce au poivron rouge.

* plus 2 à 3 h de temps de repos et de séchage

LE MARCHÉ

Pour la pâte
300 g ou plus de farine de blé supérieure, riche en gluten
3 œufs
1 cuil. à soupe d'huile végétale
1 cuil. à café de sel

Pour la farce
450 g d'épinards en branches surgelés
250 g de fromage de chèvre frais
30 g de beurre, plus un peu pour graisser le plat
250 g de ricotta
noix muscade râpée
sel et poivre
2 œufs

Pour le nappage
60 g de beurre
4 cuil. à soupe de crème épaisse

Pour la sauce
1 gousse d'ail
2 oignons nouveaux avec leur tige
750 g de poivrons rouges
500 g de tomates
1 petit bouquet de basilic frais
2 cuil. à soupe d'huile d'olive

INGRÉDIENTS

- ricotta
- œufs
- fromage de chèvre
- huile végétale
- poivrons rouges
- tomates
- beurre
- basilic frais
- huile d'olive
- crème épaisse
- gousse d'ail
- épinards en branches surgelés
- noix muscade râpée
- farine
- oignons nouveaux

DÉROULEMENT

1 PRÉPARER LA PÂTE

2 PRÉPARER LA FARCE

3 GARNIR, FAÇONNER ET FAIRE CUIRE LES ROULADES

4 PRÉPARER LA SAUCE

Roulades aux épinards et sauce au poivron rouge

1 Préparer les rectangles de pâte

1 Mélangez la pâte (voir p. 141). Pétrissez-la et étendez-la à l'aide de la machine (voir pp. 137 et 138), en terminant un cran avant l'écartement minimal des rouleaux. Vous pouvez aussi la travailler à la main (voir pp. 142 à 144). Abaissez-la en bandes d'environ 13 cm de large. Elle doit avoir l'épaisseur du dos de la lame d'un couteau. Laissez-la sécher de 5 à 10 min.

2 À l'aide du couteau chef, égalisez les extrémités et les bords irréguliers. Découpez les bandes de pâte en rectangles de 20 cm de long sur 10 de large. Il vous faut 12 rectangles.

3 Étendez les rectangles sur le torchon fariné, saupoudrez-les d'un peu de farine de blé ou de maïs, et laissez-les sécher de 1 à 2 h.

2 Préparer la farce aux épinards

 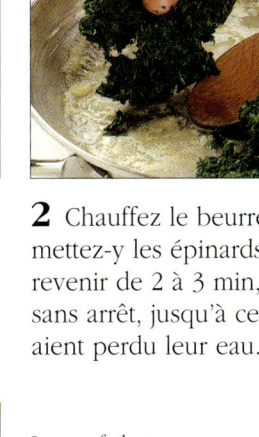

1 Cuisez les épinards, puis égouttez-les bien en les pressant dans vos mains. Hachez-les finement. Émiettez le fromage de chèvre après en avoir ôté la croûte.

2 Chauffez le beurre dans la poêle, mettez-y les épinards et faites-les revenir de 2 à 3 min, en remuant sans arrêt, jusqu'à ce qu'ils aient perdu leur eau.

Les œufs battus se répartissent uniformément dans le mélange

3 Retirez la poêle du feu, laissez refroidir, puis ajoutez la ricotta et le fromage de chèvre, une pincée de noix muscade, le sel et le poivre.

4 Battez les œufs et versez-les dans la poêle; mélangez bien le tout.

ROULADES AUX ÉPINARDS ET SAUCE AU POIVRON ROUGE

3 GARNIR, FAÇONNER ET FAIRE CUIRE LES ROULADES DE PÂTE

1 Remplissez le faitout d'eau, portez à ébullition et ajoutez 1 cuil. à soupe de sel. Faites-y cuire de 3 à 5 min quelques rectangles de pâte à chaque fois (ils doivent être tout juste tendres); remuez de temps en temps pour qu'ils ne collent pas. Sortez-les à l'aide de la pelle charcutier et plongez-les dans un grand bol d'eau fraîche. Retirez-les et laissez-les sécher sur le torchon.

CONSEIL MALIN
« Si vous ajoutez un peu d'huile dans l'eau, les pâtes auront moins tendance à coller.»

2 Beurrez le plat à rôtir. Préchauffez le four à 190 °C. À l'aide de la palette, étendez de 3 à 4 cuil. à soupe de farce aux épinards sur chaque rectangle, jusqu'à 5 mm de chaque bord.

3 Roulez chaque rectangle sur lui-même, dans sa petite largeur, pour former un cylindre régulier. Disposez les roulades dans le plat à rôtir.

Roulez les rectangles de pâte sans trop les serrer

4 Pour le nappage, faites fondre le beurre et mélangez-le à la crème épaisse. Versez sur les roulades. Recouvrez entièrement le plat d'aluminium ménager beurré. Enfournez les roulades pour 30 min environ. Assurez-vous alors qu'elles sont cuites en enfonçant une brochette au centre du plat : elle doit ressortir bien chaude. Pendant ce temps, préparez la sauce.

GRILLER, PELER ET HACHER UN POIVRON

Une fois grillés, les poivrons sont faciles à peler.

1 Préchauffez le gril du four. Posez le poivron entier sur la grille et mettez-le à 10 cm environ sous la source de chaleur. Retournez-le de temps en temps : la peau brunit et cloque. Au bout de 10 à 12 min, sortez-le et enfermez-le dans un sachet en plastique (la vapeur piégée dans le sac décolle la peau). Quand il a refroidi, pelez-le à l'aide d'un couteau de table.

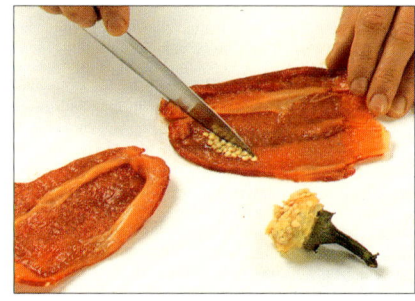

2 Ôtez le pédoncule. Ouvrez le poivron en deux et grattez les graines et les membranes blanches. Rincez-le à l'eau courante et séchez-le.

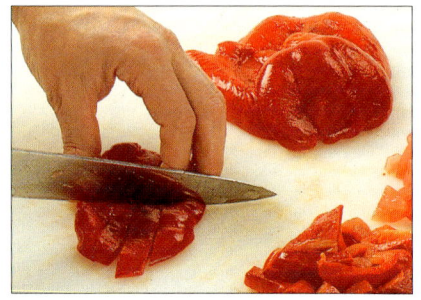

3 Découpez chaque moitié de poivron en lanières, puis celles-ci en morceaux.

4 PRÉPARER LA SAUCE AU POIVRON ROUGE

1 Hachez la gousse d'ail et les oignons nouveaux. Pelez et hachez les poivrons rouges (voir encadré p. 176). Pelez, épépinez et concassez les tomates. Détachez les feuilles de basilic de leur tige et hachez-les ; gardez-en quatre à six.

2 Chauffez l'huile d'olive dans la poêle. Ajoutez les poivrons, les tomates, l'ail, les oignons nouveaux, le basilic haché et laissez cuire de 15 à 20 min, en remuant de temps en temps. La sauce épaissit.

3 Dans le robot ménager, réduisez ce mélange en une purée assez homogène (mais s'il reste de petits morceaux de tomate ou de poivron, elle n'en sera que meilleure). Goûtez, puis salez et poivrez.

🍴 POUR SERVIR

Découpez chaque roulade, après en avoir ôté les extrémités, en tranches de 2,5 cm d'épaisseur. Réchauffez la sauce et nappez-en le fond des assiettes. Disposez-y 8 tranches de roulade et décorez de quelques feuilles de basilic. Servez à part le reste de sauce.

VARIANTE
ROULADES AUX ÉPINARDS ET AU FROMAGE SAUCE PERSIL

1 Préparez et faites cuire les pâtes en suivant la recette principale.
2 Préparez la sauce au persil : dans une casserole moyenne, portez à ébullition de l'eau salée, ajoutez 125 g de persil et faites-le blanchir 1 min. Versez le persil dans une passoire, rincez-le à l'eau froide, égouttez-le de nouveau.
3 Dans le robot ménager, réduisez le persil en purée en ajoutant 20 cl de crème épaisse. Versez cette sauce dans une petite casserole et épaississez-la avec encore 20 cl de crème. Chauffez doucement et assaisonnez.
4 Terminez le plat en suivant la recette principale. Disposez les tranches de roulade en diagonale sur des assiettes. Décorez de feuilles de persil.

La sauce au poivron rouge crée un brillant contraste avec la farce verte des pâtes

— SAVOIR S'ORGANISER —
Vous pouvez préparer les roulades garnies de leur farce 24 h à l'avance et les conserver au réfrigérateur, dans un récipient couvert, ou même les congeler. La sauce se garde 24 h au réfrigérateur, mais elle perdra un peu de sa fraîche saveur.

Raviolis aux noisettes sauce gorgonzola

🍽 Pour 8 à 10 personnes, en entrée 🥣 Préparation : de 50 à 60 min* ♨ Cuisson : de 4 à 5 min

Équipement

robot ménager
passoire
pinceau à pâtisserie
cuillers à café
couteau chef
plaque à pâtisserie
machine à pâtes
roulette coupe-pâte
bols
palette
cuillers en bois
râpe à fromage
planche à découper
grand faitout
torchon
passoire en toile
casserole

Ce plat, qui constitue une excellente entrée, s'inspire d'une recette ancienne. Les noisettes grillées, moulues et mélangées avec du fromage double crème, garnissent des raviolis nappés d'une sauce piquante au gorgonzola.

* plus 2 à 3 h de temps de repos et de séchage

Ingrédients

noisettes
gousses d'ail
œufs
fromage double crème
gorgonzola
farine
beurre
crème épaisse
huile végétale
parmesan

Le marché

Pour la farce

200 g de noisettes décortiquées
60 g de gorgonzola
2 gousses d'ail
250 g de fromage double crème
2 ou 3 cuil. à soupe de crème épaisse
3 cuil. à soupe de parmesan râpé
sel et poivre

Pour la pâte

300 g ou plus de farine de blé supérieure, riche en gluten
3 œufs
1 cuil. à soupe d'huile végétale
1 cuil. à café de sel

Pour la sauce

175 g de gorgonzola
50 g de beurre
20 cl de crème épaisse
parmesan, pour décorer le plat

Déroulement

1 Préparer la farce

2 Préparer la pâte ; garnir et couper les raviolis

3 Préparer la sauce

4 Terminer le plat

Raviolis aux noisettes sauce gorgonzola

1   Préparer la farce aux noisettes

1 Préchauffez le four à 180 °C. Étendez les noisettes sur la plaque à pâtisserie et enfournez-les de 12 à 15 min, jusqu'à ce qu'elles soient dorées.

CONSEIL MALIN
« La peau des noisettes s'enlèvera plus facilement si vous les humectez légèrement avant de les griller. »

Grillées, les noisettes sont croquantes et très savoureuses

2 Pour ôter le maximum de peau, frottez les noisettes chaudes dans un torchon rugueux. Puis concassez-les grossièrement dans le robot ménager. Mettez-les dans un bol et réservez.

CONSEIL MALIN
« Vous pouvez remplacer tout ou partie des noisettes par une quantité égale de noix. Celles-ci n'ont pas besoin d'être grillées ni pelées; il suffit de les concasser avant de poursuivre la recette. »

Utilisez une cuiller en bois pour obtenir un mélange parfaitement homogène

3 Hachez le gorgonzola, après en avoir ôté la croûte, et les gousses d'ail.

CONSEIL MALIN
« Seule l'onctuosité du vrai gorgonzola italien donnera à la sauce sa consistance inégalable. »

4 Dans un bol moyen, mélangez énergiquement le fromage double crème et la crème épaisse avec une cuiller en bois.

5 Ajoutez l'ail, le gorgonzola, le parmesan et les noisettes. Mélangez bien puis salez et poivrez.

2 Préparer la pâte ; garnir et couper les raviolis

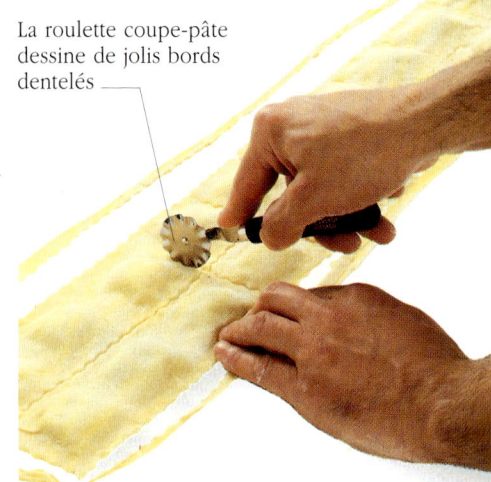

1 Mélangez la pâte (voir p. 141). Pétrissez-en et étendez-en un quart à l'aide de la machine (voir pp. 137 et 138), en terminant par l'écartement minimal des rouleaux. Vous pouvez aussi la travailler à la main (voir pp. 142 et 143). Abaissez-la en une bande qui doit avoir l'épaisseur d'une carte postale. En vous guidant à l'aide d'une règle, égalisez les extrémités et les bords irréguliers pour obtenir une bande de 12,5 cm de large environ. Coupez-la en deux dans le sens de la largeur. À l'aide du pinceau à pâtisserie, enduisez d'un peu d'eau l'un des rectangles.

CONSEIL MALIN
« *Ne travaillez qu'un quart de la pâte à la fois afin qu'elle reste humide et plus facile à manier.* »

Pressez doucement pour coller entre elles les deux couches de pâte

2 À l'aide des 2 cuillers à café, déposez des coquilles de farce aux noisettes sur la pâte humide, tous les 4 cm et à 1 cm du bord.

3 Posez délicatement dessus l'autre rectangle de pâte. Du bout des doigts, pressez la pâte entre les coquilles de farce pour coller les deux épaisseurs entre elles ; chassez-en doucement l'air.

La roulette coupe-pâte dessine de jolis bords dentelés

4 À l'aide de la roulette coupe-pâte ou du couteau chef, enlevez les bords du rectangle et découpez autour des coquilles de farce des carrés de 4 cm de côté. Abaissez, garnissez et découpez le reste de pâte, quart par quart. Disposez les raviolis sur un des torchons fariné, et saupoudrez-les d'un peu de farine de blé ou de maïs. Laissez-les sécher de 1 à 2 h.

CONSEIL MALIN
« *Les pâtes farcies risquent de coller ou de se briser en cours de cuisson. Le froid permet souvent d'éviter ces inconvénients. Disposez les raviolis en une seule couche sur une plaque à pâtisserie farinée et laissez-les au réfrigérateur environ 1 h, jusqu'à ce qu'ils aient un peu durci.* »

3 Préparer la sauce au gorgonzola

1 Chauffez le beurre et la crème dans la casserole. Mettez-y le gorgonzola coupé en morceaux.

Remuez sans arrêt le fromage avec la cuiller en bois jusqu'à ce qu'il ait fondu

2 Remuez jusqu'à ce que le fromage ait fondu puis laissez mijoter la sauce de 5 à 6 min ; elle doit être suffisamment épaisse pour napper la cuiller. Goûtez, puis salez et poivrez. Versez la sauce dans un grand bol chauffé à four doux et réservez au chaud.

4 TERMINER LE PLAT

Remuez doucement avec la cuiller en bois pour que les raviolis ne se défassent pas

1 Remplissez le faitout d'eau, portez à ébullition et ajoutez 1 cuil. à soupe de sel. Faites-y cuire les raviolis de 4 à 5 min — ils doivent être tendres mais encore fermes (al dente); remuez doucement pour qu'ils ne collent pas. Versez-les dans la passoire, rincez-les à l'eau très chaude pour en enlever l'amidon, égouttez-les de nouveau.

2 Mettez les raviolis chauds dans le bol contenant la sauce au gorgonzola et mélangez doucement.

🍴 POUR SERVIR
Disposez 5 ou 6 raviolis sur des assiettes chaudes, nappez du reste de sauce et décorez de quelques copeaux de parmesan.

Le parmesan se taille en lamelles à l'aide d'un couteau-éplucheur

VARIANTE
RAVIOLIS AUX NOISETTES SOFFRITO

Le soffrito est un hachis italien d'oignons, de fines herbes et de poitrine fumée sauté à l'huile d'olive. Ces raviolis aux noisettes s'en inspirent.

1 Préparez les raviolis aux noisettes en suivant la recette principale.
2 Coupez et hachez finement 3 branches de céleri, 3 carottes, 1 oignon moyen et un petit bouquet de persil.
3 Dans une casserole moyenne, chauffez de 3 à 4 cuil. à soupe d'huile d'olive. Mettez-y les légumes et faites-les fondre de 5 à 8 min : ils doivent être tendres mais encore fermes.
4 Ajoutez le persil, salez et poivrez selon votre goût. Réservez au chaud.
5 Cuisez les pâtes en suivant la recette principale.
6 Disposez les raviolis sur des assiettes chaudes et nappez-les de la préparation aux légumes.

SAVOIR S'ORGANISER
Vous pouvez préparer les raviolis 24 h à l'avance et les conserver au réfrigérateur, dans un emballage léger, ou même les congeler. Saupoudrez-les d'un peu de farine de blé ou de maïs pour qu'ils ne collent pas. Préparez la sauce et cuisez les raviolis juste avant de servir.

Tortellinis de Maria

¶⃞ Pour 4 ou 6 personnes ◡ Préparation : de 65 à 75 min* ⚱ Cuisson : de 10 à 15 min

Équipement

planche à découper, bols, fourchette, pinceau à pâtisserie, couteau chef, poêle, grand faitout, hachoir à viande, palette, passoire, cuiller en bois, machine à pâtes, râpe à fromage, torchon, papier, grande casserole, emporte-pièce, passoire en toile métallique

Le mot tortellini *vient de l'italien* torta, *tarte. Une légende voudrait pourtant qu'ils aient été créés à l'image du nombril de Vénus par un aubergiste qui aurait aperçu la déesse par le trou d'une serrure ! Ici, ils sont farcis d'un hachis de viandes et relevés de beurre et de fromage. Vous ne regretterez pas le temps passé à les réaliser.*

* plus 2 à 3 h de temps de repos et de séchage

Ingrédients

porc maigre sans os, mortadelle

œufs, blanc de poulet

jambon de Parme, parmesan, beurre

farine, noix muscade râpée, huile végétale

Le marché

Pour la farce	
100 g de blanc de poulet	
100 g de porc maigre sans os	
30 g de beurre	
2 tranches de jambon de Parme	
2 tranches de mortadelle	
60 g de parmesan râpé	
noix muscade râpée	
sel et poivre	
1 œuf	
Pour la pâte	
300 g ou plus de farine de blé supérieure, riche en gluten	
3 œufs	
1 cuil. à soupe d'huile végétale	
1 cuil. à café de sel	
Pour terminer le plat	
60 g de beurre	
30 g de parmesan râpé	

Déroulement

1 Préparer la farce

2 Préparer la pâte ; garnir et façonner les tortellinis

3 Faire cuire les tortellinis et terminer le plat

Tortellinis de Maria

1 Préparer la farce

1 Coupez le poulet et le porc en morceaux de taille moyenne.

Retournez les morceaux de poulet et de porc pour qu'ils cuisent de tous les côtés

Ne prolongez pas la cuisson : les viandes ne doivent pas brunir

2 Chauffez le beurre dans la poêle. Mettez-y le poulet et le porc et faites-les revenir 5 min environ, pour les cuire légèrement sans les laisser dorer. Séchez les viandes dans du papier absorbant.

3 Coupez en deux ou trois les tranches de jambon de Parme et de mortadelle.

4 Hachez le poulet, le porc, le jambon et la mortadelle dans le hachoir à viande ou dans un robot ménager.

CONSEIL MALIN
« Le hachoir donne une farce légère. Si vous utilisez un robot ménager, ne réduisez pas les viandes en purée. Pour obtenir une farce un peu plus dense, hachez-les à la main. »

Hachez finement les viandes : la farce aura une texture plus douce

5 Mettez les viandes hachées dans un grand bol et ajoutez le parmesan, une pincée de noix muscade râpée, du sel et beaucoup de poivre. Goûtez : la farce doit être bien relevée. Battez doucement l'œuf à la fourchette et incorporez-le.

CONSEIL MALIN
« Goûtez la farce et rectifiez l'assaisonnement avant d'ajouter l'œuf battu. »

2 Préparer la pâte ; garnir et façonner les tortellinis

1 Mélangez la pâte (voir p. 141). Pétrissez-en et étendez-en un quart à l'aide de la machine (voir pp. 137 et 138), en terminant par l'écartement minimal des rouleaux. Vous pouvez aussi la travailler à la main (voir pp. 142 et 143). Abaissez-la en une bande qui doit avoir l'épaisseur d'une carte postale. À l'aide de l'emporte-pièce, découpez des ronds de pâte de 6 cm de diamètre.

CONSEIL MALIN
« Ne travaillez qu'un quart de la pâte à la fois afin qu'elle reste humide et plus facile à manier. »

Modelez délicatement la farce en forme d'amande

2 À l'aide du pinceau à pâtisserie ou de votre doigt, enduisez d'un peu d'eau une seule face des ronds de pâte. Déposez au centre de chacun 1 cuil. à café de farce, après l'avoir éventuellement modelée en amande.

3 Posez les ronds de pâte dans la paume de votre main ; repliez-les sur eux-mêmes en enfermant la farce. Collez les bords en les pressant entre vos doigts. Courbez la pâte autour de votre index en relevant en même temps les bords collés afin de former un pli vers le haut. Pincez les extrémités pour obtenir un anneau.

ATTENTION !
Pincez soigneusement les deux bords pour qu'ils collent entre eux et ne s'ouvrent pas pendant la cuisson.

Saupoudrez de farine les tortellinis pour qu'ils ne collent pas entre eux

4 Garnissez et façonnez les autres ronds de pâte. Procédez de la même façon pour le reste de pâte, quart après quart. Posez les tortellinis sur le torchon fariné et saupoudrez-les généreusement de farine de blé ou de maïs. Laissez-les sécher de 1 à 2 h.

3 FAIRE CUIRE LES TORTELLINIS ET TERMINER LE PLAT

Mélangez doucement avec la cuiller en bois pour que les tortellinis ne se défassent pas

1 Remplissez le faitout d'eau, portez à ébullition et ajoutez 1 cuil. à soupe de sel. Faites-y cuire les tortellinis de 3 à 5 min — ils doivent être tendres mais encore fermes (al dente); remuez doucement pour qu'ils ne collent pas. Versez-les dans la passoire, rincez-les rapidement à l'eau très chaude pour en enlever l'amidon, égouttez-les de nouveau.

CONSEIL MALIN
«Pour rincer rapidement les pâtes, plongez la passoire dans un grand bol d'eau très chaude, puis ressortez-la et égouttez de nouveau les pâtes.»

2 Chauffez le beurre dans la casserole. Mettez-y les tortellinis et mélangez doucement jusqu'à ce qu'ils soient chauds et bien enrobés de beurre.

🍽 POUR SERVIR
Disposez les tortellinis dans des assiettes chaudes, saupoudrez-les de parmesan râpé et servez immédiatement.

Le parmesan fraîchement râpé est une touche finale idéale

Ces tortellini dodus sont farcis d'un hachis de porc et de poulet

VARIANTE
TORTELLINIS AUX OIGNONS GLACÉS

Les tortellinis de Maria sont délicieux accompagnés d'oignons émincés, rissolés jusqu'à devenir caramélisés. Ne les saupoudrez pas de parmesan avant de servir.

1 Émincez finement 6 oignons moyens.
2 Chauffez 60 g de beurre dans une cocotte et mettez-y les oignons avec une pincée de sucre, du sel et du poivre. Couvrez avec de l'aluminium ménager, posez le couvercle et laissez mijoter très doucement, de 15 à 20 min, en remuant de temps en temps.
3 Ôtez le couvercle et l'aluminium et poursuivez la cuisson, en remuant souvent, de 5 à 10 min : les oignons deviennent bruns et caramélisent.
4 Préparez et cuisez les tortellinis en suivant la recette principale.
5 Mélangez-les avec le beurre fondu et les oignons et servez immédiatement.

SAVOIR S'ORGANISER
Vous pouvez préparer les tortellinis 24 h à l'avance et les conserver au réfrigérateur, dans un emballage léger, ou même les congeler. Saupoudrez-les d'un peu de farine de blé ou de maïs pour qu'ils ne collent pas. Cuisez-les et ajoutez le fromage et le beurre juste avant de servir.

Gnocchis à la romaine

🍽 POUR 6 PERSONNES, EN ENTRÉE 🥣 PRÉPARATION : DE 30 À 35 MIN* 🍲 CUISSON : DE 15 À 20 MIN

ÉQUIPEMENT

casseroles, dont une avec couvercle

pinceau à pâtisserie

chinois

fourchette

cuiller en métal

fouet

6 plats à gratin individuels**

râpe à fromage

emporte-pièce de 5 cm de diamètre

bols

plat à rôtir de 22 x 35 cm

cuiller en bois

** ou autres plats pouvant aller au four

Cuits au four avec du beurre et du fromage, ces gnocchis constituent une excellente entrée. Ils accompagnent aussi traditionnellement le bœuf braisé. Vous pouvez les découper en ronds mais aussi en carrés ou en triangles.

SAVOIR S'ORGANISER
Vous pouvez préparer les gnocchis 48 h à l'avance et les conserver au réfrigérateur, dans un récipient couvert. Ajoutez le beurre fondu et le fromage et mettez-les au four au dernier moment.

* plus 2 h de réfrigération

LE MARCHÉ

beurre pour graisser les plats à gratin
1 clou de girofle
1 oignon moyen
1 feuille de laurier
1 cuil. à café de poivre noir en grains
noix muscade râpée
sel et poivre
1 litre de lait ou plus
175 g de semoule précuite, fine ou moyenne
3 jaunes d'œufs
100 g de parmesan râpé
1 cuil. à soupe de moutarde de Dijon
60 g de beurre

INGRÉDIENTS

oignon   semoule

moutarde de Dijon

parmesan   lait

beurre   feuille de laurier

clou de girofle   jaunes d'œufs

noix muscade râpée   poivre noir en grains

DÉROULEMENT

1 PRÉPARER LA PÂTE

2 DÉCOUPER ET FAIRE CUIRE LES GNOCCHIS

Gnocchis à la romaine

1 Préparer la pâte à gnocchis

Enfoncez profondément le clou de girofle dans l'oignon

1 Enduisez généreusement de beurre le plat à rôtir. Piquez le clou de girofle dans l'oignon et mettez celui-ci dans la casserole.

Passez le lait parfumé à travers le chinois au-dessus d'un verre gradué

2 Ajoutez la feuille de laurier, le poivre en grains, une pincée de noix muscade, un peu de sel et le lait. Portez doucement à ébullition puis retirez du feu. Couvrez et laissez infuser de 8 à 10 min.

3 Passez le lait à travers un chinois et jetez les ingrédients qui l'ont parfumé. Rincez la casserole et remettez-y le lait. Portez de nouveau à ébullition.

4 Sur feu moyen, en remuant sans arrêt avec le fouet, incorporez peu à peu la semoule au lait. Versez-la en pluie régulière.

CONSEIL MALIN
« Pour éviter les grumeaux, remuez sans arrêt avec le fouet pendant que vous versez la semoule dans le lait chaud. »

Le mélange doit être épais sans être trop ferme

5 Portez à ébullition et laissez frémir de 3 à 5 min. Remuez sans arrêt avec la cuiller en bois, jusqu'à ce que le mélange soit homogène et assez épais; mais il doit se détacher facilement de la cuiller.

GNOCCHIS À LA ROMAINE

Battez les jaunes d'œufs avant de les incorporer; ils se répartiront uniformément dans le mélange

6 Battez les jaunes d'œufs à la fourchette. Retirez la casserole du feu et ajoutez-les progressivement, en remuant sans arrêt; la chaleur de la préparation les fera cuire et légèrement épaissir.

Incorporez progressivement les jaunes d'œufs battus : ils commenceront ainsi à cuire à la chaleur de la préparation

7 Ajoutez en remuant les deux tiers du fromage et la moutarde. Salez et poivrez selon votre goût.

CONSEIL MALIN
«*La préparation doit être assez relevée.*»

Un simple pinceau peut devenir un excellent pinceau à pâtisserie pour enduire de beurre fondu la pâte à gnocchis

8 À l'aide de la cuiller dont vous aurez huilé le dos, étendez la pâte à gnocchis dans le plat à rôtir beurré, en une couche épaisse d'environ 1 cm.

Protégée par le beurre fondu, la pâte à gnocchis ne se desséchera pas au réfrigérateur

9 Chauffez le beurre dans une petite casserole. Étendez-en la moitié sur la pâte à l'aide du pinceau puis laissez-la durcir au réfrigérateur environ 2 h.

GNOCCHIS À LA ROMAINE

2 DÉCOUPER ET FAIRE CUIRE LES GNOCCHIS

Parsemez les gnocchis de parmesan râpé

1 Préchauffez le four à 230 °C. Posez le plat sur feu très doux pour faire fondre le beurre et décoller la pâte des gnocchis. Découpez-y à l'aide de l'emporte-pièce des ronds de 5 cm de diamètre.

CONSEIL MALIN
« Si vous n'avez pas d'emporte-pièce, utilisez un verre à bord fin pour découper les ronds. »

2 Beurrez les plats à gratin individuels et répartissez-y les gnocchis. Enduisez-les du reste de beurre fondu et saupoudrez-les du reste de fromage. Enfournez les gnocchis pour 15 à 20 min; ils doivent être légèrement dorés et très chauds. Servez-les dans leur plat de cuisson.

Les gnocchis, riches et beurrés, restent légers

Le parmesan gratine en une croûte dorée très appétissante

VARIANTE

GNOCCHIS AU JAMBON DE PARME ET AUX PIGNONS

Dans ce plat, qui se sert en entrée ou accompagne un poulet rôti, le jambon remplace une partie du fromage de la recette principale. Des pignons grillés lui apportent une touche finale surprenante.

1 Préparez les gnocchis en suivant la recette principale, en remplaçant la moitié du parmesan par 125 g de jambon de Parme haché.
2 Après le temps de réfrigération, découpez les gnocchis en 18 triangles et disposez-les, en les faisant se chevaucher un peu, dans un grand plat beurré allant au four. Cuisez-les en suivant la recette principale.
3 Pendant ce temps, étendez 100 g de pignons sur une plaque à pâtisserie et passez-les à four chaud de 2 à 3 min, jusqu'à ce qu'ils soient grillés.
4 Quand les gnocchis sont cuits, parsemez-les des pignons grillés et servez.

Conchiglies Pescatore

🍽 POUR 4 À 6 PERSONNES 🥣 PRÉPARATION : DE 45 À 50 MIN 🍲 CUISSON : DE 5 À 8 MIN

ÉQUIPEMENT

grand faitout

grande sauteuse

bols

brosse dure

couteau d'office

couteau chef

grande cuiller en métal

cuiller en bois

chinois*

planche à découper

passoire

grande casserole avec couvercle

papier absorbant

gants en caoutchouc

* ou mousseline

Les conchiglies (coquilles) et les fruits de mer — agrémentés ici de champignons, d'ail et de piments — s'accordent naturellement… Des moules, des coquilles Saint-Jacques et des crevettes enrichissent cette recette. Mais elles ne sont pas toutes indispensables. Faites votre marché en fonction des arrivages.

SAVOIR S'ORGANISER

Vous pouvez cuire les moules et préparer les ingrédients de la sauce 1 ou 2 h à l'avance. Cependant, les pâtes et la sauce sont meilleures quand elles sont cuisinées au dernier moment.

LE MARCHÉ

1 kg de moules
2 petits oignons
20 cl de vin blanc sec
125 g de noix de coquilles Saint-Jacques
500 g de crevettes roses crues
2 gousses d'ail
125 g de champignons de Paris
2 petits piments frais
1 petit bouquet de persil
4 cuil. à soupe d'huile d'olive
sel et poivre
500 g de conchiglies (pâtes coquilles)

INGRÉDIENTS

 moules conchiglies

 oignons gousses d'ail

 crevettes roses crues  champignons

 persil  coquilles Saint-Jacques / piments frais

 huile d'olive vin blanc sec

CONSEIL MALIN
«Vous pouvez utiliser toutes sortes de pâtes pour cette recette, y compris des nouilles, fraîches ou en paquet. Des coques, ou un mélange de coques et de moules, peuvent remplacer les moules; elles se nettoient et se préparent de la même façon.»

DÉROULEMENT

1 PRÉPARER LA SAUCE

2 FAIRE CUIRE LA SAUCE ET LES CONCHIGLIES

CONCHIGLIES PESCATORE

NETTOYER ET OUVRIR LES MOULES À LA VAPEUR

Après avoir nettoyé les moules, vous les ferez ouvrir sur feu vif. Vous pouvez, comme ici, les parfumer avec du vin blanc et des oignons. Jetez celles qui ne se sont pas ouvertes à la cuisson, car elles risquent de n'être pas consommables.

1 Brossez les moules sous un filet d'eau froide et grattez les parasites qui y sont accrochés. Jetez celles dont la coquille est cassée ou qui ne se ferment pas quand vous les tapotez.

2 Arrachez tous les filaments qui dépassent. Hachez finement l'oignon.

3 Mettez les moules à sec dans un grand faitout. Ajoutez le vin blanc et l'oignon. Couvrez et chauffez à feu vif, en faisant sauter plusieurs fois : le temps de cuisson (de 4 à 8 min) dépend de l'épaisseur des coquilles.

1 PRÉPARER LA SAUCE AUX FRUITS DE MER

1 Nettoyez les moules et faites-les ouvrir avec un des oignons hachés et le vin blanc (voir encadré à gauche). Sortez-les de leur coquille; gardez-en de 8 à 12 entières pour décorer le plat. Ôtez l'anneau caoutchouteux qui les entoure.

Les moules seront plus tendres si vous ôtez le mince anneau caoutchouteux qui les entoure

Filtrez le jus de cuisson pour en éliminer la moindre trace de sable

2 Passez à travers un chinois le jus de cuisson des moules. Réservez-le.

3 Ôtez la membrane dure, en forme de croissant, des coquilles Saint-Jacques. Coupez-les en 2 ou 3 tranches. Décortiquez les crevettes.

4 Hachez le second oignon et l'ail. Nettoyez et émincez les champignons. Épépinez et coupez les piments en petits dés (voir encadré p. 192). Hachez le persil.

ÉPÉPINER ET COUPER UN PIMENT FRAIS EN DÉS

Quand vous préparez des piments frais, mettez des gants en caoutchouc : les membranes blanches qui portent les graines contiennent un alcaloïde qui peut irriter la peau. En outre, vous ne risquerez pas de vous piquer les yeux en vous les frottant machinalement.

1 Ouvrez le piment en long. Ôtez le pédoncule, grattez les graines et les membranes blanches qui se trouvent à l'intérieur.

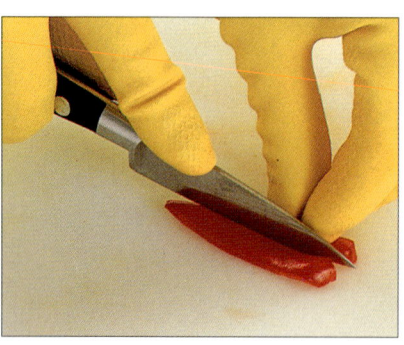

2 Posez chaque demi-piment à plat et découpez-le en fines lanières dans le sens de la longueur.

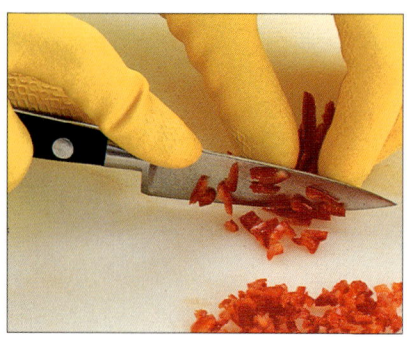

3 Rassemblez les lanières et détaillez-les en tout petits dés.

2 FAIRE CUIRE LA SAUCE ET LES CONCHIGLIES

1 Chauffez l'huile dans la sauteuse et faites-y fondre l'oignon de 1 à 2 min, sans le laisser brunir. Ajoutez les champignons, l'ail et les piments. Salez, poivrez et cuisez de 2 à 3 min, en remuant de temps en temps, jusqu'à ce qu'il n'y ait plus de liquide.

2 Versez le jus de cuisson des moules et faites-le réduire à feu moyen de 5 à 7 min jusqu'à environ 25 cl.

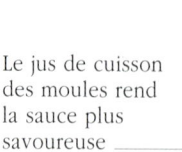

Le jus de cuisson des moules rend la sauce plus savoureuse

L'ébullition permet de réduire et de concentrer la sauce

3 Pendant ce temps, cuisez les pâtes. Remplissez le faitout d'eau, portez à ébullition et ajoutez 1 cuil. à soupe de sel. Faites-y cuire les conchiglies de 8 à 10 min (à moins que les indications portées sur l'emballage ne soient différentes) — ils doivent être tendres mais encore fermes (al dente); remuez doucement pour qu'ils ne collent pas. Versez-les dans la passoire, rincez-les rapidement à l'eau très chaude, égouttez-les de nouveau. Mettez-les dans un grand plat creux et réservez au chaud.

CONCHIGLIES PESCATORE

4 Mettez les crevettes et les coquilles Saint-Jacques dans la réduction du jus des moules. Mélangez bien et laissez frémir de 2 à 3 min, jusqu'à ce que les crevettes rosissent.

5 Ajoutez les moules décortiquées et les moules entières pour les réchauffer. Retirez du feu, goûtez la sauce et rectifiez l'assaisonnement. Versez les pâtes dans la sauce, saupoudrez-les de persil haché, puis mélangez doucement.

Maniez les moules non décortiquées avec précaution pour qu'elles ne sortent pas de leur coquille

Les moules dans leur coquille créent un agréable contraste pour le regard

Les conchiglies et les fruits de mer s'harmonisent par la taille, la forme et la couleur

VARIANTE
CONCHIGLIES AUX CREVETTES

Les crevettes sautées à l'huile d'olive sont les seuls fruits de mer de ce plat qui se prépare en quelques minutes.

1 N'utilisez ni les moules, ni les coquilles Saint-Jacques, ni les champignons, ni le vin blanc, ni l'oignon, ni le persil; remplacez-les par 750 g de crevettes roses crues.

2 Hachez 3 oignons nouveaux et faites-les revenir dans l'huile avec l'ail et les piments.

3 Ajoutez les crevettes et cuisez-les de 2 à 3 min, jusqu'à ce qu'elles rosissent.

4 Faites cuire les pâtes en suivant la recette principale.

🍽 POUR SERVIR
Disposez les pâtes dans un grand plat creux de service et décorez-en tout le tour avec des moules entières. Quand vous servirez, donnez-en deux à chacun des convives.

CAPELLINIS AUX CREVETTES
et aux asperges

POUR 4 OU 6 PERSONNES   PRÉPARATION : DE 25 À 30 MIN   CUISSON : DE 2 À 3 MIN

ÉQUIPEMENT

couteau d'office   couteau chef

planche à découper

cuiller en bois

grandes fourchettes

wok* et spatule en bois

passoire

petite poêle

grand faitout

grande casserole

*ou grande poêle

La cuisson rapide est le fondement même de la gastronomie asiatique. Ici, les pâtes sont accompagnées de crevettes et d'asperges sautées, et parsemées de graines de sésame grillées. Choisissez de préférence des asperges vertes toutes jeunes et fines, très tendres et savoureuses.

SAVOIR S'ORGANISER
Vous pouvez préparer les ingrédients de la sauce de 1 à 2 h à l'avance, mais cuisez la sauce et les pâtes juste avant de servir.

LE MARCHÉ

250 g d'asperges
sel et poivre
2 cuil. à soupe de graines de sésame
3 gousses d'ail
2 oignons nouveaux
500 g de crevettes roses crues
1 racine de gingembre frais de la grosseur d'une noix
250 g de capellinis
4 cuil. à soupe d'huile végétale
3 cuil. à soupe de xérès sec
1 cuil. à soupe d'huile de sésame

INGRÉDIENTS

capellinis   crevettes roses crues

asperges vertes   huile végétale

huile de sésame   graines de sésame

gingembre frais

gousses d'ail   xérès sec

oignons nouveaux

DÉROULEMENT

1. PRÉPARER LES INGRÉDIENTS DE LA SAUCE

2. FAIRE CUIRE LES CAPELLINIS

3. PRÉPARER LA SAUCE ET TERMINER LE PLAT

1 PRÉPARER LES INGRÉDIENTS DE LA SAUCE

1 À l'aide du couteau d'office, ôtez les nœuds des asperges. Coupez le bout des tiges, souvent fibreux.

CONSEIL MALIN
«Si les asperges sont moins jeunes et plus grosses, vous devrez les peler. Maniez alors toujours le couteau-éplucheur de la pointe de la plante vers son bout.»

2 Remplissez la casserole d'eau, portez à ébullition et salez. Cuisez-y les asperges de 3 à 5 min, dans l'eau frémissante : elles doivent être assez tendres. Versez-les dans la passoire, rincez-les sous un filet d'eau froide, égouttez-les de nouveau.

3 Coupez les pointes des asperges à 5 cm du haut et réservez-les. Détaillez les tiges en morceaux de 2 cm de long.

4 Grillez les graines de sésame dans une poêle sèche, sur feu moyen, de 2 à 3 min. Remuez de temps en temps, jusqu'à ce qu'elles soient dorées.

5 Hachez l'ail. Ôtez la partie blanche des oignons nouveaux. Coupez dans la partie verte, en diagonale, des morceaux d'environ 5 mm de long. Décortiquez et videz les crevettes (voir encadré p. 110). Pelez et hachez le gingembre (voir encadré ci-dessous).

ÉPLUCHER ET HACHER DU GINGEMBRE FRAIS

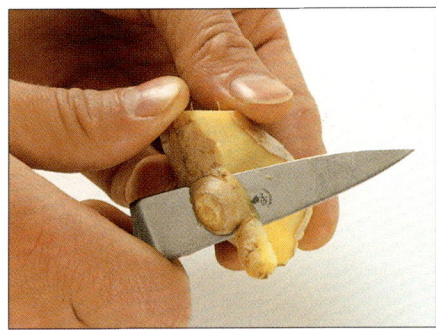

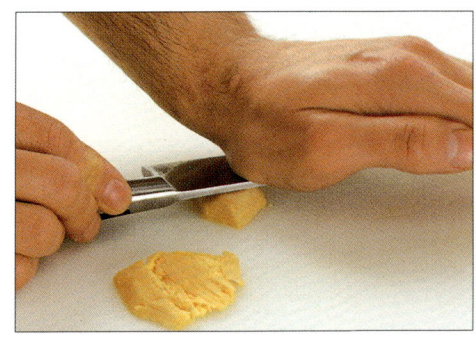

1 Avec un couteau d'office, épluchez la racine de gingembre. À l'aide d'un couteau chef, émincez le gingembre en tranchant les fibres.

2 Posez le plat du couteau sur chaque tranche et écrasez-la en appuyant avec le talon de la main.

3 Hachez finement les tranches de gingembre écrasées avec le couteau chef.

Capellinis aux crevettes et aux asperges

Décortiquer et vider une crevette

Enlevez toujours la veine intestinale qui court le long du dos des grosses crevettes.

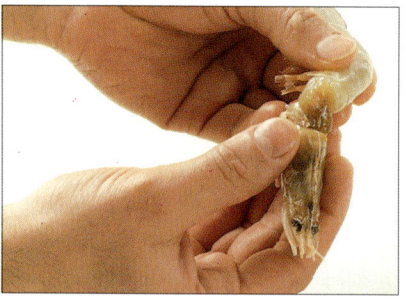

1 Si la crevette est entière, ôtez la tête avec vos doigts.

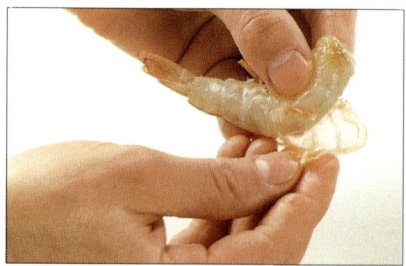

2 Toujours avec vos doigts, détachez la fine carapace.

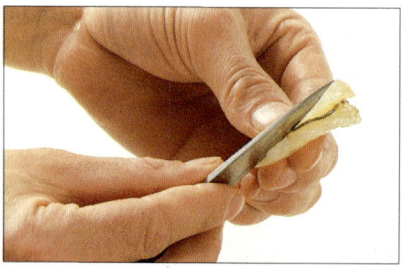

3 À l'aide d'un couteau d'office, entaillez légèrement le dos sur toute sa longueur.

4 Tirez doucement sur la veine intestinale sombre et jetez-la.

2 Faire cuire les capellinis

1 Remplissez le faitout d'eau, portez à ébullition et ajoutez 1/2 cuil. à soupe de sel. Faites-y cuire les pâtes de 2 à 3 min ; remuez doucement pour qu'elles ne collent pas.

2 Versez les pâtes dans la passoire, rincez-les rapidement à l'eau très chaude, égouttez-les de nouveau.

3 Préparer la sauce et terminer le plat

1 Chauffez l'huile dans le wok. Mettez-y l'ail, le gingembre, les crevettes et faites-les sauter de 1 à 2 min, jusqu'à ce que les crevettes rosissent.

Le wok est un ustensile idéal pour saisir rapidement des ingrédients coupés en petits morceaux

2 Ajoutez le xérès et poursuivez la cuisson de 1 à 2 min, en remuant sans arrêt : les crevettes deviennent plus foncées et la sauce réduit un peu.

3 Mettez dans le wok les tiges d'asperges en morceaux et mélangez bien.

4 Versez les capellinis dans le wok et mélangez bien avec les grandes fourchettes.

5 Ajoutez les oignons nouveaux et remuez de 30 à 60 s, jusqu'à ce qu'ils soient chauds. Ôtez du feu, versez l'huile de sésame, goûtez et rectifiez l'assaisonnement. Disposez les pâtes sur des assiettes chaudes et parsemez des graines de sésame grillées.

VARIANTE
CAPELLINIS AUX HUÎTRES ET AUX ASPERGES

Ici, vous remplacerez les crevettes crues par des huîtres fumées (en vente dans les épiceries de luxe).

1 Remplacez les crevettes par 350-400 g d'huîtres fumées.
2 Égouttez les huîtres et séchez-les dans du papier absorbant.
3 Faites-les sauter 1 min avec l'ail et le gingembre, et terminez le plat en suivant la recette principale.

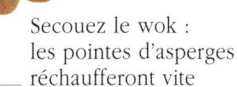

Secouez le wok : les pointes d'asperges réchaufferont vite

6 Essuyez le wok et faites réchauffer 30 s les pointes d'asperges.

🍽 **POUR SERVIR**
Disposez les pointes d'asperges autour des pâtes et servez immédiatement.

Les savoureuses crevettes sont parfumées au gingembre et à l'ail

Les pointes d'asperges, disposées trois par trois sur le bord de l'assiette, dessinent un décor raffiné

Macaronis à la sicilienne

Macaroni alle Sarde

POUR 4 À 6 PERSONNES, EN PLAT PRINCIPAL — **PRÉPARATION : DE 40 À 45 MIN** — **CUISSON : DE 10 À 12 MIN**

Équipement

- grand faitout
- poêle
- casserole moyenne
- couteau chef
- grandes fourchettes
- cuiller en bois
- passoire
- bols
- planche à découper
- plaque à pâtisserie

Ingrédients

sardines à l'huile en boîte

macaronis

bulbes de fenouil

oignons

pignons

raisins secs

huile d'olive

Ce plat réunit des sardines, du fenouil, des raisins secs, des pignons croustillants et de l'huile d'olive ; le mariage de tous ces ingrédients lui donne une saveur très caractéristique. Les Siciliens le préparent avec des sardines fraîches et le fenouil sauvage qui pousse dans leur île.

Savoir s'organiser

Vous pouvez préparer la garniture aux sardines 24 h à l'avance et la conserver au réfrigérateur, dans un récipient couvert. Cuisez les macaronis et terminez le plat juste avant de servir.

Le marché

500 g de bulbes de fenouil
sel et poivre
50 g de pignons
2 oignons moyens
15 cl d'huile d'olive
350 ou 400 g de sardines à l'huile
50 g de raisins secs
350 ou 400 g de macaronis

Déroulement

1. **Préparer la garniture**
2. **Faire cuire la garniture**
3. **Faire cuire les macaronis et terminer le plat**

MACARONIS À LA SICILIENNE

1 PRÉPARER LA GARNITURE AUX SARDINES

1 Lavez les bulbes de fenouil et ôtez-en la base filandreuse et le départ des tiges.

2 Coupez le fenouil dans le sens de la hauteur, puis en lanières dans sa largeur.

Versez l'eau de cuisson du fenouil dans le grand faitout; vous y cuirez plus tard les pâtes

GRILLER DES PIGNONS

Préchauffez le four à 190 °C. Étendez les pignons sur une plaque à pâtisserie et enfournez pour 5 à 8 min, jusqu'à ce qu'ils soient dorés de tous les côtés.

3 Remplissez la casserole moyenne d'eau salée et portez à ébullition. Faites-y cuire le fenouil 5 min, jusqu'à ce qu'il soit tendre. Versez-le dans la passoire, au-dessus du grand faitout, et gardez l'eau de cuisson.

CONSEIL MALIN
« Les pignons grillés ont davantage de saveur. »

4 Laissez refroidir le fenouil, puis hachez-le grossièrement. Grillez les pignons (voir encadré à gauche).

MACARONIS À LA SICILIENNE

2   FAIRE CUIRE LA GARNITURE AUX SARDINES

1 Émincez finement les oignons (voir encadré ci-dessous). Chauffez l'huile dans la poêle et faites-y fondre les oignons de 3 à 5 min, jusqu'à ce qu'ils soient tendres.

2 Égouttez les sardines. Réservez-en quatre. Mettez les autres dans la poêle. Faites-les revenir de 2 à 3 min, en les écrasant avec la cuiller en bois.

3 Ajoutez le fenouil, les raisins secs et les pignons grillés; mélangez bien. Chauffez à feu vif de 3 à 5 min. Assaisonnez selon votre goût et réservez au chaud.

ÉMINCER UN OIGNON

1 Pelez l'oignon et ôtez-en le sommet sans entailler la base. Coupez-le en deux.

2 Posez la tranche d'une moitié d'oignon sur la planche à découper. Tranchez-la de haut en bas. Ôtez la base quand vous l'atteignez. Procédez de la même façon pour l'autre moitié.

CONSEIL MALIN
« Gardez la base de l'oignon pour qu'il ne se défasse pas lorsque vous le trancherez. »

Les pignons grillés resteront croquants dans la garniture

Macaronis à la sicilienne

3   Faire cuire les macaronis et terminer le plat

1 Dans le grand faitout, portez à ébullition l'eau de cuisson du fenouil, en rajoutant un peu d'eau au besoin. Faites-y cuire les macaronis de 10 à 12 min (à moins que les indications portées sur l'emballage ne soient différentes) — ils doivent être tendres mais encore fermes (al dente). Remuez doucement pour qu'ils ne collent pas.

2 Versez les pâtes dans la passoire, rincez-les rapidement à l'eau très chaude, égouttez-les de nouveau. Mettez-les dans un grand bol chaud, ajoutez environ la moitié de la garniture et mélangez bien.

La garniture aux sardines doit bien enrober les macaronis

🍽 POUR SERVIR
Disposez les macaronis sur des assiettes chaudes, répartissez le reste de la garniture et posez sur le dessus une sardine entière.

Une sardine entière couronne ce plat de macaronis piquants

V A R I A N T E
GRATIN DE MACARONIS À LA RICOTTA ET AUX RAISINS SECS

Dans cette variante, la ricotta remplace les sardines. Ici, les pâtes ne sont pas mélangées à leur garniture mais disposées en couches, en alternance avec le fromage, puis couvertes de mozzarella et cuites au four. Vous pouvez éventuellement ne pas utiliser les raisins secs.

1 Préparez la garniture en suivant la recette principale, mais n'utilisez pas les sardines. Quand elle a refroidi, mélangez-la avec 500 g de ricotta.
2 Cuisez et égouttez les macaronis.
3 Préchauffez le four à 180 °C. Beurrez un plat à gratin.
4 Étendez environ la moitié des macaronis au fond du plat et recouvrez-les de la moitié de la garniture. Procédez de la même façon avec le reste des pâtes et de la garniture.

5 Coupez 250 g de mozzarella en tranches. Recouvrez-en le plat.
6 Enfournez pour 15 à 20 min, jusqu'à ce que la mozzarella ait fondu et pris une belle couleur dorée et que les macaronis soient très chauds.

Timbale de pâtes au fromage

🍽 Pour 6 personnes 🥣 Préparation : de 30 à 35 min 🍲 Cuisson : de 25 à 30 min

Équipement

- sauteuse
- robot ménager
- fouet
- pinceau à pâtisserie
- grand faitout
- casseroles, dont 1 avec couvercle
- cuiller en bois
- couteau chef
- couteau d'office
- moule à soufflé de 24 cm de diamètre
- râpe à noix muscade
- râpe à fromage
- bols
- passoire en toile métallique
- passoire
- papier absorbant

Beaucoup d'entre nous se souviennent des macaronis au fromage de leur enfance. Dans cette version plus élaborée, des pâtes creuses cuisent au four avec une savoureuse sauce fromagée et s'enrichissent de champignons.

Savoir s'organiser
Vous pouvez préparer le plat 24 h à l'avance et le conserver, couvert, au réfrigérateur. Cuisez-le au four juste avant de servir.

Le marché

3 échalotes
3 gousses d'ail
125 g de champignons sauvages mélangés, des chanterelles et des shiitakes par exemple
125 g de champignons de Paris
1 cuil. à soupe de beurre, et un peu pour graisser le moule
sel et poivre
350 g de pennes ou d'autres pâtes creuses
Pour la garniture et la sauce
250 g de cantal vieux ou de cheddar affiné
1 petit bouquet de ciboulette fraîche
2 tranches de pain de mie
1 litre de lait
1 tranche d'oignon
6 grains de poivre noir
1 feuille de laurier
30 g de beurre
2 cuil. à soupe de farine de blé supérieure
noix muscade fraîchement râpée

Ingrédients

- pennes
- champignons sauvages
- cantal
- oignon
- champignons de Paris
- feuille de laurier
- échalotes
- lait
- pain de mie
- ciboulette
- beurre
- farine de blé supérieure
- noix muscade*
- ail
- grains de poivre noir

* ou noix muscade en poudre

Conseil malin
« Vous pouvez aussi n'utiliser que des champignons de Paris. »

Déroulement

1 Préparer les champignons

2 Préparer la garniture

3 Faire la sauce ; terminer le plat

Timbale de pâtes au fromage

1 Préparer les champignons

1 Épluchez les échalotes et séparez-les en deux. Posez les moitiés à plat, coupez-les en tranches puis hachez-les finement.

Enlevez la peau parcheminée des échalotes

2 Posez le plat de la lame du couteau chef sur chaque gousse d'ail et appuyez avec le poing. Pelez-les et hachez-les finement.

3 Nettoyez tous les champignons avec du papier absorbant humide; coupez les pieds au niveau des chapeaux. Émincez-les.

4 Chauffez 15 g de beurre dans la sauteuse, mettez-y les échalotes et faites-les fondre 1 min, en remuant. Ajoutez l'ail, les champignons, du sel et du poivre. Poursuivez la cuisson de 3 à 5 min, en remuant, jusqu'à ce que tout le liquide se soit évaporé et que les champignons soient tendres.

CONSEIL MALIN
«Pour renforcer le goût, utilisez plusieurs variétés de champignons sauvages.»

Des champignons de différentes variétés apportent couleur et saveur

2 Préparer la garniture

1 Râpez le fromage sur les gros trous de la râpe. Hachez grossièrement la ciboulette sur la planche à découper.

2 Enlevez la croûte du pain de mie et réduisez-le en grosses miettes dans le robot ménager. Incorporez-y environ 1/4 de la ciboulette et 30 g du fromage râpé pour faire la garniture.

Timbale de pâtes au fromage

3 Faire la sauce; terminer le plat

1 Faites bouillir le lait dans la casserole avec la tranche d'oignon, les grains de poivre et la feuille de laurier. Retirez du feu, couvrez et laissez infuser au chaud 10 min environ.

2 Pendant ce temps, chauffez le beurre dans une autre casserole à feu moyen. Incorporez-y la farine à l'aide du fouet et cuisez de 30 à 60 s, jusqu'à ce que le mélange mousse. Retirez du feu.

La noix muscade fraîchement râpée apporte tout son arôme à la sauce

3 Filtrez au-dessus du mélange beurre-farine 2/3 du lait et mélangez au fouet. Jetez l'oignon et les autres aromates. Remettez sur le feu et cuisez, en remuant sans arrêt, jusqu'à ce que la sauce bouille et épaississe.

4 Râpez un peu de noix muscade fraîche dans la sauce, salez et poivrez, et laissez frémir 2 min encore.

Le fromage grossièrement râpé va fondre dans la sauce chaude

5 Retirez la casserole du feu et ajoutez le reste du fromage râpé; fouettez vivement.

6 Incorporez petit à petit au fouet le reste du lait. Goûtez et rectifiez éventuellement l'assaisonnement.

ATTENTION !
Ne réchauffez pas trop la sauce, car le fromage ferait des fils.

7 Remplissez le grand faitout d'eau, salez et portez à ébullition. Mettez-y les pennes et laissez frémir de 5 à 7 min, ou suivant les indications portées sur l'emballage. Remuez de temps en temps pour qu'elles ne collent pas. Égouttez-les dans la passoire, rincez-les sous l'eau chaude, égouttez-les de nouveau.

8 Préchauffez le four à 180 °C. Beurrez le moule à soufflé. Remettez les pennes dans le faitout. Ajoutez la sauce au fromage, les champignons et le reste de la ciboulette; mélangez bien. Versez le tout dans le moule. Parsemez le dessus avec la garniture. Enfournez de 25 à 30 min, jusqu'à ce que le plat soit brun doré.

V A R I A N T E
TIMBALES DE PÂTES AUX TROIS FROMAGES

Des pâtes vertes sont ici nappées d'une sauce aux trois fromages et cuisent dans des petits plats.

1 N'utilisez ni cantal, ni échalotes, ni champignons, ni ciboulette. Enlevez la croûte de 75 g de brie et de 60 g de roquefort, et détaillez-les en cubes de 1 cm de côté. Râpez 150 g de gruyère.
2 Pour préparer la garniture au persil, émiettez le pain de mie dans un robot ménager. Hachez les feuilles d'un bouquet de persil. Hachez 1 gousse d'ail. Faites fondre 50 g de beurre. Dans un bol, mélangez le pain, le beurre, l'ail, la moitié du persil, du sel et du poivre.
3 Préparez la sauce, avec la totalité des trois fromages. Incorporez 2 cuil. à café de moutarde de Dijon; goûtez et rectifiez l'assaisonnement, en ajoutant éventuellement un peu de moutarde.
4 Cuisez 250 g de pâtes aux épinards. Enduisez de beurre fondu 6 bols allant au four. Égouttez les pâtes, rincez-les, égouttez-les de nouveau. Mélangez-les avec la sauce au fromage et le reste du persil.
5 Répartissez à la cuiller le mélange dans les bols et parsemez la garniture. Cuisez au four de 20 à 25 min, jusqu'à ce que le plat bouillonne et soit brun doré.

Une croûte dorée de mie de pain et de fromage cache les pennes et leur riche sauce

🍽 POUR SERVIR
Si le plat n'est pas assez doré, passez-le sous le gril de 2 à 3 min. Faites 6 parts et servez sur des assiettes chaudes, avec une salade de tomates par exemple.

Les champignons sauvages, les échalotes et l'ail remettent ce plat au goût du jour

Tarte à la ricotta

3 Dépliez les lanières rabattues sur la lanière perpendiculaire, en les laissant de nouveau dépasser du bord du moule.

4 Rabattez de nouveau une lanière sur deux. Placez une nouvelle lanière perpendiculaire à 2 cm de la première.

Le bout des lanières dépasse des bords du moule

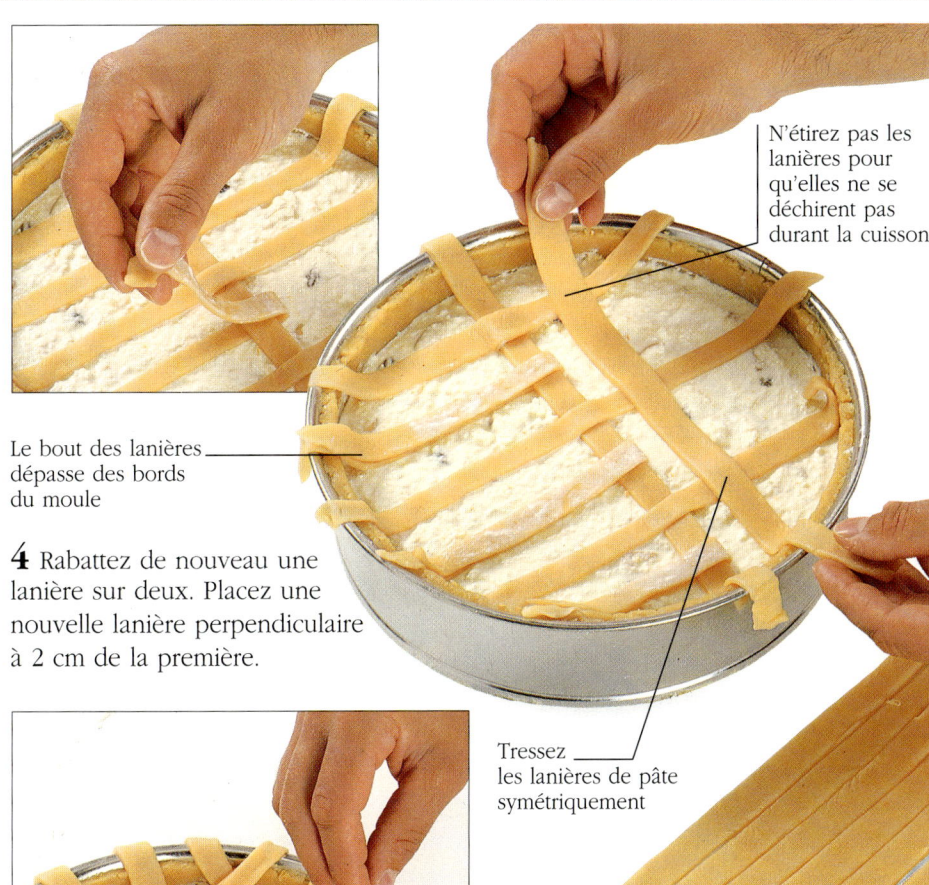

N'étirez pas les lanières pour qu'elles ne se déchirent pas durant la cuisson

Tressez les lanières de pâte symétriquement

Les lanières de pâte doivent être régulières

5 Couvrez la deuxième lanière perpendiculaire en dépliant les lanières rabattues. Rabattez de nouveau une lanière sur deux.

6 Recommencez avec une troisième lanière perpendiculaire. Une moitié de la tarte doit être couverte de croisillons.

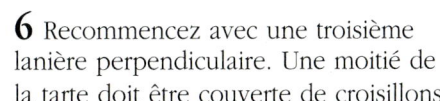

7 Tournez le moule de 180° et procédez de la même façon pour l'autre moitié de la tarte, jusqu'à ce qu'elle soit entièrement couverte de croisillons.

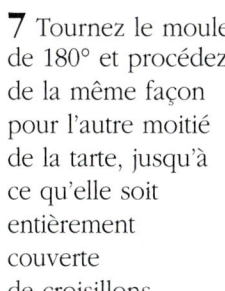

Les croisillons qui couronnent la tarte sont très décoratifs

8 Avec le couteau d'office, égalisez soigneusement les bouts de pâte, de façon que les lanières soient parfaitement adaptées à la taille du moule.

TARTE À LA RICOTTA

3 Faire la garniture

1 Râpez le zeste de l'orange au-dessus d'une petite assiette. Hachez finement le zeste d'orange confit.

2 Mettez la ricotta dans un grand bol et battez-la avec le sucre, la farine et 1/2 cuil. à café de sel.

3 Ajoutez le zeste d'orange râpé, le zeste d'orange confit, l'extrait de vanille, les raisins secs, les amandes effilées et les jaunes d'œufs. Battez le mélange jusqu'à ce qu'il soit parfaitement homogène.

Les jaunes d'œufs lient le fromage, qui va prendre à la cuisson

Les amandes effilées donnent du croustillant à la garniture

4 Versez à la cuiller la garniture sur le fond de pâte refroidi. Tapez le moule sur le plan de travail pour éliminer toutes les poches d'air. Égalisez la surface avec le dos de la cuiller en bois.

4 Faire les croisillons et cuire la tarte

1 Faites une boule avec le reste de pâte et toutes les chutes, et abaissez-la sur le plan de travail légèrement fariné en un disque de 25 cm de diamètre. À l'aide du couteau chef, détaillez-le en lanières de 1,5 cm de large.

Une bande sur deux est repliée sur elle-même

2 Déposez la moitié des lanières, à 2 cm d'intervalle, de gauche à droite sur la garniture, de façon qu'elles dépassent du bord du moule. Rabattez-en une sur deux sur elle-même. Posez une nouvelle lanière dans l'autre sens.

6 Farinez légèrement le plan de travail, puis pétrissez la pâte en la pressant sous le talon de votre main. Repliez-la avec la raclette à pâtisserie et continuez à la pétrir de 1 à 2 min jusqu'à ce qu'elle soit très souple et se détache facilement du plan de travail.

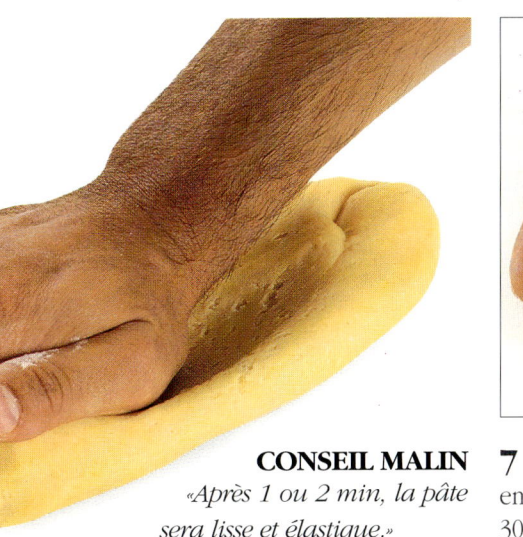

En pétrissant la pâte, vous répartissez bien le beurre

CONSEIL MALIN
« Après 1 ou 2 min, la pâte sera lisse et élastique. »

7 Formez une boule de pâte, emballez-la bien, et laissez-la se raffermir 30 min au réfrigérateur.

2 ABAISSER LA PÂTE ET FONCER LE MOULE

1 Enduisez le fond et les parois du moule de beurre fondu. Farinez légèrement le plan de travail et abaissez les 3/4 de la pâte en un disque d'environ 36 cm de diamètre.

2 Enroulez la pâte autour du rouleau à pâtisserie, puis déroulez-la sur le moule sans l'étirer.

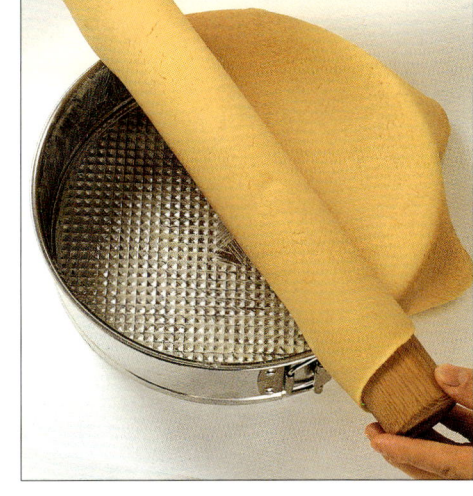

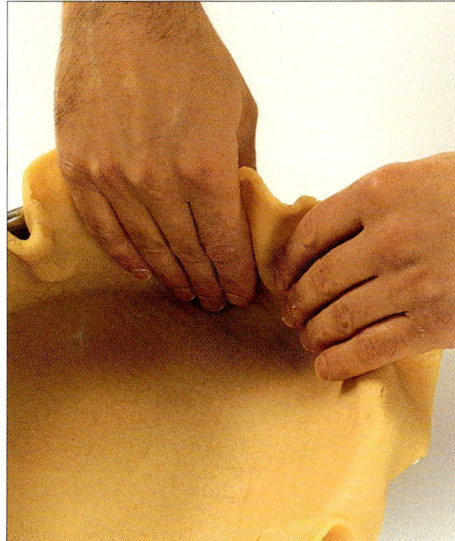

3 Relevez le bord de la pâte avec une main et appliquez-la de l'autre sur le fond du moule. Pressez-la doucement avec les doigts le long des parois du moule.

4 À l'aide d'un couteau à bout rond, enlevez l'excès de pâte qui dépasse du moule. Mettez le fond, ainsi que le reste de pâte et les chutes, 15 min au réfrigérateur. Pendant ce temps, préparez la garniture.

Le fond de pâte doit être égalisé au niveau du haut du moule

Tarte à la ricotta

1 Préparer la pâte

1 À l'aide du rouleau à pâtisserie, écrasez le beurre entre 2 feuilles de papier sulfurisé pour le ramollir.

2 Tamisez la farine sur le plan de travail et creusez un puits au centre. Râpez le zeste du citron.

CONSEIL MALIN
« Le puits au centre de la farine doit être suffisamment large pour que vous puissiez mélanger facilement les ingrédients. »

Le beurre ramolli se mélangera facilement avec le sucre

Les jaunes d'œufs enrichissent la pâte et lui donnent une belle couleur dorée

3 Mettez le sucre, le beurre, les jaunes d'œufs et le zeste de citron râpé dans le puits.

Travaillez le beurre avec les jaunes d'œufs et le sucre

4 Du bout des doigts, travaillez tous les ingrédients jusqu'à ce qu'ils soient parfaitement mélangés.

5 Ramenez peu à peu la farine vers le centre avec la raclette à pâtisserie et incorporez-la aux autres ingrédients. Pressez la pâte pour former une boule.

Tarte à la ricotta

Crostata di ricotta

Pour 8 à 10 personnes • Préparation : de 35 à 40 min* • Cuisson : de 1 h à 1 h 15

Équipement

- moule à bord amovible de 24 cm de diamètre
- passoire en toile métallique
- couteau chef
- pinceau à pâtisserie
- bols
- couteau d'office
- cuiller en bois
- râpe
- rouleau à pâtisserie
- papier sulfurisé
- raclette à pâtisserie
- plaque à pâtisserie
- planche à découper

CONSEIL MALIN

« Un moule à bord amovible est indispensable, car la tarte ne peut pas être retournée après la cuisson. »

Cette tarte italienne, à base de ricotta parfumée au zeste d'orange confit et aux amandes et cuite dans une pâte brisée au citron, est une merveille. Plus le fromage sera frais, meilleure elle sera.

Savoir s'organiser

Vous pouvez préparer la tarte 24 h à l'avance et la conserver au réfrigérateur. Les saveurs se mêleront, mais la consistance ne sera pas aussi légère.

plus 45 à 60 min de réfrigération

Le marché

1 orange
2 cuil. à soupe de zeste d'orange confit haché
1,2 kg de ricotta
100 g de sucre en poudre
1 cuil. à café de farine de blé supérieure
sel
1 cuil. à café d'extrait de vanille
50 g de raisins secs
30 g d'amandes effilées
4 jaunes d'œufs
Pour la pâte
175 g de beurre doux, et un peu pour graisser le moule
250 g de farine de blé supérieure, ou plus
1 citron
50 g de sucre en poudre
4 jaunes d'œufs
1 œuf entier, pour le glaçage

Ingrédients

- orange
- ricotta
- extrait de vanille
- beurre doux
- citron
- raisins secs
- farine de blé supérieure
- zeste d'orange confit
- jaunes d'œuf
- amandes effilées
- œuf entier
- sucre en poudre

Déroulement

1 Préparer la pâte

2 Abaisser la pâte et foncer le moule

3 Faire la garniture

4 Faire les croisillons et cuire la tarte

214

VARIANTE

TARTE AUX FRAISES ET À LA CRÈME AU CHOCOLAT

Dans cette Crostata di fragole al cioccolato, *une couche de crème au chocolat nappe un fond de pâte à l'amande et accueille une garniture de fraises fraîches. Vous pouvez éventuellement les remplacer par des framboises.*

Les fraises disposées en cercles concentriques sont très attrayantes

1 Préparez la pâte en suivant la recette principale, en remplaçant les noisettes par 125 g d'amandes mondées. Faites-la cuire.

2 Hachez 125 g de chocolat noir en petits morceaux.

3 Ne faites pas de crème fouettée au marsala. Mettez 15 cl de crème épaisse et le chocolat haché dans une casserole et chauffez de 3 à 5 min, en remuant de temps en temps avec une cuiller en bois, jusqu'à ce que le chocolat soit bien lisse. Laissez légèrement refroidir, puis mettez au réfrigérateur, en remuant de temps en temps.

4 Équeutez 750 g de fraises; ne les lavez que si elles sont sales. Coupez-les en deux, ou en quatre si elles sont grosses. N'utilisez pas de framboises.

5 À l'aide d'un batteur électrique ou d'un fouet, battez la crème au chocolat bien froide de 3 à 5 min, jusqu'à ce qu'elle soit légère et plus claire. Ne la travaillez pas trop, sinon elle se défera et deviendra granuleuse.

6 Avec une palette, étalez la crème au chocolat sur la pâte à l'amande en une couche régulière.

7 Disposez les fraises sur la crème, tranche vers le bas, en cercles concentriques.

8 Découpez la tarte en parts et servez sur des assiettes.

Le croustillant de la pâte à l'amande contraste avec la douceur de la crème

TARTE À LA NOISETTE ET AUX FRUITS ROUGES

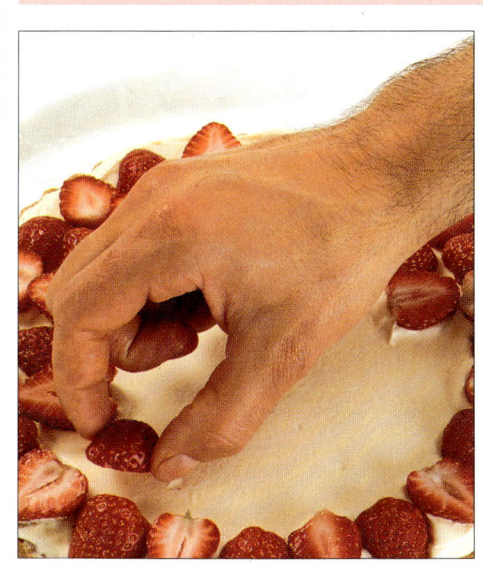

Enroulez la poche autour de votre pouce pour la presser régulièrement

6 En commençant par l'extérieur et en travaillant vers l'intérieur, disposez les fraises en cercles concentriques sur la crème fouettée. Empilez les framboises au centre, en laissant un espace d'environ 1,5 cm entre les deux variétés de fruit pour y mettre des rosettes de crème.

7 Mettez le reste de crème au marsala dans la poche à douille équipée de l'embout étoilé. Faites un cercle de rosettes entre les fraises et les framboises, et 8 grosses rosettes à l'extérieur, sur les fraises ; posez sur chacune d'elles une des noisettes réservées. Mettez au réfrigérateur jusqu'au moment de servir.

¶⊙¶ POUR SERVIR
Servez bien froid, découpé en parts.

La pâte à la noisette croustillante est garnie de crème et de fruits

Le marsala, qui parfume la crème, apporte une touche italienne à cette tarte aux fruits

La garniture de noisettes rappelle le goût de la pâte

TARTE À LA NOISETTE ET AUX FRUITS ROUGES

3 TERMINER LA TARTE

Aromatisez la crème quand elle est encore souple

2 Ajoutez le sucre glace et le marsala. Continuez à fouetter jusqu'à ce que la crème fasse une pointe ferme.

Dans un bol très froid, la crème monte plus facilement

1 Préparez la crème fouettée au marsala : à l'aide du fouet, battez la crème épaisse dans un bol très froid jusqu'à ce qu'elle forme de petites crêtes.

3 Triez les framboises. Équeutez les fraises ; ne les lavez que si elles sont sales.

Des queues humides et vertes sont signe de fraîcheur

4 Avec le couteau d'office, coupez les fraises en deux, ou en quatre si elles sont grosses.

La pointe d'un couteau enlève facilement la queue des fraises

ATTENTION !
L'eau ramollit les fraises ; ne les lavez que si elles sont sales.

5 À l'aide de la palette, étalez les 2/3 de la crème fouettée au marsala sur le fond de pâte à la noisette, jusqu'aux bords.

Tarte à la noisette et aux fruits rouges

Détachez la pâte du plan de travail avec vos doigts

6 Continuez jusqu'à ce que les miettes commencent à s'amalgamer. Pressez-les entre vos doigts pour former une boule de pâte.

7 Farinez légèrement le plan de travail, puis pétrissez la pâte en la pressant sous le talon de votre main. Repliez-la et continuez à la pétrir jusqu'à ce qu'elle se détache du plan de travail. Formez une boule, emballez-la, et laissez-la se raffermir 30 min au réfrigérateur.

2 Cuire le fond de pâte

1 Préchauffez le four à 180 °C. À l'aide du pinceau à pâtisserie, enduisez le moule de beurre fondu.

Le beurre évitera à la pâte de coller dans le moule

2 Avec le dos d'une cuiller ou le talon de votre main, pressez la pâte dans le moule en une couche régulière.

3 Mettez la pâte au réfrigérateur 15 min au moins, le temps qu'elle se raffermisse. Enfournez pour 30 à 35 min, jusqu'à ce qu'elle soit légèrement dorée et se détache facilement des bords du moule.

CONSEIL MALIN
« Bien dorée, la pâte dégage mieux son parfum de noisette. »

4 Posez le moule sur un bol pour en enlever le bord. Mettez la pâte sur un plat. Laissez refroidir.

Tarte à la noisette et aux fruits rouges

1 Préparer la pâte à la noisette

1 Grillez et pelez les noisettes (voir encadré à droite). Réservez-en 8 pour la décoration. Mettez les autres dans le robot ménager avec le sucre et réduisez-les en poudre fine. Vous pouvez aussi les travailler en 2 ou 3 fois dans un mixeur.

ATTENTION !
Ne faites pas trop tourner l'appareil, car l'huile des noisettes donnerait une pâte collante.

Griller et peler des noisettes

Grillées, les noisettes développent leur parfum et deviennent plus croustillantes. Elles se pèlent aussi beaucoup plus facilement.

La peau des noisettes grillées s'enlève facilement

1 Préchauffez le four à 180 °C. Étalez les noisettes sur une plaque à pâtisserie et enfournez-les pour 12 à 15 min, le temps qu'elles dorent.

2 Tant que les noisettes sont encore chaudes, frottez-les dans un torchon rugueux pour en enlever la peau, puis laissez-les refroidir.

2 Tamisez la farine sur le plan de travail, ajoutez la poudre de noisette et creusez un grand puits au centre.

3 Coupez le beurre en morceaux et mettez-les dans le puits au centre de la farine.

4 Ajoutez l'œuf et, avec le bout des doigts, travaillez les ingrédients jusqu'à ce que le mélange soit souple et parfaitement homogène.

Mélangez le beurre, l'œuf et la farine du bout des doigts

5 À l'aide de la raclette à pâtisserie, ramenez la poudre de noisette et la farine vers le centre. Du bout des doigts, incorporez-les au beurre jusqu'à ce que le mélange forme de grosses miettes.

Tarte à la noisette et aux fruits rouges

Crostata di fragole et lamponi

 Pour 6 à 8 personnes  Préparation : de 35 à 40 min*  Cuisson : de 30 à 35 min

Équipement

robot ménager**
moule à fond amovible de 24 cm de diamètre

bols
poche à douille avec embout étoilé moyen

plaque à pâtisserie
couteau d'office
pinceau à pâtisserie

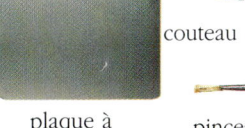

couteau chef

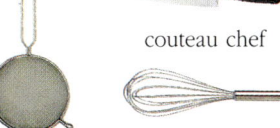

passoire en toile métallique
fouet***
spatule en caoutchouc

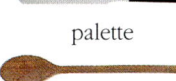

palette
cuiller en bois

planche à découper
raclette à pâtisserie

** ou mixeur
*** ou batteur électrique

Ingrédients

fraises — sucre glace

sucre en poudre — noisettes

framboises — farine de blé supérieure

beurre doux — crème épaisse

marsala — œuf

Traditionnellement, les tartes italiennes sont simples — souvent des fruits frais sur un fond de pâte. Ici, des baies rouges couronnent une pâte à la noisette et sont parfumées par de la crème fouettée au marsala.

Savoir s'organiser

Vous pouvez préparer la pâte 48 h à l'avance et la conserver au réfrigérateur, ou même la congeler. La pâte à la noisette cuite se garde de 6 à 8 h. Ne composez pas la tarte plus de 2 h avant de servir.

plus 45 min de réfrigération

Le marché

20 cl de crème épaisse
3 à 4 cuil. à soupe de sucre glace
2 cuil. à soupe de marsala
300 g de fraises
150 g de framboises
Pour la pâte
125 g de noisettes
75 g de sucre en poudre
125 g de farine de blé supérieure, ou plus
125 g de beurre doux, et un peu pour graisser le moule
1 œuf

Déroulement

1 Préparer la pâte à la noisette

2 Cuire le fond de pâte

3 Terminer la tarte

Desserts à l'italienne

TARTE À LA NOISETTE	
ET AUX FRUITS ROUGES	208
TARTE AUX FRAISES	
ET À LA CRÈME AU CHOCOLAT	214
TARTE À LA RICOTTA	214
TARTE À LA RICOTTA ET AU CHOCOLAT	219
GÂTEAU AUX NOIX CARAMÉLISÉ	220
GÂTEAU AUX NOIX ET AUX RAISINS SECS	225
GRANITÉ DE PAMPLEMOUSSE	226
GRANITÉ AU CAFÉ	229
TORTA DI MELE	230
GÂTEAU AUX POIRES	233
GÂTEAU CRÉMEUX À LA FLORENTINE	234
GÂTEAU CRÉMEUX AU MOKA	239
PASTA FROLLA	240
TARTE AU CHOCOLAT ET AUX NOIX	245

TARTE À LA RICOTTA

9 Préparez le glaçage à l'œuf : battez légèrement l'œuf entier avec 1/2 cuil. à café de sel. Humectez l'extrémité des lanières avec ce glaçage, puis scellez-les. Glacez ensuite les croisillons et laissez la tarte se raffermir de 15 à 30 min au réfrigérateur. Préchauffez le four à 180 °C et mettez-y la plaque à pâtisserie, assez bas.

10 Enfournez la tarte sur la plaque pour 1 h à 1 h 15, jusqu'à ce que le dessus soit ferme et bien doré. Sortez la tarte et laissez-la dans son moule jusqu'à ce qu'elle soit tiède. Ôtez le bord amovible et laissez complètement refroidir.

Enlevez le bord du moule quand la tarte a suffisamment refroidi pour être bien ferme

🍽 POUR SERVIR
Mettez la tarte sur un grand plat. Coupez-la en parts et servez à température ambiante.

Les croisillons sont caractéristiques des *crostate* italiennes

La pâte croustillante au citron enferme la douce garniture de ricotta

---

VARIANTE
TARTE À LA RICOTTA ET AU CHOCOLAT

Un pâtissier d'Assise a pour spécialité cette Crostata di ricotta al cioccolata.

1 Préparez la pâte en suivant la recette principale, avec 175 g de farine, 3 jaunes d'œufs, 50 g de sucre et 125 g de beurre ; n'utilisez pas de zeste de citron.

2 Abaissez la pâte pour foncer un moule beurré d'environ 32 × 24 × 5 cm. Elle doit dépasser de 3 cm le haut des parois du moule.

3 À l'aide d'un couteau chef, hachez finement 125 g de chocolat noir. Vous pouvez aussi le hacher dans un robot ménager.

4 Préparez la garniture en suivant la recette principale, en remplaçant le zeste d'orange confit, les raisins secs et les amandes par le chocolat haché et le zeste d'orange râpé.

5 Garnissez le fond de pâte, mettez au réfrigérateur et enfournez pour 35 à 40 min, jusqu'à ce que la ricotta soit prise. Laissez refroidir complètement dans le moule.

6 Hachez encore 30 g de chocolat. Faites-le fondre dans un bol posé dans une casserole d'eau chaude, en remuant jusqu'à ce qu'il soit lisse. Incorporez-y 1/2 cuil. à café d'huile végétale.

7 Plongez les dents d'une fourchette dans le chocolat et promenez-la au-dessus de la tarte pour former un motif original.

8 Coupez la tarte en parts et servez sur des assiettes.

Gâteau aux noix caramélisé

Torta di noci

Pour 8 personnes **Préparation : de 25 à 30 min** **Cuisson : de 1 h à 1 h 15**

Équipement

- robot ménager
- bols
- grille à pâtisserie
- casserole moyenne
- papier sulfurisé
- ciseaux de cuisine
- fouet
- pinceau à pâtisserie
- palette
- râpe
- crayon
- spatule en caoutchouc
- brochette métallique
- cuiller en bois
- moule rond de 24 cm de diamètre

Un nappage croustillant de caramel couronne ce riche gâteau à la noix aromatisé à la grappa ou au rhum. Idéal pour les grandes occasions, il est cependant très simple à faire.

Savoir s'organiser

Vous pouvez conserver le gâteau 48 h dans un récipient hermétique. Les saveurs se mêleront. Ajoutez le nappage au caramel juste avant de servir, car il ramollit quand il attend.

Le marché

1 citron
2 tranches de pain de mie
200 g de cerneaux de noix
4 œufs
125 g de beurre doux, et un peu pour graisser le moule
150 g de sucre en poudre
2 cuil. à soupe de grappa
Pour le nappage
4 cuil. à soupe d'eau
100 g de sucre

Ingrédients

- pain de mie
- citron
- noix
- œufs
- grappa*
- beurre doux
- sucre en poudre

* ou rhum

CONSEIL MALIN

«La grappa est l'équivalent italien du marc, un alcool obtenu par distillation des restes de raisins qui ont été foulés pour faire du vin. Elle est parfois parfumée par des herbes.»

Déroulement

1 Préparer et cuire le gâteau

2 Faire le nappage et enrober le gâteau

GÂTEAU AUX NOIX CARAMÉLISÉ

1 Préparer et cuire le gâteau

Respectez la taille du moule pour obtenir le meilleur résultat

Découpez tout autour du trait : le cercle de papier aura exactement la taille du moule

1 Préchauffez le four à 180 °C. Posez le moule sur une feuille de papier sulfurisé et dessinez tout autour un cercle au crayon.

2 Enduisez de beurre fondu le fond et les parois du moule et chemisez le fond avec le cercle de papier. Badigeonnez-le aussi de beurre fondu.

Les noix et les miettes de pain donneront au gâteau sa texture particulière

Les miettes de pain sèches évitent aux noix de devenir huileuses

3 Râpez le zeste du citron. Grillez le pain dans le four de 5 à 7 min, jusqu'à ce qu'il soit très sec. Cassez-le en morceaux et réduisez-le en fines miettes dans le robot ménager. Vous pouvez aussi le broyer dans un hachoir électrique.

4 Réservez 8 cerneaux de noix pour la décoration. Mettez les autres dans le robot ménager et réduisez-les en poudre. Vous pouvez également les hacher avec un couteau chef.

ATTENTION !
Ne broyez pas trop les noix, car elles formeraient une pâte collante. Vous pouvez laisser quelques petits morceaux, qui croqueront sous la dent.

Gâteau aux noix caramélisé

5 Séparez les blancs d'œufs des jaunes (voir encadré p. 223). Travaillez le beurre en pommade à l'aide de la cuiller en bois ou d'un batteur électrique. Ajoutez les 2/3 du sucre et battez de 2 à 3 min, jusqu'à ce que le mélange soit léger et mousseux.

Vous pouvez préférer travailler le mélange avec un batteur électrique

Le beurre doit être d'abord battu pour que le sucre se mélange mieux

6 Ajoutez les jaunes d'œufs, un par un, en battant bien à chaque fois.

7 Ajoutez le zeste de citron râpé et la grappa, et battez pour obtenir une pâte homogène.

CONSEIL MALIN
«Battez bien la pâte pour que le zeste de citron libère toute sa saveur.»

8 Ajoutez les noix hachées et les miettes de pain, et incorporez bien tous les ingrédients.

9 Battez les blancs d'œufs en neige (voir encadré p. 224). Saupoudrez-les avec le reste du sucre et fouettez 20 s de plus, jusqu'à ce qu'ils soient brillants. Incorporez-en doucement 1/4 à la pâte.

Cassez les blancs d'œufs en neige et rabattez-les dans la pâte

222

Versez le mélange le plus lourd sur le plus léger pour mieux incorporer le tout

10 Versez le mélange de blancs d'œufs et de pâte à la noix sur le reste des blancs. Enfoncez la spatule au centre de la préparation, soulevez-la et rabattez-la sur elle-même en un mouvement tournant. Faites pivoter en même temps le bol dans le sens inverse des aiguilles d'une montre.

11 Versez la pâte à la cuiller dans le moule beurré et égalisez-en la surface à l'aide de la spatule en caoutchouc. Enfournez pour 1 h à 1 h 15. Vérifiez la cuisson en enfonçant la brochette au centre du gâteau : elle doit ressortir propre.

Le papier beurré est facile à décoller du gâteau

12 Laissez le gâteau refroidir légèrement, puis retournez-le sur la grille à pâtisserie. Ôtez le papier sulfurisé et laissez refroidir complètement.

La grille laisse l'air circuler

SÉPARER LES BLANCS D'ŒUFS DES JAUNES

Il est facile de séparer les blancs d'œufs des jaunes en se servant de la coquille. Cependant, celle-ci peut être contaminée par des salmonelles. Vous pouvez donc filtrer le blanc entre vos doigts.

1 Pour séparer le blanc du jaune avec la coquille : cassez la coquille en son centre en la tapotant sur tout son diamètre sur le bord d'un bol. Ouvrez-la avec les pouces et laissez le blanc s'écouler dans le bol.

2 Passez le jaune d'une moitié de la coquille dans l'autre, pour le libérer du reste de blanc. S'il tombe dans le bol, ramassez-le avec la coquille. Pour enlever le germe, pincez-le entre vos doigts et le tranchant de la coquille.

Pour séparer le blanc du jaune avec vos doigts : cassez l'œuf dans un bol. Tenez votre main en coupelle au-dessus d'un autre bol et faites couler le blanc entre vos doigts.

Gâteau aux noix caramélisé

Monter des blancs d'œufs en neige

Les blancs d'œufs en neige doivent être très fermes, mais pas secs. Pour qu'ils montent correctement, il faut qu'il n'y ait aucune trace d'eau, de graisse ou de jaune dans le blanc, sur le fouet ou dans le bol. Un bol en cuivre et un grand fouet arrondi sont les ustensiles classiques, mais vous pouvez aussi bien utiliser un bol en métal ou en verre, et un batteur électrique.

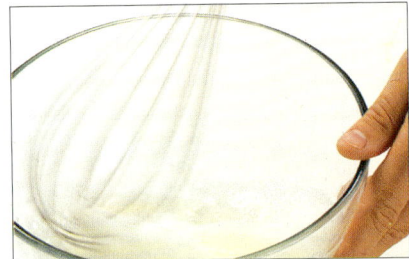

1 Commencez par fouetter les blancs doucement, puis de plus en plus vite quand ils blanchissent. Si vous ajoutez une pincée de sel ou un peu de crème de tartre, la neige sera très gonflée.

ATTENTION !
Quand les blancs forment de petites crêtes, n'arrêtez pas de fouetter : ils «tourneraient».

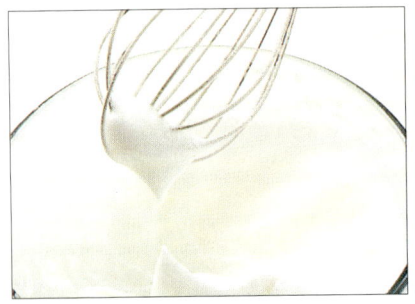

2 Les blancs sont bien montés s'ils forment une pointe ferme quand vous soulevez le fouet et s'ils restent accrochés à ses branches. Utilisez-les rapidement, car ils retombent vite.

ATTENTION !
Ne battez cependant pas trop les œufs, car ils perdraient leur consistance idéale.

2 Faire le caramel et napper le gâteau

1 Chauffez sur feu doux l'eau et le sucre dans la casserole, jusqu'à ce qu'il ait fondu. Laissez bouillir, sans remuer, jusqu'à ce que le sirop commence à se colorer.

Faites bouillir le sirop pour que l'eau s'évapore rapidement

Les bulles éclatent moins vite et deviennent dorées le long des parois de la casserole

ATTENTION !
Si vous remuez le sirop durant l'ébullition, il risque de cristalliser.

2 Baissez le feu et poursuivez la cuisson, en faisant tourner la casserole une ou deux fois pour que le sirop dore uniformément.

3 Cuisez jusqu'à ce que le caramel soit brun doré pour avoir le maximum de saveur. Veillez à ce qu'il ne brûle pas.

Protégez votre main de la chaleur et de la vapeur avec un torchon

L'eau refroidit rapidement le fond de la casserole

4 Plongez aussitôt le fond de la casserole dans un bol d'eau froide pour interrompre la cuisson.

GÂTEAU AUX NOIX CARAMÉLISÉ

Tenez la palette légèrement en biais quand vous étalez le caramel

Étalez rapidement le caramel, car il durcit très vite en refroidissant

5 Dès que le caramel ne bouillonne plus, versez-le sur le gâteau. À l'aide de la palette, étalez-le rapidement en une couche fine. Disposez immédiatement les cerneaux de noix réservés sur le dessus.

🍽 POUR SERVIR

Mettez le gâteau sur un plat et coupez-le en 8 parts égales à l'aide d'un couteau bien aiguisé.

Le gâteau est découpé en parts bien nettes

Les cerneaux de noix sont posés sur le nappage au caramel

VARIANTE

GÂTEAU AUX NOIX ET AUX RAISINS SECS

La Torta di noci e uve passe s'enrichit de raisins secs trempés dans de la grappa.

1 Mettez 150 g de raisins secs dans un petit bol peu profond. Ajoutez 15 cl de grappa et laissez tremper 15 min.

2 Égouttez les raisins et réservez la grappa. Préparez le gâteau en mettant toutes les noix dans la pâte et en ajoutant les raisins avec le zeste de citron. Cuisez au four.

3 Tant que le gâteau est encore chaud, arrosez avec la grappa réservée.

4 Ne préparez pas de caramel. Coupez dans du carton léger 4 ou 5 bandes de 2 cm de large et posez-les sur le dessus du gâteau. Saupoudrez du sucre glace sur le gâteau. Enlevez délicatement les bandes de carton et l'excès de sucre.

5 Remettez les bandes sur le gâteau pour former des croisillons et saupoudrez de nouveau de sucre glace ; il vous en faudra au total 60 g environ. Retirez doucement les bandes de carton.

6 Servez le gâteau sur un plat.

Granité de pamplemousse

 Pour 4 personnes   Préparation : de 15 à 20 min   Cuisson : de 5 à 6 h*

Équipement

petite casserole • couteau chef • fouet • couteau éplucheur

presse-agrumes

bol non métallique • petite passoire en toile métallique

papier sulfurisé

planche à découper

CONSEIL MALIN
« Ici, on utilise un fouet pour briser la glace, mais vous pouvez aussi préparer le granité à l'aide d'un robot ménager ou d'un mixeur : versez le mélange au pamplemousse dans un bac à glaçons et laissez prendre de 2 à 3 h au réfrigérateur ; mettez alors les cubes de glace dans l'appareil et faites-le tourner jusqu'à ce que le granité soit en morceaux. »

Le granité au pamplemousse, servi ici avec des biscuits aux amandes de la Toussaint, termine de façon rafraîchissante un dîner copieux. Les jus de pamplemousse et de citron sucrés sont mis directement au congélateur. À l'inverse d'un sorbet, bien lisse, le granité a l'aspect d'une neige grossière — au lieu d'utiliser une sorbetière, on fouette le mélange de jus de fruit et d'eau toutes les heures environ, pour briser les cristaux de glace à mesure qu'ils se forment.

Savoir s'organiser

Vous pouvez préparer le granité 48 h à l'avance et le conserver au congélateur. Si la glace s'est trop solidifiée, laissez-la à température ambiante le temps qu'elle soit plus souple. Fouettez-la et remettez-la au congélateur pour 30 à 60 min, ou travaillez-la dans un robot ménager juste avant de servir.

* plus 1 h environ pour fouetter la glace

Le marché

3 pamplemousses moyens
1/2 citron
50 g de sucre, ou plus selon votre goût
2 cuil. à soupe d'eau
biscuits aux amandes de la Toussaint (voir encadré p. 228), pour servir (facultatif)

Ingrédients

pamplemousses

citron

sucre

biscuits aux amandes (facultatif)

CONSEIL MALIN
« Les pamplemousses roses donneront une jolie couleur au granité ; mais, comme ils sont plus doux que les blancs, vous devrez mettre un peu moins de sucre. »

Déroulement

1 Faire le granité et le congeler

2 Préparer le zeste de pamplemousse confit et servir le granité

Granité de pamplemousse

1 Faire le granité et le congeler

1 Prélevez une fine couche de zeste sur la moitié d'un pamplemousse, sans entailler la membrane blanche, qui est amère. Réservez.

Le jus de pamplemousse, jaune pâle, donnera sa couleur délicate au granité

2 Pressez tous les pamplemousses : vous devez obtenir environ 50 cl de jus.

CONSEIL MALIN
« Pour extraire le maximum de jus, roulez, en appuyant bien, les pamplemousses sur le plan de travail. »

3 Tamisez le jus au-dessus d'un bol non métallique. Pressez le citron et tamisez-en le jus au-dessus du même bol. Ajoutez la moitié du sucre et remuez jusqu'à ce qu'il soit fondu. Goûtez et ajoutez-en éventuellement un peu plus.

Filtrez les jus de pamplemousse et de citron pour éliminer les pépins et les petits morceaux de pulpe

4 Mettez le mélange au congélateur pour 45 à 60 min, jusqu'à ce qu'il commence à geler en surface. Fouettez-le pour briser la glace.

5 Poursuivez la congélation, et fouettez de nouveau au bout de 1 h, jusqu'à ce que le granité soit fondu et légèrement granuleux. Procédez ainsi pendant 4 ou 5 h.

GRANITÉ DE PAMPLEMOUSSE

2 Préparer le zeste de pamplemousse confit et servir le granité

1 À l'aide du couteau chef, coupez le zeste de pamplemousse en très fine julienne.

2 Dans la petite casserole, chauffez l'eau et le reste du sucre (2 cuil. à soupe) jusqu'à ce qu'il soit fondu. Mettez-y le zeste de pamplemousse.

Biscuits aux amandes de la Toussaint

Souples et moelleux, ces biscuits aux amandes — Fave dei morti — se dégustent traditionnellement en Italie le jour de la Toussaint. Ils sont délicieux avec le granité ou d'autres desserts glacés, ou simplement avec un café. Ils se conservent 1 semaine dans un récipient hermétique.

1 Préchauffez le four à 180 °C. Beurrez une plaque à pâtisserie. Saupoudrez-la de farine et enlevez-en l'excès. Râpez le zeste du citron. Tamisez la farine et battez l'œuf.

2 Mélangez les amandes en poudre, le sucre, le cognac, la farine, le beurre et le zeste de citron. Ajoutez l'œuf ; remuez jusqu'à ce que la pâte soit homogène et ne colle plus au bol.

3 Humectez vos mains et roulez la pâte en boulettes de 2,5 cm de diamètre. Disposez-les sur la plaque à pâtisserie, à intervalles de 2,5 cm.

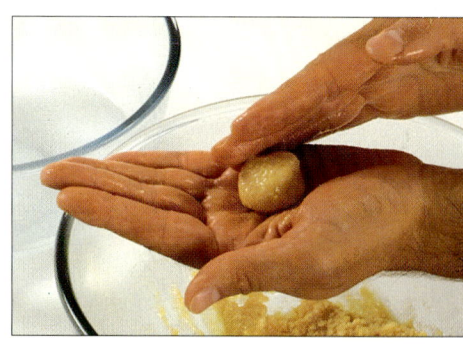

Les biscuits doivent être suffisamment espacés, car ils gonfleront à la cuisson

🍽 Pour 24 à 30 biscuits

⏲ Préparation : de 15 à 20 min

🍲 Cuisson : de 15 à 20 min

Le marché

1 citron
30 g de farine de blé supérieure
1 œuf
150 g d'amandes en poudre
125 g de sucre en poudre
1 cuil. à soupe de cognac
15 g de beurre
12 à 15 amandes entières mondées

4 Coupez les amandes entières en deux et piquez-les dans chaque biscuit. Mettez dans le haut du four pour 15 à 20 min, jusqu'à ce qu'ils soient légèrement dorés. Sortez-les et laissez-les tiédir 5 min ; posez-les ensuite sur une grille pour qu'ils refroidissent complètement.

GRANITÉ DE PAMPLEMOUSSE

3 Laissez confire le zeste de 12 à 15 min, jusqu'à ce que toute l'eau se soit évaporée et qu'il soit tendre et translucide.

4 À l'aide d'une fourchette, étalez le zeste sur une feuille de papier sulfurisé, et laissez-le refroidir.

5 Versez à la cuiller le granité dans 4 coupes très froides. Disposez le zeste confit au-dessus et servez aussitôt. Accompagnez de biscuits aux amandes de la Toussaint, si vous les aimez.

Utilisez une cuiller froide et servez le plus vite possible, car le granité fond très vite

Les coupes doivent être très froides, sinon le granité fondra

Des coupes transparentes mettent en valeur le granité glacé

Les biscuits de la Toussaint italiens rappellent les macarons

VARIANTE

GRANITÉ AU CAFÉ

Très apprécié dans les cafés italiens, ce Granita di caffè *est préparé à partir d'expresso sucré. Il est ici servi couronné de crème Chantilly aromatisée à l'amaretto. Cette recette convient pour 6 personnes.*

1 Portez 1 litre d'eau à ébullition. Mélangez-y au fouet 100 g de café moulu pour expresso et laissez infuser 10 min.

2 Tamisez le mélange dans une passoire en toile métallique, puis dans un filtre à café, et mesurez 75 cl du liquide.

3 Mettez 100 g de sucre en poudre dans le café et remuez jusqu'à ce qu'il soit dissous. Goûtez, ajoutez éventuellement un peu de sucre, et laissez revenir à température ambiante. Congelez.

4 Faites refroidir 6 verres à pied au réfrigérateur.

5 À l'aide d'un fouet ou d'un batteur électrique, fouettez 15 cl de crème épaisse jusqu'à ce qu'elle forme de petites crêtes.

6 Ajoutez 1 cuil. à soupe de sucre glace et 1 ou 2 cuil. d'amaretto, et continuez à fouetter jusqu'à ce que la crème fasse une pointe ferme.

7 Remplissez de chantilly une poche à douille équipée d'un embout étoilé.

8 Versez à la cuiller le granité dans les verres très froids. Couronnez avec une grosse rosette de chantilly. Terminez par un grain de café en chocolat.

Torta di mele

 Pour 8 personnes   Préparation : de 20 à 25 min   Cuisson : de 1 h 15 à 1 h 30

Équipement

bols

moule à bord amovible de 24 cm de diamètre

cuiller parisienne

couteau à lame fine

pinceau à pâtisserie

petite casserole

couteau éplucheur

couteau d'office

batteur électrique

râpe

passoire en toile métallique

spatule en caoutchouc

brochette métallique

planche à découper

Choisissez des pommes fermes pour ce gâteau moelleux et dense, qui est parfait pour un pique-nique. Toutes les pommes parfumées qui se tiennent bien à la cuisson, comme les Granny Smith, conviennent. Les Italiens utilisent souvent des Golden delicious, que l'on trouve aujourd'hui partout.

Savoir s'organiser

Ce gâteau est meilleur quand il est dégusté chaud, au sortir du four, mais vous pouvez le conserver 48 h dans un récipient hermétique.

Le marché

175 g de farine de blé supérieure, et un peu pour le moule
1/2 cuil. à café de sel
1 cuil. à café de levure chimique
1 citron
650 g de pommes
50 g de beurre doux, et un peu pour graisser le moule
200 g de sucre en poudre
2 œufs
4 cuil. à soupe de lait
Pour le glaçage
4 cuil. à soupe d'eau
60 g de sucre

Ingrédients

pommes

beurre doux

farine de blé supérieure

lait

œufs

sucre en poudre

levure chimique

citron

CONSEIL MALIN
« De nombreux citrons vendus dans le commerce sont couverts d'une pellicule de cire qui les empêche de se dessécher ; lavez le citron avant de le râper. »

Déroulement

1 Préparer la pâte

2 Cuire le gâteau et faire le glaçage

TORTA DI MELE

1 PRÉPARER LA PÂTE

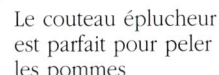

Le couteau éplucheur est parfait pour peler les pommes

1 Préchauffez le four à 180 °C. Enduisez le moule de beurre fondu. Saupoudrez-le légèrement de farine et enlevez-en l'excès. Tamisez la farine avec le sel et la levure. Râpez le zeste du citron.

2 Pelez les pommes avec le couteau éplucheur. Coupez le citron en deux et frottez-en la tranche sur les fruits pour qu'ils ne noircissent pas.

3 Faites tourner la pointe du couteau d'office autour de la queue des pommes et enlevez-la. Procédez de la même façon de l'autre côté.

Tranchez les pommes très finement pour qu'elles cuisent rapidement

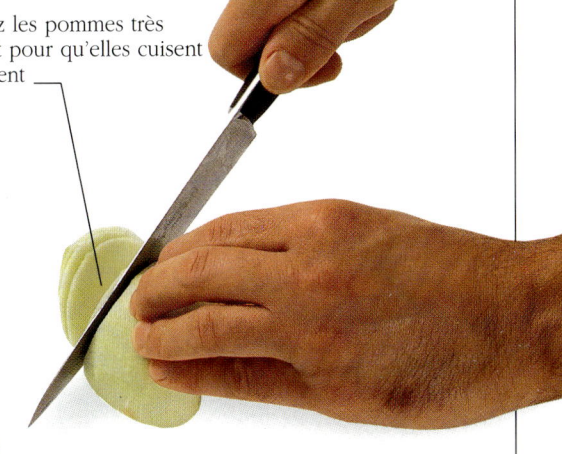

4 Ouvrez les pommes en deux dans le sens de la longueur. À l'aide de la cuiller parisienne, ôtez-en soigneusement le cœur et les pépins, en les découpant aussi nettement que possible.

5 Posez les moitiés de pomme sur le plan de travail. Détaillez-les en fines tranches. Pressez au-dessus les 2 demi-citrons pour les enrober de jus.

6 À l'aide du batteur électrique, travaillez le beurre dans un grand bol jusqu'à ce qu'il soit mou et crémeux. Ajoutez le sucre et le zeste de citron râpé et continuez à fouetter de 2 à 3 min, jusqu'à ce que le mélange soit léger et forme des miettes.

7 Ajoutez les œufs un par un, en fouettant bien le mélange à chaque fois.

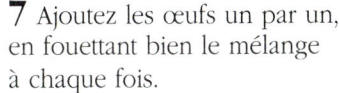

Torta di mele

9 Tamisez la farine au-dessus du bol et remuez doucement avec la spatule en caoutchouc jusqu'à ce qu'elle soit parfaitement incorporée. Ajoutez la moitié des tranches de pomme et mélangez bien.

Incorporez doucement la farine avec la spatule en caoutchouc

8 Incorporez petit à petit le lait au batteur, et continuez jusqu'à ce que la pâte soit très souple.

2 Cuire le gâteau et faire le glaçage

1 Versez à la cuiller la pâte dans le moule beurré et égalisez-en la surface avec la spatule en caoutchouc.

2 Disposez le reste des pommes en cercles concentriques au-dessus de la pâte. Enfournez pour 1 h 15 à 1 h 30.

3 Pendant ce temps, faites le glaçage : dans une petite casserole, chauffez sur feu doux l'eau et le sucre jusqu'à ce qu'il soit fondu. Portez à ébullition, maintenez-la 2 min sans remuer, puis laissez refroidir.

Séparez bien les tranches de pomme quand vous les mettez sur la pâte

Disposez joliment les tranches de pomme pour que le gâteau soit plus appétissant

CONSEIL MALIN
« Les tranches de pomme doivent recouvrir parfaitement le gâteau. »

TORTE DI MELE

4 Le gâteau est cuit quand il se détache légèrement des parois du moule et que la brochette piquée en son centre ressort propre.

Enduisez les pommes de glaçage tant qu'elles sont encore chaudes

5 Enduisez de glaçage au sucre le haut du gâteau dès sa sortie du four. Laissez-le refroidir dans le moule.

🍽 POUR SERVIR
Enlevez le bord amovible du moule, puis mettez le gâteau sur un plat.

Le bord des pommes est légèrement doré

Les tranches de pomme en cercles concentriques brillent sous le glaçage

---

VARIANTE

GÂTEAU AUX POIRES

Des poires sautées remplacent les pommes dans cette Torta di pere. *Choisissez-les bien fermes, comme les conférences.*

1 Beurrez et farinez un moule carré de 24 cm de côté.

2 N'utilisez ni pommes, ni zeste de citron râpé. Épluchez 1 kg de poires et enlevez-en le cœur. Coupez-les en quatre et arrosez-les de jus de citron.

3 Chauffez 30 g de beurre dans une grande poêle ou une sauteuse, mettez-y les poires et saupoudrez-les avec 45 à 60 g de sucre. Faites-les sauter de 7 à 10 min, en les retournant une ou deux fois, jusqu'à ce qu'elles soient dorées.

4 Sortez les poires à l'aide d'une cuiller percée. Réservez 3 ou 4 quartiers. Coupez les autres en 2 ou 3 morceaux et laissez-les légèrement refroidir.

5 Préparez la pâte en ajoutant 1 cuil. à café d'extrait de vanille avec le beurre et le sucre. Mettez les morceaux de poire dans la pâte et versez-la à la cuiller dans le moule.

6 Disposez le reste des quartiers de poire au-dessus de la pâte (ils vont s'enfoncer dans la pâte durant la cuisson).

7 Enfournez le gâteau pour 45 min seulement. Ne le glacez pas.

8 Laissez le gâteau refroidir dans le moule, retournez-le sur une feuille d'aluminium ménager, puis aussitôt sur une planche.

9 Servez découpé en triangles.

Gâteau crémeux à la florentine

Zuccotto toscano

 Pour 8 personnes   Préparation : de 45 à 50 min*   Cuisson : de 25 à 30 min

Équipement

- batteur électrique
- plaque à pâtisserie
- bols
- couteau chef
- pinceau à pâtisserie
- ciseaux de cuisine
- couteau éplucheur
- carton épais
- palette
- 2 spatules larges
- grille à pâtisserie
- papier sulfurisé
- spatule en caoutchouc
- couteau-scie
- casseroles
- film alimentaire
- moule carré de 20 cm de côté
- passoires en toile métallique

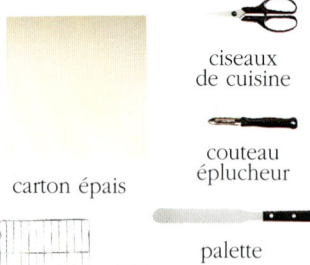
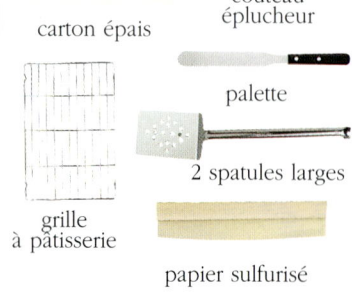
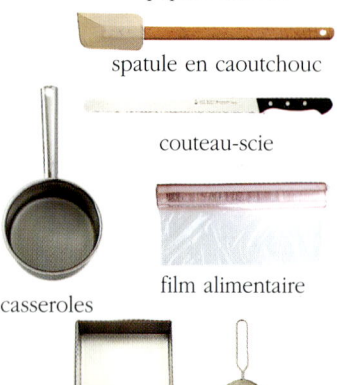

Le nom de zuccatto *vient de* zucca, *qui signifie courge. Cette spécialité florentine, faite de génoise, de crème et de chocolat, a en effet une forme hémisphérique. Vous pouvez gagner du temps en achetant une génoise de 500 g toute prête.*

* plus 6 h au moins de réfrigération

Le marché

Pour la génoise
60 g de beurre doux, et un peu pour graisser le moule
125 g de farine de blé supérieure, ou plus
sel
4 œufs
150 g de sucre en poudre
huile pour le bol
10 cl de Grand Marnier

Pour la garniture
100 g d'amandes effilées
200 g de chocolat noir
50 cl de crème épaisse
60 g de sucre glace

Pour la décoration
15 g de cacao en poudre
2 cuil. à café de sucre glace
1 barre de chocolat

Ingrédients

grand marnier***   crème épaisse   chocolat noir

barre de chocolat noir   sucre glace

beurre doux   sucre en poudre

farine de blé supérieure   œufs

amandes effilées   cacao en poudre

*** ou autre liqueur parfumée à l'orange

Déroulement

1 Faire la génoise

2 Préparer la garniture

3 Composer le gâteau

4 Démouler et décorer le gâteau

Gâteau crémeux à la florentine

1 Faire la génoise

1 Préchauffez le four à 180 °C. Enduisez le moule de beurre fondu. Chemisez-en le fond avec un carré de papier sulfurisé. Badigeonnez le papier de beurre, saupoudrez le moule de farine et enlevez-en l'excès.

2 Faites fondre le beurre dans une petite casserole et laissez refroidir. Pendant ce temps, tamisez la farine et une pincée de sel au-dessus d'un bol.

3 Mettez les œufs dans un grand bol et battez-les très légèrement. Incorporez-y le sucre en poudre à l'aide du batteur électrique.

4 Battez à grande vitesse de 3 à 5 min, jusqu'à ce que le mélange fasse le ruban.

CONSEIL MALIN
«Si vous utilisez un fouet à main, posez le bol dans une casserole remplie d'eau chaude, mais non bouillante, et battez vigoureusement 10 min environ.»

5 Tamisez 1/3 environ de la farine salée et rabattez le mélange sur lui-même aussi légèrement que possible. Ajoutez le reste de farine en 2 fois et procédez de la même façon.

6 Juste après avoir incorporé le dernier tiers de farine, ajoutez le beurre fondu refroidi et remuez délicatement à l'aide de la spatule en caoutchouc.

7 Versez la pâte dans le moule et tapez-le doucement sur le plan de travail pour égaliser la surface et chasser les bulles d'air. Enfournez aussitôt, assez bas, pour 25 à 30 min, jusqu'à ce que le gâteau ait gonflé et qu'il soit ferme au toucher quand vous le pressez légèrement du bout du doigt.

Retournez le gâteau sur une grille pour que la vapeur s'échappe

8 Retournez le gâteau sur la grille et enlevez le papier. Laissez refroidir. Pendant ce temps, préparez la garniture au chocolat et aux amandes (voir p. 236).

Gâteau crémeux à la florentine

2 Préparer la garniture au chocolat et aux amandes

1 Étalez les amandes sur la plaque à pâtisserie et enfournez pour 8 à 10 min, en remuant souvent pour qu'elles se colorent uniformément. Ne les laissez pas brûler, elles deviendraient amères. Laissez-les complètement refroidir.

2 À l'aide du couteau chef, hachez finement le chocolat. Vous pouvez aussi utiliser un robot ménager, en procédant par brèves impulsions.

CONSEIL MALIN
«S'il fait chaud, mettez d'abord le chocolat au réfrigérateur.»

Basculez la lame d'avant en arrière en maintenant la pointe sur le plan de travail

Préparer une crème Chantilly

Plus la crème sera épaisse, plus la réussite sera assurée. Elle doit toujours être très froide avant d'être travaillée. Vous pouvez la conserver 4 h au réfrigérateur, bien couverte. Battez-la de nouveau rapidement si elle s'est un peu défaite.

1 Versez la crème dans un bol moyen très froid placé dans un bol plus grand d'eau glacée.

2 À l'aide d'un batteur électrique ou d'un fouet, fouettez la crème jusqu'à ce qu'elle forme de petites crêtes.

3 Ajoutez le sucre et fouettez jusqu'à ce que la crème forme de nouveau de petites crêtes.

4 Continuez de fouetter jusqu'à ce que la crème fasse une pointe ferme et que le fouet y laisse des marques nettes.

ATTENTION !
Ne fouettez pas trop la crème, car elle se déferait et se transformerait en beurre. Elle aurait alors un aspect granuleux.

236

GÂTEAU CRÉMEUX À LA FLORENTINE

3 Fouettez la crème avec le sucre glace jusqu'à ce qu'elle fasse une pointe ferme (voir encadré p. 236). Mélangez, en soulevant bien la préparation, les amandes grillées et la moitié du chocolat avec la chantilly. Couvrez et mettez au réfrigérateur.

4 Faites fondre le reste du chocolat dans un bol placé dans une casserole d'eau chaude, en remuant de temps en temps. Laissez-le refroidir, mais il ne doit pas commencer à durcir.

3 COMPOSER LE GÂTEAU

1 À l'aide du couteau-scie, découpez le gâteau en 3 triangles égaux. Réservez les 2 petits triangles des côtés. Coupez horizontalement chacun des grands triangles en 3 couches, pour obtenir au total 9 morceaux.

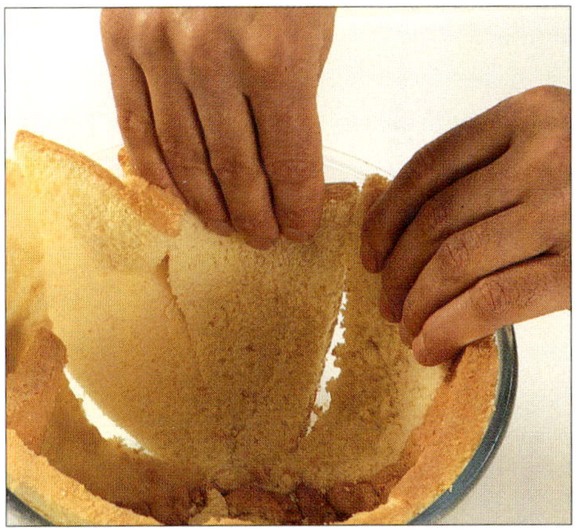

Tranchez les grands triangles de gâteau pour obtenir 9 morceaux égaux

2 Huilez un bol métallique profond de 2 litres, et chemisez-le avec 8 triangles de gâteau, en les répartissant régulièrement. Pressez-les bien au fond du bol pour combler tous les trous et les aligner sur le haut du récipient. Remplissez les trous qui restent avec les chutes de gâteau. Réservez les petits triangles et le reste de chutes.

Le couteau-scie est idéal pour couper le gâteau horizontalement

Les petits triangles sont réservés pour remplir les trous et couronner la garniture

Gâteau crémeux à la florentine

3 Éventuellement, égalisez le haut des triangles sur le bord du bol. Enduisez le tout de grand marnier.

4 Versez à la cuiller la moitié de la garniture à la crème fouettée dans le bol chemisé de gâteau. Avec le dos de la cuiller, pressez-la bien sur les parois, en laissant un creux au centre. Mettez au réfrigérateur pendant que vous préparez le reste de la garniture.

Utilisez la spatule en caoutchouc pour bien gratter le fond du bol

5 Ajoutez le chocolat fondu refroidi au reste de la crème fouettée et mélangez bien en soulevant la préparation.

ATTENTION !
Si le chocolat est encore chaud, il fera fondre la crème.

6 Remplissez le trou au milieu du gâteau avec la crème au chocolat, en égalisant la surface avec la spatule en caoutchouc.

7 Disposez le grand triangle réservé sur la garniture. Coupez les petits horizontalement en deux et utilisez-les avec les chutes pour couvrir complètement la garniture.

8 Découpez un cercle de carton fort un peu plus petit que le bol. Posez-le sur le gâteau, couvrez-le avec du film alimentaire, et posez par-dessus un poids de 500 g. Laissez prendre au réfrigérateur 6 h au moins.

Gâteau crémeux à la florentine

4 Démouler et décorer le gâteau

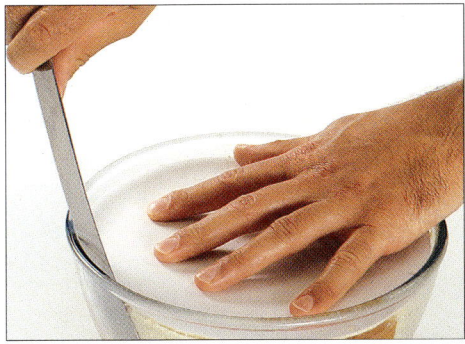

1 Enlevez le poids et le film alimentaire. Passez la palette entre le bol et le gâteau, pour le démouler plus facilement. Posez une planche sur le tout et retournez. Enlevez le bol.

2 Mettez le cacao en poudre dans une passoire en toile métallique et saupoudrez-le généreusement sur le gâteau.

3 Mettez le sucre glace dans la passoire et saupoudrez-le légèrement par-dessus le cacao. À l'aide du couteau éplucheur, prélevez des copeaux sur la barre de chocolat. Versez-les à la cuiller au centre du zuccotto. À l'aide de 2 grandes spatules, mettez le gâteau, posé sur le carton, sur un plat.

Le saupoudrage de cacao et de sucre glace termine bien le gâteau

Les copeaux de chocolat sont une garniture simple mais très décorative

VARIANTE

GÂTEAU CRÉMEUX AU MOKA

De la crème chantilly parfumée au moka et des biscuits amarettis composent cette Torta moka.

1 Préparez la génoise en suivant la recette principale. Éventuellement, ôtez les bords un peu secs du gâteau.

2 À l'aide d'un grand couteau-scie, coupez le gâteau horizontalement en 3 couches égales.

3 Remplacez le Grand Marnier par de l'amaretto pour enduire le gâteau.

4 N'utilisez ni amandes, ni chocolat noir. Concassez grossièrement 30 biscuits amerettis.

5 Fouettez la crème, en ajoutant au sucre glace 3 cuil. à soupe de cacao et 1 cuil. à soupe de café instantané. Incorporez-y 1/3 des amarettis hachés en soulevant bien la préparation.

6 Étalez un peu de chantilly au moka au fond du gâteau, recouvrez avec une couche de pâte, et étalez de nouveau un peu de chantilly.

7 Couvrez avec la dernière couche de pâte et étalez le reste de la crème au moka de façon à bien recouvrir le dessus et les côtés du gâteau. Pressez le reste des biscuits hachés sur les côtés. Servez découpé en 8 parts.

SAVOIR S'ORGANISER

Vous pouvez préparer le gâteau 24 h à l'avance et le conserver dans son bol couvert au réfrigérateur. Démoulez-le et décorez-le 2 h au maximum avant de servir ; gardez-le au frais.

Pasta frolla
aux noisettes et au chocolat

Pour 6 à 8 personnes · **Préparation : de 45 à 50 min*** · **Cuisson : de 35 à 40 min**

Équipement

cuiller en bois
couteau chef
pinceau à pâtisserie
robot ménager**
palette
papier sulfurisé
moule à fond amovible de 24 cm de diamètre
grille à pâtisserie
rouleau à pâtisserie
râpe
casseroles
batteur électrique***
plaque à pâtisserie
torchon
bols
raclette à pâtisserie
passoire en toile métallique
couteau d'office
couteau éplucheur
brochette en inox

** ou râpe électrique
*** ou cuiller en bois

La pasta frolla— *pâte à l'écorce d'orange —, typiquement italienne, enveloppe ici une riche garniture, aromatisée avec des amandes en poudre, du chocolat noir et du zeste d'orange confit, et recouverte d'un glaçage brillant au chocolat.*

* plus 45 min de réfrigération

Le Marché

2 oranges
150 g de sucre en poudre
4 cuil. à café d'eau
125 g de noisettes
60 g de chocolat noir
150 g de beurre doux
2 cuil. à café de farine de blé supérieure
2 jaunes d'œufs
1 œuf entier
Pour la pâte
1 orange
150 g de farine de blé supérieure, ou plus
75 g de beurre doux, et un peu pour graisser le moule
50 g de sucre en poudre
1/4 de cuil. à café de sel
1 œuf
Pour le glaçage
125 g de chocolat noir
75 g de beurre doux
2 cuil. à café de Grand Marnier, ou plus

Ingrédients

oranges
Grand Marnier****
sucre en poudre
noisettes
beurre doux
farine de blé supérieure
chocolat noir
œufs entiers
jaunes d'œufs

**** ou autre liqueur parfumée à l'orange

Déroulement

1 **Faire la pâte**

2 **Foncer le moule**

3 **Préparer la garniture**

4 **Préparer le glaçage au chocolat; terminer la tarte**

Pasta frolla aux noisettes et au chocolat

1 Faire la pâte

1 Râpez le zeste de l'orange. Tamisez la farine au-dessus du plan de travail et creusez un puits au centre.

Le zeste d'orange apporte de la saveur à la pâte

2 Écrasez le beurre avec le rouleau à pâtisserie pour le ramollir afin de le travailler plus facilement avec les autres ingrédients.

3 Mettez dans le puits le beurre ramolli, le sucre, le sel, le zeste d'orange et l'œuf.

Le beurre ramolli se mélangera facilement aux autres ingrédients

L'œuf va lier la pâte

4 Du bout des doigts, travaillez les ingrédients dans le puits jusqu'à ce qu'ils soient parfaitement mélangés.

Incorporez la farine aux autres ingrédients petit à petit et du bout des doigts

5 Ramenez la farine vers le centre à l'aide de la raclette à pâtisserie et incorporez-la du bout des doigts jusqu'à ce que la pâte forme de grosses miettes. Pressez-la pour former une boule. Si elle colle, ajoutez un peu plus de farine.

La pâte bien pétrie se détache facilement du plan de travail

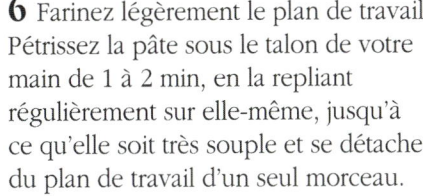

6 Farinez légèrement le plan de travail. Pétrissez la pâte sous le talon de votre main de 1 à 2 min, en la repliant régulièrement sur elle-même, jusqu'à ce qu'elle soit très souple et se détache du plan de travail d'un seul morceau.

7 Formez une boule, emballez-la bien, et laissez-la se raffermir 30 min au réfrigérateur.

Pasta frolla aux noisettes et au chocolat

2 Foncer le moule

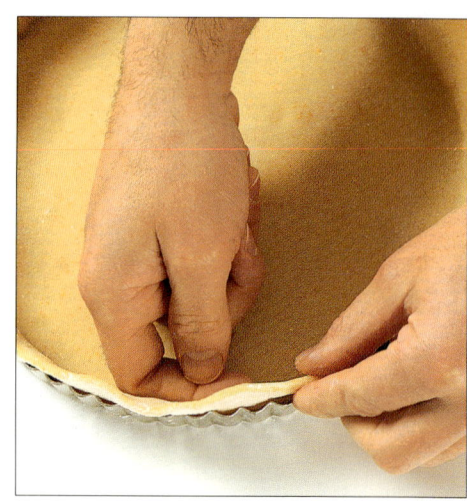

1 Enduisez le moule de beurre fondu. Farinez légèrement le plan de travail et abaissez la pâte en un cercle de 28 cm de diamètre. Enroulez-la sur le rouleau à pâtisserie et déposez-la sur le moule.

2 Soulevez légèrement du bout des doigts le bord de la pâte et pressez-la bien au fond du moule; assurez-vous qu'il n'y a aucun trou. Remontez-le légèrement le long des parois pour que l'excès de pâte se trouve à l'extérieur.

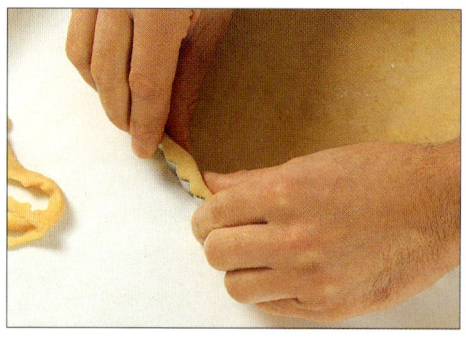

Faites avec la fourchette des trous rapprochés

4 Piquez le fond de pâte avec une fourchette pour éviter que des bulles d'air ne se forment durant la cuisson. Laissez se raffermir au réfrigérateur

CONSEIL MALIN

«Les trous de fourchette empêchent la pâte de gonfler pendant la cuisson.»

3 Passez le rouleau à pâtisserie au-dessus du moule pour enlever l'excès de pâte. Avec les pouces, remontez régulièrement la pâte le long des parois du moule pour augmenter la hauteur du fond.

3 Préparer la garniture; cuire la tarte

Ne prélevez pas la membrane blanche amère

Coupez le zeste d'orange en julienne très fine

1 Faites confire le zeste d'orange : à l'aide du couteau éplucheur, prélevez le zeste des oranges; avec le couteau chef, détaillez-le en très fine julienne.

2 Remplissez une petite casserole d'eau et portez à ébullition. Mettez-y la julienne et laissez frémir 2 min. Égouttez et réservez.

Pasta frolla aux noisettes et au chocolat

Griller et peler des noisettes

Grillées, les noisettes sont plus savoureuses et plus croustillantes. Sur le plan pratique, elles sont aussi beaucoup plus faciles à peler. Elles sont prêtes quand elles libèrent leur parfum et que leur peau se décolle.

1 Préchauffez le four à 180 °C. Étalez les noisettes sur une plaque à pâtisserie et enfournez-les pour 6 à 15 min, en fonction de leur variété et selon qu'elles sont entières ou hachées, jusqu'à ce qu'elles soient légèrement dorées. Remuez de temps en temps pour qu'elles se colorent uniformément.

2 Pour enlever la peau des noisettes, roulez-les dans un torchon tant qu'elles sont encore chaudes. Laissez refroidir.

3 Mettez 1/3 du sucre dans une casserole, versez l'eau et chauffez doucement jusqu'à ce que le sucre soit fondu, en remuant le récipient une ou deux fois. Ajoutez la julienne de zeste et laissez frémir de 8 à 10 min, jusqu'à ce que toute l'eau se soit évaporée.

4 À l'aide d'une fourchette, mettez la julienne sur du papier sulfurisé et laissez légèrement refroidir. Avec le couteau chef, hachez-en grossièrement les 2/3.

Les lanières de zeste d'orange confit sont collantes ; étalez-les bien pour les faire sécher

5 Grillez et pelez les noisettes (voir encadré ci-dessus). Laissez refroidir. Maintenez le four à 180 °C et glissez-y la plaque à pâtisserie. Coupez le chocolat en morceaux, puis hachez-le finement à l'aide du couteau chef. Vous pouvez aussi le faire dans un robot ménager.

6 Mettez le reste du sucre dans le robot ménager, ajoutez les noisettes et réduisez le tout en poudre fine.

CONSEIL MALIN
« Le sucre empêche les noisettes de devenir huileuses. »

Le chocolat finement haché se répartira bien dans la garniture

243

Pasta frolla aux noisettes et au chocolat

7 Dans un bol, travaillez au batteur le beurre en pommade. Mettez-y la farine et les noisettes et fouettez de 2 à 3 min, jusqu'à ce que le mélange mousse. Ajoutez les jaunes d'œufs et l'œuf entier, un par un, en battant à chaque fois. Incorporez le chocolat et le zeste d'orange.

Incorporez complètement chaque jaune d'œuf avant d'ajouter l'œuf entier

8 Étalez la garniture sur le fond de pâte et égalisez bien le dessus. Enfournez sur la plaque à pâtisserie pour 35 à 40 min, jusqu'à ce que la brochette piquée au centre du gâteau en ressorte propre. Laissez refroidir sur la grille.

4 Préparer le glaçage au chocolat ; terminer la tarte

1 Préparez le glaçage. Coupez le chocolat en morceaux. Mettez-le dans un bol posé sur une casserole d'eau chaude et chauffez jusqu'à ce qu'il soit fondu, en remuant de temps en temps.

Le beurre donnera au glaçage son brillant

2 Détaillez le beurre en petits morceaux et incorporez-le en 2 ou 3 fois au chocolat fondu.

3 Incorporez le Grand Marnier ; mettez-en éventuellement un peu plus, si vous l'aimez. Laissez tiédir le glaçage. Posez le moule sur un bol pour en enlever le bord.

244

Laissez le bord de la tarte intact pour y disposer le zeste d'orange confit

VARIANTE
Tarte cacaotée au chocolat et aux noix

Ici, des noix grillées remplacent les noisettes de la garniture ; vous en réserverez quelques-unes que vous enroberez de chocolat fondu pour décorer la tarte. Du cacao en poudre, tamisé sur le glaçage, évoque le bel habit des truffes.

4 Versez le glaçage sur la tarte et étalez-le délicatement au centre. Avec la lame de la palette, dessinez des motifs en rayons, en tenant le couteau d'une main et en faisant tourner le gâteau de l'autre.

🍴 POUR SERVIR
Faites glisser la tarte du fond du moule sur un plat. Décorez avec le reste de zeste d'orange confit. Servez à température ambiante, découpé en parts.

1 N'utilisez ni noisettes, ni zeste d'orange, ni sucre pour la confire. Faites la *pasta frolla*, sans le zeste d'orange, et mettez-la au réfrigérateur. Foncez le moule et laissez le fond se raffermir au réfrigérateur.

2 Grillez 150 g de cerneaux de noix, mais ne les pelez pas. Réservez-en 8. Réduisez les autres en poudre avec 100 g de sucre. Préparez la garniture en suivant la recette principale, en remplaçant le zeste d'orange confit par 1 cuil. à café d'extrait de vanille.

3 Cuisez la tarte et laissez-la refroidir. Faites fondre 175 g de chocolat pour le glaçage. Plongez-y les cerneaux de noix réservés pour les enrober complètement. Laissez prendre.

4 Terminez le glaçage en suivant la recette principale, en utilisant le reste du chocolat fondu. Étalez-le sur toute la surface de la tarte, sans y dessiner de décor. Laissez refroidir.

5 Juste avant de servir, tamisez sur la tarte 2 ou 3 cuil. à soupe de cacao en poudre, en une couche épaisse. Disposez au-dessus les cerneaux de noix enrobés de chocolat. Servez à température ambiante, découpé en parts.

SAVOIR S'ORGANISER
Vous pouvez préparer la pâte 48 h à l'avance et la conserver, bien emballée, au réfrigérateur. La tarte cuite se garde 48 h dans un récipient hermétique : les saveurs se mêleront d'autant mieux. Étalez le glaçage 4 h au maximum avant de servir.

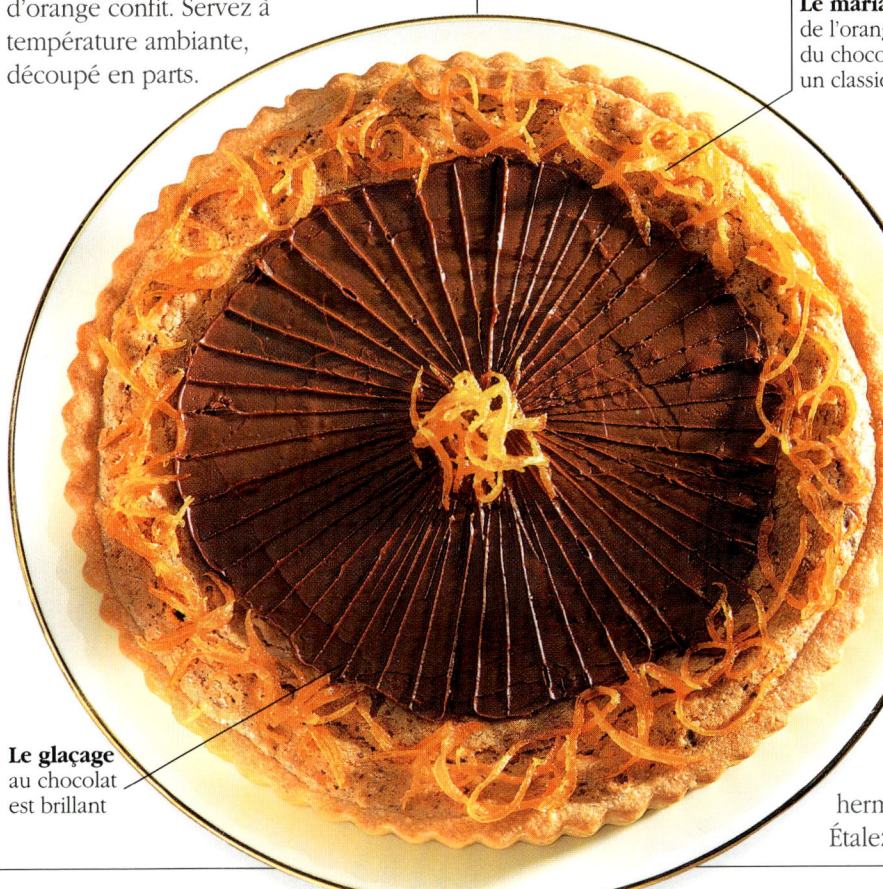

Le mariage de l'orange et du chocolat est un classique

Le glaçage au chocolat est brillant

INDEX

A

Agneau
Agneau braisé aux pommes de terre et aux tomates 71
Feuilles de vigne farcies à l'agneau 39
Ail
Artichauts à la romaine 18
Filet de porc rôti 90
Le peler et le hacher 126
Amandes
Gâteau crémeux à la florentine 234
Tarte à la ricotta 214
Artichauts
Artichauts à la romaine 18
Cœurs d'artichauts braisés 23
Préparer et cuire des fonds d'artichauts 160
Salade de poivrons rouges et d'artichauts 49
Tagliatelles à la tomate et sauce aux artichauts 158
Asperges
Capellinis aux crevettes 194
Capellinis aux huîtres et aux asperges 197
Aubergines
Lasagnes aux aubergines épicées 167
Lasagnes aux aubergines et à la tomate 167
Lasagnes vertes aubergines et fromage 162

B

Basilic
Fettucines à la tomate et au basilic 136
Timbale de rigatonis 124
Beurre
Fettucines au beurre et au poivre noir 140
Nouilles à la sauge et au beurre 119
Biscuits
Biscuits aux amandes de la Toussaint 228
Granité au café 229
Granité au pamplemousse 226
Bœuf
Bœuf braisé au vin rouge 68
Timbale de rigatonis 124

C

Café
Granité au café 229
Cannellonis
Cannellonni de veau aux épinards 168
Cannellonni de poulet à la mozarella 173
Capellinis
Capellinis aux crevettes 194
Capellinis aux huîtres et aux asperges 197
Câpres
Fettucines aux olives et aux câpres 185
Moules farcies au persil et aux câpres 29
Carpaccio
Carpaccio et pesto 33
Carpaccio piccante 30

Caramel
Gâteau aux noix caramélisé 220
Champignons
Fettucines à la crème et aux champignons 149
Polenta aux champignons sauvages 56
Chocolat
Gâteau crémeux à la florentine 234
Pasta frola 240
Tarte à la ricotta et au chocolat 219
Tarte aux fraises et à la crème au chocolat 213
Conchiglies
Aux crevettes 193
Pescatore 190
Crème
Chantilly, la préparer 236
Fettucines à la crème et aux champignons 114
Gâteau crémeux à la florentine 234
Gâteau crémeux au moka 239
Gnocchis aux épinards et sauce tomate à la crème 130
Tarte aux fraises et à la crème au chocolat 213
Crevettes
Capellinis aux crevettes 194
Les décortiquer et les vider 196

E

Epinards
Cannellonni de veau aux épinards 168
Gnocchis au fromage 135
Gnocchis aux épinards et sauce tomate à la crème 130
Les cuire 87
Linguinis aux épinards 154
Roulades aux épinards 86, 174

F

Fettucines
Fettucines à la carbonara 146
Fettucines à la crème et aux champignons 114
Fettucines à la tomate et au basilic 136
Fettucines Alfredo 149
Fettucines au beurre et au poivre noir 140
Fettucines aux olives et aux câpres 149
Fettucines aux trois fromages 150
Fettucines et sauce fromage ciboulette 153
Feuilles de vigne
Feuilles de vigne farcies 34
Feuilles de vigne farcies à l'agneau 39
Fontina
Polenta aux champignons sauvages 56
Fraises
Tarte à la noisette et aux fruits rouges 208
Tarte aux fraises et à la crème au chocolat 213
Framboises
Tarte à la noisette et aux fruits rouges 208
Fromage
Escalopes de veau milanaises 72
Fettucines aux trois fromages 150
Fettucines et sauce fromage ciboulette 153

Gnocchis à la romaine 186
Gnocchis au fromage 135
Gnocchis sauce gorgonzola 135
Lasagnes vertes, aubergines et fromage 162
Polenta aux champignons sauvages 56
Roulades aux épinards 174
Tarte à la ricotta 214
Tarte à la ricotta et au chocolat 219
Timbale de pâtes au fromage 202
Zitis à la mozzarella et aux olives 129
Fruits de mer
Amandes de mer farcies 29
Cioppino 98
Conchiglies pescatore 190
Linguinis aux épinards et sauce aux coques 154

G

Gâteau
Gâteau aux noix caramélisé 220
Gâteau aux noix et aux raisins secs 225
Gâteau aux poires 233
Gâteau crémeux à la florentine 234
Gâteau crémeux au moka 239
Torta di mele 230
Gingembre
Gingembre frais, l'éplucher 195
Gnocchis
Gnocchis à la romaine 186
Gnocchis au fromage 135
Gnocchis au jambon de Parme 189
Gnocchis aux épinards et sauce tomate à la crème 130
Gnocchis sauce au gorgonzola 135
Gorgonzola
Gnocchis sauce au gorgonzola 135
Raviolis aux noisettes sauce gorgonzola 178
Salade de poires au gorgonzola 40

H

Herbes
Artichauts à la romaine 18
Filet de porc au romarin 90
Les hacher 125, 148

J

Jambon
Escalopes de veau au jambon de Parme 75
Fettucines à la crème et aux champignons 114
Gnocchis au jambon de Parme 189
Polenta au jambon de Parme et aux œufs 59

L

Lasagnes
Lasagnes aux aubergines épicées 167
Lasagnes aux aubergines et à la tomate 167

Lasagnes vertes, aubergines et fromage 162
Linguinis
   Linguinis aux épinards et sauce aux coques 154

M

Macaronis
   Gratin de macaronis à la ricotta et aux raisins secs 201
   Macaronis à la sicilienne 198
Madère
   Porc braisé sauce madère 93
Moules
   Les laver et les ouvrir à la vapeur 191
   Moules farcies au persil et aux câpres 29
   Moules farcies au poivron rouge 24
Mozzarella
   Cannellonni de poulet à la mozarella 173
   Zitis à la mozzarella et aux olives 129

N

Noisettes
   Les griller et les peler 209, 243
   Pasta frola 240
   Raviolis aux noisettes sauce gorgonzola 178
   Raviolis aux noisettes soffrito 181
   Tarte à la noisette et aux fruits rouges 208
Noix
   Gâteau aux noix caramélisé 220
   Gâteau aux noix et aux raisins secs 225
Nouilles
   Nouilles à la sauge 119

O

Œufs
   Monter les blancs en neige 224
   Omelette au maïs, aux oignons nouveaux et au poivron rouge 111
   Omelette italienne 108
   Polenta au jambon de Parme et aux œufs 59
   Séparer les blancs des jaunes 223
Oignon
   L'émincer 77, 200
   Le hacher 69
   Omelette au maïs, aux oignons nouveaux et au poivron rouge 111
   Tortellinis aux oignons glacés 185
   Veau à la vénitienne 76
Olives
   Fettucines aux olives et aux câpres 149
   Poulet chasseur aux olives noires 97
   Zitis à la mozarella et aux olives 129

P

Parmesan 172
Pâte
   La préparer à la main 141
   La préparer dans un robot ménager 142
Pennes
   Pennes à la sauce épicée 120
Pignons
   Les griller 199

Piments
   Les épépiner et les émincer 192
   Oter leur pédoncule, les égrener et les couper en dés 82
   Poulet à la diable 80
   Spaghettis et sauce au piment 123
Poisson
   Cioppino au poisson 103
   Filets de sole marinés 64
   Paupiettes de sole 107
   Saltimbocca de saumon 104
Poivron
   Escalopes de veau milanaises 72
   Le griller, le peler et l'égrener 26, 176
   Moules farcies au poivron rouge 24
   Omelette au maïs, aux oignons nouveaux et au poivron rouge 111
   Polenta aux légumes mélangés 60
   Polenta grillée aux légumes 63
   Roulades aux épinards 174
   Salade de poivrons rouges et d'artichauts 49
Polenta
   Polenta au jambon de Parme et aux œufs 59
   Polenta aux champignons sauvages 56
   Polenta aux légumes mélangés 60
   Polenta grillée aux légumes 63
Pommes de terre
   Agneau braisé aux pommes de terre 71
   Gnocchis verts au fromage 135
   Gnocchis aux épinards et sauce tomate à la crème 130
   Veau à la vénitienne 76
Porc
   Filet de porc rôti au romarin 90
   Porc braisé sauce madère 93
Poulet
   Cannellonni de poulet à la mozarella 173
   Pilons de poulet grillés au romarin 85
   Poulet à la diable 80
   Poulet alla cacciatora 94
   Poulet chasseur aux olives noires 97

R

Ragoût de légumes
   Polenta aux légumes variés 60
   Polenta grillée aux légumes variés 63
Raisins secs
   Gâteau aux noix et aux raisins secs 225
Raviolis
   Raviolis aux noisettes sauce gorgonzola 178
   Raviolis aux noisettes soffrito 181
Romarin
   Filet de porc rôti au romarin 90
   Pilons de poulet grillés au romarin 85

S

Safran
   Filets de sole marinés 67
Salades
   Salade de pamplemousses et d'avocats au saumon fumé 53
   Salade de poires au gorgonzola 40
   Salade de poivrons rouges et d'artichauts 49
   Salade de pommes et de fenouil 43

Salade Fantasia 44
Salade parmesane de pamplemousses et d'avocats 50
Sauces
   A la tomate 167
   A la tomate à la crème 131
   A la tomate pimentée 123
   Au fromage et à la ciboulette 153
   Au gorgonzola 135, 178
   Au persil 177
   Au poivron rouge 174
   Aux crevettes 193
   Aux fruits de mer 190
   Aux trois fromages 150
   Blanche aux coques 154
   Epicée 120
   Madère 93
   Rouge aux coques 157
Spaghettis
   Spaghettis à la tomate et au piment 123

T

Tagliatelles
   Tagliatelles à la tomate et sauce aux artichauts 158
   Tagliattes à la tomate et sauce aux topinambours 161
Tartes
   Pasta frolla 240
   Tarte à la noisette et aux fruits rouges 208
   Tarte à la ricotta 214
   Tarte à la ricotta et au chocolat 219
   Tarte aux fraises et à la crème au chocolat 213
   Tarte cacaotée au chocolat et aux noix 245
Tomates
   Agneau braisé aux pommes de terre et aux tomates 71
   Cioppino 98
   Fettucines à la tomate et au basilic 136
   Gnocchis aux épinards et sauce tomate à la crème 130
   Lasagnes aux aubergines et à la tomate 167
   Les peler, les épépiner et les concasser 62, 99
   Pennes à la sauce épicée 120
   Préparer une sauce à la tomate 170
   Spaghettis à la tomate et au piment 123
   Tagliatelles à la tomate 161
   Tagliatelles à la tomate et sauce aux artichauts 158
   Tagliattes à la tomate et sauce aux topinambours 161
Tortellinis
   Tortellinis aux oignons glacés 185
   Tortellinis de Maria 182

V

Veau
   Cannellonis de veau aux épinards 168
   Escalopes de veau au jambon de Parme 75
   Escalopes milanaises 72
   Foie de veau au vinaigre de vin 79
   Veau à la vénitienne 76
Vin
   Bœuf braisé au vin rouge 68

Édition originale
© Dorling Kindersley Limited
© Anne Willan pour les textes
Titres originaux : LOOK & COOK, 1992, *Main Dish Vegetables, Perfect Pasta*, 1993,
Creative Appetizers, Superb Salads, Fish Classics, Italian Country Cooking, Creative Casseroles 1994, *Perfect Pies and Tarts*.

Édition française
© Sélection du Reader's Digest, 1993, *Les légumes, Les pâtes*, 1994, *Les entrées, Les salades, Les poissons, Les tartes sucrées, Les plats mijotés* 1995, *La cuisine italienne*.

Adaptation pour cette édition : Marabout, 2001.

Photos : David Murray, Jules Selmes, assistés de Ian Boddy.

Imprimé et relié à Singapour par Tien Wah Press
Dépôt légal n° 18893 / Février 2002
ISBN 2-501-03588-7